TRÄUME UND ANDERE WAHRHEITEN

Vierzehn ostdeutsche Frauen im Alter von 15 bis 88 Jahren erzählen ihr Leben. Da geht es um die Schwierigkeiten, in der DDR das Abi machen zu dürfen und zu studieren, um die Freude über eine Neubauwohnung, um den Zusammenhalt in der Brigade, um den Alltag im Krankenhaus, um Flucht, Wendezeit und Neuanfang. Und weil Frauen erzählen, geht es um Männer. Um Liebe, Treue, Seitensprünge, auch Gewalt und Mißbrauch. Dies ist kein politisches Buch, in dem mit der Vergangenheit abgerechnet wird, die Auswahl der Frauen ist nicht repräsentativ. Hier werden Ansprüche von Frauen an das Leben, an die Liebe deutlich, wie sie wohl in vielen Ländern, zu vielen Zeiten so oder ähnlich gestellt werden. Dennoch wurde ein wichtiger Teil des Lebens dieser Frauen von der DDR geprägt - eine spannende und zum Teil ernüchternde Bilanz zehn Jahre nach der Wende.

Petra Haase, 1961 im mecklenburgischen Kritzmow bei Rostock geboren und aufgewachsen, absolvierte ihr Volontariat bei der „Norddeutschen Zeitung" und studierte dann in Leipzig Journalistik. Anschließend war sie neun Jahre lang als Redakteurin bei der Tageszeitung „Der Morgen" im Frauen-Ressort und drei Jahre als freischaffende Journalistin unter anderem für die „Berliner Zeitung" und die „Berliner Morgenpost" tätig. Seit 1995 lebt sie mit ihrem Mann und zwei Kindern in Nordwestmecklenburg und arbeitet als Redakteurin bei den „Lübecker Nachrichten".

PETRA HAASE

TRÄUME UND ANDERE WAHRHEITEN

OSTDEUTSCHE FRAUENPROTOKOLLE

Impressum

Petra Haase, Träume und andere Wahrheiten

Cronskamp 1999

Grafische Gestaltung: Aleksander Jensko

Druck: Books on Demand

ISBN 3-00-005463-4

INHALTSVERZEICHNIS

7 Aushalten, solange ich kann

23 So viel Lust auf Leben

37 Glückskind

47 Immer auf Trab

55 Angst

73 Träume und andere Wahrheiten

85 Nicht, daß ich mich ergebe

99 Kindheitsmuster

121 Zuerst immer die Anderen

137 Freiheit ist ein richtig schöner Begriff

153 Nein, ich misse nichts

163 Dieser ewige Kampf

177 Hundert möcht ich werden

183 Jenseits von Afrika

199 Nachwort

n hatte dann

ebe Freunde, k

h nicht anders

agen, und wir

uch lange zusa

eblieben Ich

icht so wechs

m dritten Leh

hatte ich mein

große Liebe ge

war ic

AUSHALTEN, SOLANGE ICH KANN

Angestellte, 48 Jahre, zwei Kinder, verwitwet

Manchmal, wenn die Kinder abends weg sind, sitz ich hier auf dem Sofa und heule. Ist das wirklich mein Leben? Wir könnten's doch gut haben. Ich sitze oft bis spät in der Nacht vorm Fernseher und schlafe dann ein. Ich eß zuviel, ich rauch zu viel und ich schlaf zu wenig. Wenn ich früh ins Bett komme, dann ist die Uhr eins. Wenn ich spät ins Bett komme, ist die Uhr fünf. Ich mag nicht ins Bett gehen, dann kommen wieder die Gedanken, diese Grübelei. Das kann man so schlecht abschalten. Ich hab das Gefühl, ich werd irre dabei. Ein Gedanke jagt den anderen. Man geht Gespräche durch, man überlegt sich, wie es weitergehen könnte. Wenn ich hier auf dem Sofa sitze, konzentrier ich mich auf den Fernseher. Auch die Kreuzworträtsel lenken mich ab. Lesen ist zu anstrengend für mich, ich hab schon lange kein Buch mehr durchgelesen. Manchmal trinke ich auch viel zu viel. Ich find's selbst so furchtbar, aber ich habe einfach nicht die Kraft, mich abends aufzuraffen, weg vom Fernseher, gleich ins Bett zu gehen oder etwas anderes zu machen.

Ich war ein uneheliches Kind, 1951 geboren, da war das wohl noch sehr schlimm, zumal auf dem Land. Meine leibliche Mutter hat mich dann abgegeben, und ich kam mit anderthalb Jahren zu meinen Eltern. Ich sage, es sind meine Eltern, sie haben mich auf allen Wegen begleitet, bis sie gestorben sind. Es waren Flüchtlinge aus Böhmen, wir lebten auf einem Dorf, und meine Eltern fingen ganz klein an. Wir haben in einer winzigen Kammer gehaust, oben im Bauernhaus, später wohnten wir im Gemeindehaus. Ich hatte keine schlechte Kindheit, das will ich nicht sagen, wir hatten auch immer genug zu essen, aber wir waren auch nie reich. Es langte eben immer gerade so. Ich hab mich auch einige Zeit ein bißchen für mein Elternhaus geschämt.

Nach der achten Klasse bin ich von der Schule runter. Damals stand fest: Wer vom Land kommt, geht wieder in die Landwirtschaft. Eigentlich wollte ich irgendwas mit Mode machen. Die anderen waren immer so schick angezogen, und ich hatte so einfache Plünnen. Also wollte ich erstmal in die Kleiderwerke gehen, um das Handwerk zu lernen. Aber das war nicht möglich, die Berufslenkung schickte uns in die Landwirtschaft. So hab ich angefangen, Rinderzüchter zu lernen. Was mir überhaupt nicht schmeckte. Drei Jahre hab ich danach als Facharbeiter gearbeitet und mein eigenes Geld verdient. Anfangs war ich noch ziemlich zurückhaltend. Die Mädchen, mit denen ich da zusammenlebte, waren wesentlich weiter. Die schminkten sich, rauchten, hatten tolle Klamotten. Wir waren eine tolle Truppe, und da hab ich auch gelernt, mich durchzusetzen und habe, wie soll ich sagen, Schliff gekriegt.

Den ersten Freund hatte ich mit 16. Der erste Kuß, uahh, schlimm. Das ging von Ohr zu Ohr, ich dachte, er besappelt mir alles. Das war überhaupt nicht das Erlebnis, was ich mir erhofft hatte. Ich bin so ein romantischer Typ. Ich schmelz hin bei jeder Liebesszene im Fernsehen, ich bin am Heulen, am Mitfühlen, mir bleibt die Luft weg, ich bin kaum am Atmen, wenn ich sowas seh. Und dann kam der erste Kuß, und der drückt mir so einen auf, das war ekelhaft. Aber von diesem Jungen hatte ich es mir auch nicht gewünscht. Der wollte mich, und so ist es mir immer in meinem Leben gegangen. Die, die mich haben wollten, die wollte ich nicht.

Ich hatte dann auch liebe Freunde, kann ich nicht anders sagen, und wir sind auch lange zusammengeblieben. Ich bin nicht so wechselhaft. Im dritten Lehrjahr hatte ich meine erste große Liebe gefunden. Zuerst war ich so happy, ich konnt es gar nicht fassen, ich hab die Briefe heute noch. Er war Oberschüler. Ich war ganz geplättet, als der sich für mich interessierte. Für mich, das konnte ich gar nicht begreifen. Dann kam es nachher so, daß auch Oberschülerinnen bei uns im Stall arbeiten mußten, und die Damen waren super, da kam ich nicht gegenan. Und das war's dann auch. Nach einem halben Jahr war die Geschichte gegessen.

Er hat mich wegen einer anderen verlassen, und ich hab mir die Seele aus dem Leib geheult. Deswegen versteh ich auch meine Tochter, wenn sie Liebeskummer hat. Ich sag dann, das einzige Rezept ist: Nimm dir einen anderen. Ich hab mich dann auch mit einem anderen getröstet, das war ein sanfter, ruhiger, anhänglicher. Aber nach einem halben Jahr hab ich Schluß gemacht, er hat zuviel geklammert.

Dann wurde mein Vater schwerkrank, und meine Mutter schaffte es alleine nicht mit der Wirtschaft. Da bin zurück zu meinen Eltern und hab geholfen. Garten, Acker, Wiese, Tiere. Dann hörte ich, daß im Kleiderwerk Arbeitskräfte gesucht werden in der Stadt. Das war endlich das, was ich eigentlich immer wollte, und sie nahmen mich auch. Jeder hatte seine Nähmaschine und mußte eine bestimmte Tätigkeit ausführen. Wir haben Herrenbekleidung genäht, zum größten Teil für die Sowjetunion. Was wir da für häßliche Hosen hergestellt haben! Ich hab noch im Sinn diese blau karierten. Helles Blau mit roten Streifen und grau und dunkelblau drauf. Da versuch mal, die Seitennähte zu schließen. Aber nachher haben wir auch für Quelle genäht. Das waren Anzugteile, wir hatten die Hosen in unserem Werk zu nähen. Jeder hat ein Teil gemacht: Seitennähte, Innennähte, Taschen, Bund, Knöpfe. Und dann immer die Norm einzuhalten, die ja auch ständig stieg, war ja auch nicht einfach. Aber wir waren ein gutes Kollektiv. Uns hat auch diese sozialistische Propaganda nicht gestört. Ich hatte endlich das, was ich wollte. Schneidern, Mode machen, irgendwie in diese Richtung ging es. Deswegen hatte ich ja auch meinen Facharbeiter gemacht, dann wollte ich weiter als Meister. Es gab ja auch Hochschulen für Bekleidungsindustrie. Ich wurde Vertrauensfrau bei uns im Kollektiv und Aktivist der sozialistischen Arbeit, Beste der Brigade, so war das damals. Da fing ein anderes Leben für mich an. Aufregender, spannender, intensiver. Ich verdiente dann auch ganz gut Geld und konnte mir sogar ein Moped leisten, was ich ja brauchte, um zur Arbeit zu fahren.

Ich verstand mich damals mit meiner Mutter nicht mehr so und wollte ausziehen und bekam in der Stadt eine kleine Wohnung unterm Dach. Eine Neubauwohnung, das war der Traum für mich. Eigenes Bad, eigene Küche, langer Flur. Ich hatte mir ein bißchen Geld angespart und mir dafür Möbel gekauft: Anbauwand, Couchgarnitur. Meine Eltern konnten mir nichts geben, da war ich eher die, die was nach Hause brachte. Ich hatte gut 800 Mark, das war viel. Miete kostete ja nicht viel. Mit meinen Freundinnen haben wir alles gemalert, wir waren eine dufte Truppe. Ich bin ja so harmoniesüchtig, ich möchte, daß alle Menschen gut und vernünftig miteinander auskommen. Das geht zwar nicht immer, aber das Kollektiv war wie eine kleine Familie. Wenn ich das mit heute vergleiche! Jeder hat mit sich zu tun. Ich versuche aber immer noch, alle so ein bißchen zusammenzuhalten. Weihnachten bekommt bei mir jeder ein Geschenk, und wenn es noch so klein ist, ich krieg auch für zwei Mark was. Ich finde, wenn das nicht mehr ist, wäre es doch ganz schön traurig. Diese Intrigen, dieses Tuscheln hinterm Rücken gibt es auch bei uns. Und weil es alles so unpersönlich geworden ist auf Arbeit, sind doch die Familie und der Partner das einzige, an das man sich noch halten kann. Und wenn nicht, ist es schlimm genug.

Meinen Mann hab ich beim Fasching kennengelernt. Er hatte sich sehr originell verkleidet, wir hatten richtig Spaß beim Fasching, und dann kam's auch zum ersten Kuß, der auch sehr lieb war. So in der Beziehung war er sehr zärtlich und angenehm. Daß man nicht das Gefühl hatte, da käme nur Sex in Frage. Wir haben uns dann öfter gesehen, aber seine Mutter war total dagegen. Unsere Familie war ihr zu armselig, sie waren was Besseres. Aber er wollte mich unbedingt haben. Ich hatte ja nun die Wohnung, und dann kam es auch dazu, daß ich mit ihm geschlafen hatte. Es war das erste Mal für mich. Da war ich über 20. Torschlußpanik war bestimmt auch dabei, sonst hätte ich mir das wohl nochmal überlegt, aber in der Beziehung war ich auch ein bißchen naiv. Ich dachte immer, wenn man einem Menschen gut und nett gegenübertritt, kann man ihn ändern. Aber das ist nie der Fall gewesen, da hab ich mir was vorgemacht. Damals war ich total verschossen. Daß ich zum ersten Mal Sex haben würde, hat mir gewaltige Angst eingejagt. Aber ich hab's mir schlimmer vorgestellt. Das muß ich immer wieder meinem Mann zugute halten, er war sehr liebevoll und einfühlsam. Verhütet haben wir nicht, da haben wir nicht drüber nachgedacht. In dem Moment war mir das auch egal. Da war so ein Lustempfinden, man hat so viele Gefühle, ist so intensiv dabei, da vergißt man die Verhütung. Aber nach einem guten halben Jahr wurde ich schwanger.

Da fällt mir noch ein, ich hatte doch schon vor meinem Mann ein Erlebnis noch in meiner Facharbeiterzeit gehabt. Ich hatte meinen 18. Geburtstag gefeiert und war in einer Clique, die waren alle verheiratet. Davon hat mich dann einer genommen. Ich hatte zuviel getrunken, dann ist es passiert. Mit diesem Alkohol, er hatte mich bedrängt. Später hatte ich mich dafür geschämt, das weiß ich. Ich hab das irgendwie total verdrängt. Ich mochte den Menschen dann auch nicht mehr sehen. Das Schlimmste an der ganzen Geschichte war, daß ich das teilweise genossen hatte. Daß ich so ein warmes Gefühl hatte. Und irgendwie habe ich mich für dieses Gefühl auch geschämt. Ich hätte es gern wieder erlebt, aber nicht mit diesem Menschen. Bei mir stand immer von Anfang an Zärtlichkeit an erster Stelle, dann erst die Sexualität. Das hätte ich gerne gehabt und hab es nie bekommen. So ist es auch bis heute geblieben.

Als ich im sechsten Monat schwanger war, fingen dann die Schläge an. Mein Mann änderte sich total, war mit einem Mal ein anderer. Er war auch ohne Alkohol aggressiv, mit Alkohol noch mehr. Wenn er irgendwelche Probleme hatte, auch mit seiner Mutter, die sehr herrschsüchtig war, dann mußte ich es ausbaden. Ein falsches Wort, und ich hatte eine sitzen. Ich hatte dann auch keine Lust mehr auf Sex. Wenn das Wochenende kam, dann war ich nur fürs Bett da. Früher war es liebevoller, schöner mit ihm. Jetzt hatte er mich und benutzte mich. Als es im sechsten Monat dann zu den Schlägen kam, bin ich weggelaufen. Ich hatte ja noch meine Wohnung. Da stand er aber am selben Abend noch vor meiner Tür und weinte. Ich hatte vorher noch nie einen Mann weinen seh'n außer meinen Vater. Und was hab ich gemacht? Ich hab ihn in die Arme genommen und getröstet und habe gedacht, es wird alles wieder gut. Ich bin zurückgegangen zu ihm und hab ihn geheiratet. Er hatte sich dann zwar noch manchmal mit mir gestritten, aber ist bis zur Hochzeit nicht mehr handgreiflich geworden. Sex war aber immer Zwang, ich hab seitdem ein gestörtes Verhältnis zum Sex.

Nach der Hochzeit wohnten wir bei den Schwiegereltern, ich hab in einem kleinen Laden im Dorf gearbeitet. Meine Schwiegermutter hat sich rausgenommen, die ganze Zeit über uns zu bestimmen. Mein Mann sah es gerne, daß ich machen mußte, was sie sagt. Haushalt, Kindererziehung, alles mußte so gemacht werden, wie sie es für richtig hielt. Ich hatte manchmal das Gefühl, ich kann nicht mehr. Es ging ja nun über etliche Jahre. Ich konnte meinen Mann nicht mehr ertragen, ich konnte das ganze Leben nicht mehr ertragen. Es gibt für mich keinen Grund, eine Frau zu schlagen, damit macht man alles kaputt. Und wenn ich solche Szenen im Fernsehen seh, dann könnte ich ausrasten. Ich glaub, ich könnte zur Mörderin werden. Ich hab ja auch einmal versucht, mich gegen meinen Mann zu wehren, den kräftigen Kerl. Da war nicht nur Angst da, da war Wut, Verzweiflung. Er hat mir dann so ein Haarbüschel rausgerissen, den Arm verdreht und mich so geschlagen, daß ich nicht mehr konnte. Das hab ich nie wieder versucht. Meine Ärztin hat mir damals geraten, meinen Mann anzuzeigen. Aber meinen eigenen Mann anzuzeigen, das war für mich unmöglich. Ich hab immer verständnisvolle Kollegen gehabt, die mich im Lager arbeiten ließen, wenn ich mal wieder grün und blau war. Wenn ich zur Arbeit gefahren bin, hatte ich eine Sonnenbrille auf, Kopftuch tief ins Gesicht. Nur die engsten Kollegen wußten was. Natürlich haben die mit mir geredet. Warum läßt du dich nicht scheiden? Angst. Wie soll ich das machen, ich konnte es mir nicht vorstellen, daß ich allein mit dem Kind zurechtkomme. Wo sollte ich auch hingehen? Zu meinen Eltern in dieses armselige Haus? Ich wollte doch meinem Kind was Besseres bieten, was Nettes. Ich hatte auch Angst vor meinem Mann, vor seinem Jähzorn. Wenn du dich scheiden läßt, dann passiert was, hat er öfter gesagt. Was das sein sollte, wußte ich auch nicht. Aber allein schon dieser Satz und der Gesichtsausdruck dazu. Ich hatte eine Heidenangst. Ich hab hier manchmal in diesem Raum gesessen, wenn er weggegangen ist, zum Skat zum Beispiel, dann hatte ich zwei, drei Stunden Ruhe, dann war ich alleine, eine Erlösung! Eine Wohltat! Aber sobald es zehn wurde, stand ich immer schon am Fenster und hab aufgepaßt. Wenn er kam, hab ich den Fernseher ausgemacht und mich ganz schnell ins Bett verkrochen und getan, als wenn ich schlafe, und er hat mich nie in Ruhe gelassen.

Ich bin nicht prüde, aber manche Sachen mag ich einfach nicht. Und das ist durch die Ehe gekommen. Weil ich dort gezwungen wurde zu Dingen, die ich nicht wollte. Aber um des lieben Friedens willen und um keine Schläge zu bekommen, habe ich's hingenommen und gemacht. Ich mochte zum Beispiel nicht, wenn er von hinten kam, das ist für mich nicht so liebevoll. Gut, wenn es jemand mag, aber ich wollte es nicht, weil es mit Zwang geschehen ist. Ihn anfassen, das kannte ich überhaupt nicht. Ich war ja auch nicht aufgeklärt über die verschiedenen Praktiken. Ich kriegte gesagt, das mußt du machen, das gehört dazu. Einen blasen, wie man das so nennt. Ich mußte es tun, obwohl ich es nicht wollte, ich fand es widerwärtig. Ich hab heute noch so einen Ekel davor. Schon allein das Erzählen. Ich hatte keinen, mit dem ich darüber reden konnte, deswegen hab ich damals auch versucht, mir das Leben zu nehmen.

Es war ein Hilfeschrei, wie man heute sagen würde. Ich nahm Tabletten. Aber dann hab ich an mein Kind gedacht, das war damals zwei Jahre, und fand, das kannst du doch nicht machen. Dein Kind braucht dich doch. Ich wußte einfach nicht mehr weiter. Ich hab's nur oberflächlich gemacht und wurde dann ins Krankenhaus gefahren. Da wurde mir der Magen ausgepumpt, ich hab mich geschämt, echt geschämt. Ich dachte immer: Du müßtest stärker sein. Es gibt Menschen, denen geht es schlechter als dir. Warum hast du das nur getan? Du kannst doch noch. Es ist nicht die Lösung, so hab ich mich hochgerappelt. Und dann ging es auch. Mein Mann hatte eine Heidenangst, er kam oft nach Hause und guckte nach mir. Meine Schwiegermutter redete kein Wort mit mir, die hat es nicht verstanden.

Mein Mann hat mich dann auch eine Zeitlang in Ruhe gelassen, es lief alles relativ normal, aber trotzdem hatte ich immer die Sehnsucht nach was anderem. Ich wollte frei sein, ich wollte ein anderes Leben führen. Das kann doch nicht alles sein. Da fehlt doch was. Und immer hab ich gehofft, daß es sich irgendwann ändern würde. Viele meiner Bekannten haben mich gefragt, wie hältst du das aus? Ich weiß es nicht. Er hat mich dann wieder um Verzeihung gebeten, gefleht auf den Knien, geweint. Dann hab ich wieder nachgegeben. Er war ein schweigsamer Typ, ich kann reden. Wenn mir was nicht gefällt, kann ich es sagen. Das konnte er nicht. Aber ich wollte einfach nicht aufgeben. Ich hab gedacht, ich versuch es, ich krieg das schon in den Griff. Du bist doch kein schlechter Mensch, du versuchst doch alles, er muß sich doch auch irgendwie ändern. So schlecht ist er doch auch nicht, du hast ihn doch mal geliebt. Er muß dich doch auch liebhaben. Ich hab immer geglaubt, daß er sich irgendwie ändert.

Nach dem Selbstmordversuch hab ich ihn dann vor die Alternative gestellt: Entweder wir ziehen hier aus, oder ich laß mich scheiden. Es kam dann das Angebot von der LPG, daß wir bauen können. Wir bekamen Unterstützung, sie gewährten uns 10 000 Mark Kredit und stellten Maschinen zum Bauen. Wir haben unsere Ziegel allein gegossen, es gab ja keine. Jedes Wochenende, jeden Abend waren wir auf der Baustelle. Mein Mann konnte ja auch viel selbst machen. Wir haben im Monat nachher 105 Mark abbezahlt für das Haus, das war schon sehr günstig. Wir blieben beim Bau unter 45 000 Mark, deshalb haben wir einen zinslosen Kredit bekommen. Mein Mann kriegte damals gut 500 Mark und ich hab damals so bis zu 700 Mark verdient.

Als wir umzogen, hatte ich wirklich die Hoffnung, daß sich unser Leben ändern würde. Hier sind wir allein, die Schwiegermutter ist nicht mehr da. Es konnte nur besser werden, aber es wurde nicht besser. Es wurde extrem schlimmer. Weil jetzt noch weniger Leute in der Nähe waren, die aufpaßten oder etwas sagen konnten. Ich weiß, ich bin einmal mit einem Schürhaken auf ihn los, weil er sich an unser Kind rangemacht hatte in seinem Jähzorn. Wenn der Junge nicht das gemacht hatte, was sein Vater wollte, etwas vergessen hatte oder was auch immer, dann ist er auf ihn los. Es war besonders schlimm mit ihm, wenn es ans Feiern ging, wenn er was getrunken hatte und ich nicht so war, wie er es wollte. Ich konnte mir noch so viel Mühe geben. War ich ruhig, war es nicht richtig, sagte ich etwas, war es auch nicht richtig. Es mußte auch immer alles pünktlich da sein, Frühstück, Mittag, Abendbrot. Wehe, es wurde mal etwas später. Unser Sohn hat sich dann meistens verdrückt. Wenn ich da war, war es in Ordnung. Als er mich und den Sohn dann häufig schlug, habe ich oft von Scheidung gesprochen. Aber dann wurde ich schwanger. Ich hatte zwar immer die Pille genommen, aber er hat mich einmal so doll geschlagen, daß ich sie erbrochen hatte, und mich dann gezwungen, mit ihm zu schlafen. Daraufhin wurde ich schwanger, er hat mich zur Unterbrechung gezwungen. Das war kurz vor Weihnachten. Er wollte kein zweites Kind, er dachte, wir schaffen das nicht finanziell. Ich war ja damals schon wieder etwas stärker mit der katholischen Kirche verbunden und hatte einen jungen Pastor kennengelernt, der war etwas moderner. Mit dem hatte ich auch geredet, denn ich wollte dieses Kind gerne. Ich hab aber nachgegeben und bin in die Klinik. Der Arzt war auch katholisch, und er hat mich gefragt: Ist das wirklich Ihr Ernst? Ich sagte, es ist nicht meine Entscheidung, aber ich habe einen Mann, und der möchte das Kind nicht, also werde ich mich fügen müssen. Okay, es kam zur Unterbrechung, und ich hab versucht, es wegzustecken. Es war nicht so einfach. Und wenn mir heute einer erzählt, ach, eine Unterbrechung, das ist doch nichts, dem glaub ich es nicht. Dann hatten wir wieder einigermaßen Frieden, aber mir ging es nicht gut. Ich bekam meine Periode nicht, mein Busen wurde größer. Ich bin dann zum Ultraschall, und da wurde eine Schwangerschaft festgestellt. Es waren Zwillinge gewesen. Ich habe eine geteilte Gebärmutter und beim Abbruch haben sie das zweite nicht gesehen. Ich hab's als Wunder angesehen, denn ich hatte mir ja immer ein zweites Kind gewünscht.

Ich war ja dann schon im fünften Monat, da gab's keine Unterbrechung mehr. Zuerst hat er das Kind überhaupt nicht akzeptiert. Gut, das Ding ist jetzt da, nehmen wir es eben hin. Er hat mir auch nicht geholfen, was er beim ersten Kind noch getan hat. Während der Schwangerschaft hat er mich allerdings in Ruhe gelassen. Andere Frauen hatte er nicht. Ich mußte ihn dann so befriedigen. Ich will nicht sagen, er war sexbesessen, aber er brauchte es. Er sagte, das ist meine Pflicht, zweimal in der Woche, und der muß ich nachkommen. Dann mußte er sich eben damit zufrieden geben. Dementsprechend war er manchmal mürrisch, aber ich war dann schon zufrieden damit, er faßte mich ja nicht an, ich mußte ihn nur anfassen, das hab ich dann irgendwie ertragen.

Dann wurde es aber wieder schlimm. Zum Schluß hat er mich ja auch schon vor den Bekannten geschlagen. Aber eingeschritten ist auch keiner. Wie benimmt man sich auch in solcher Situation, nicht mal die Familie hat was gemacht. Vor zehn Jahren hat er mich vor der Haustür zusammengeschlagen, als wir vom Tanz kamen, und er schloß ab und ging ins Bett. Er war extrem eifersüchtig. Ich hatte mit einem anderen an der Bar gestanden und erzählt, nichts weiter, und das war's. Da hat er mich dann nach Hause getrieben. Er hat mich mit der Faust und den Füßen bearbeitet, und ich lag draußen vor der Tür. Ich bin zu den Nachbarn, die haben mich versorgt, aber ich wollte wieder nach Hause, hatte Angst um die Kinder. Danach bin ich zum ersten Mal aus dem Schlafzimmer ausgezogen ins Eßzimmer. Da kam der Entschluß, daß ich mich scheiden lasse, das stand fest. Die Angst war weg, schlimmer konnte es nicht mehr werden. Mein Mann hat gemerkt, daß er nicht mehr gegenan kommt, daß es kein Verzeihen gibt. Ich bin zum Gericht gegangen, was ich vorher nie getan hatte. Mein Mann hat die Papiere gesehen und kam immer wieder zu mir, er ließ mich nicht in Ruhe. Er wollte mich mit allen Mitteln wiederbekommen, er war der Liebste. Aber ich ließ mich nicht erweichen. Ich war ja nicht nur am Körper zerschlagen, sondern auch in der Seele, ich konnte einfach noch nicht wieder. Er hatte dann auch angedeutet, daß er sich das Leben nehmen wird. Ich sah das als Erpressung an. Er sagte: Was soll ich ohne euch, dann hab ich gar nichts mehr. Seine seelische Verfassung war nicht so wie sonst, und an einem Abend hatte ich so ein komisches Gefühl, als er gegangen war, und bin zu den

Nachbarn rüber. Ich hab gesagt, redet doch mal mit ihm, helft mir. Wir haben erzählt, dann sind wir zu uns rüber gegangen, aber mein Mann war nicht da. Wir haben ihn gesucht. Im Keller fanden wir ihn, erhängt.

Ich hab ihn nur kurz gesehen, aber das reicht, ich seh das Bild heute noch. Es ist nicht mehr so schlimm wie zum Anfang. Die Zeit heilt alle Wunden, an diesem Spruch ist was dran. Man ist nicht mehr so betroffen, daß es einen seelisch zerreißt.

Ich machte mir natürlich Vorwürfe und habe auch die Vorwürfe von der Familie meines Mannes bekommen. Ich hätte ihn in den Tod getrieben. Ja, dann überlegt man doch selber. Hätte ich nicht doch nachgeben sollen? Dann wäre er vielleicht noch am Leben, dann hätten die Kinder ihren Vater noch. Ich brauchte gut zwei Jahre, bis ich das einigermaßen verkraftet hatte. Ich habe in der Zeit danach oft Tabletten genommen und bin abgemagert, dann hab ich getrunken. Ich hab mich richtig runtergewirtschaftet. Ich wollte das Haus verkaufen, ich konnte alles nicht mehr ertragen. Aber die andere Seite war, ich hab's genossen. Endlich frei zu sein. Nie wieder Angst zu haben. Ich brauchte nie wieder auf allen vieren am Bett vorbei zu schleichen, damit er nicht merkt, daß ich ins Bett komme. Ich hab mich manchmal so leise auf die Bettkante gesetzt und mich ganz vorsichtig reingelegt, daß es bloß nicht knarrt, weil er schon schlief. Das hat manchmal eine halbe Stunde gedauert. Weil ich Angst hatte, er wacht auf und dann bin ich wieder dran. Auch dieses Warten abends. Ich hab das manchmal heute noch drauf, daß ich sitze und warte und warte. Damals wartete ich, daß er oben einschläft. Ich bin nie mit ihm zusammen ins Bett gegangen und wenn es zehnmal Terror gab. Ich wollte umgehen, daß ich mit ihm ins Bett gehen muß und genau weiß, was dann kommt. Ich möchte das nicht noch mal erleben müssen.

Aber das Komische daran ist, ich bin fest davon überzeugt, daß mein Mann mich geliebt hat. Er war ein Typ, der mit sich selber nicht zurecht kam. Aber er hat mich so geliebt, wie ich bin. Ich habe mich nie verstellen müssen. Ich war ja nie so recht schlank, immer wohlgeformt, und manchmal schämt man sich dafür ja auch, aber bei ihm konnte ich mich ausziehn, ich kam mir nie komisch vor.

Manchmal tut es weh, wenn ich meinen Sohn sehe. Er ist ganz der Vater. Sehr egoistisch, schnell aufbrausend, gibt schnell auf. Es gab eine Situation, da sind wir sehr aneinander geraten. Er stand ganz wütend vor mir. Ich sagte nur: Wenn du mich anfaßt, dann hab ich keinen Sohn mehr. Fang nicht so an, wie dein Vater. Nein Mutti, hat er gesagt, nie. Ich werd nie eine Frau anrühren. Ich werd mich bessern. Die Angst, daß er wie sein Vater wird, hab ich manchmal. Aber da bin ich ja immer noch da, um es wieder zu glätten. Er hatte auch eine Verlobte, die hatte ihn ganz gut im Griff. Aber es ging auch über ihre Kräfte, sie haben sich getrennt. Ich hatte schon gesagt, als ich sie kennenlernte: Du bist zu gut für meinen Sohn. So traurig es ist, du mußt dir das nicht alles gefallen lassen, wehr dich. Nachdem es auseinander war, ist mein Sohn dann wieder hier eingezogen. Dreimal hat er die Lehre geschmissen, er liegt mir also auch noch auf der Tasche. Dann hat er Schulden, seine Bußgelder muß ich bezahlen, Handy muß nun auch noch sein. Aber nicht, daß er zuhause mal einen Handschlag machen würde. Er muß immer alles haben, und wenn er es hat, dann ist er zufrieden. Mal den Rasen mähen, Garage ausfegen oder etwas im Haus machen, ist nicht drin bei ihm. Ich denk manchmal, es ist schlimm, wenn man anfängt, das eigene Kind zu hassen, soweit darf es nicht kommen. Aber ich sag mir auch immer, er ist ja ein Teil von mir, und ich kann nicht so streng sein, ich gebe oft nach. Ich hab ein schlechtes Gewissen, wenn ich Nein sage und ich hab ein schlechtes Gewissen, wenn ich Ja sage. Es bringt mich beides um, ich weiß nicht, ob das überhaupt jemand verstehen kann. Wenn ich dann denke, nun hat der arme Junge kein Geld, um auf Disko zu gehen, zum Tanken oder für Zigaretten, und du hast jetzt Schuld, das ertrag ich schwer. Er hat mich auch schon bestohlen, da hab ich schon einiges durch. Aber Diskussionen ohne Ende. Er geht nicht eher aus dem Zimmer, bis er mich weichgeklopft hat, unter dem Motto: Ich bin jung, ich möchte leben, du bist alt, wozu brauchst du dein Geld noch? Da kommt der Vater durch. Ich denk immer, das kann doch nicht sein, er muß doch auch was von dir haben.

Bei meiner Tochter ist es ganz anders, sie kommt mehr nach mir, sie ist ein Sensibelchen. Sie hilft mir öfter beim Putzen, sie hilft mir zuhause. Sonntags essen wir zusammen Frühstück, dann spielen wir viel. Schach oder Mensch-ärger-dich-nicht mag sie gern. Nun hat sie Probleme in der Schule, da setzen wir uns jeden Abend noch eine halbe Stunde hin und üben.

Ich bin jetzt zehn Jahre alleine, und diese zehn Jahre haben mich genauso viel Kraft gekostet wie die zehn Jahre Ehe. Es ist nicht einfach, alleine zu sein, und es ist nicht einfach, verheiratet zu sein und trotzdem alleine. Das Schönste wäre eben für mich, eine Partnerschaft zu haben, mit innerer Zufriedenheit leben zu können. Ich hab Angst, Verzweiflung ist manchmal da, die Sehnsucht nach Ruhe. Ich meine Ruhe, die endgültig ist. Aber ich sage mir dann immer, das ist nur ein Tiefpunkt, da kommst du wieder raus, du hast es immer irgendwie gepackt, es geht schon. Dann sitz ich und heul mir die Seele aus dem Leib, bin so verzweifelt. Es gibt Menschen, denen geht es schlechter. Du hast Arbeit, ein Haus, deine Kinder sind gesund. Aber dann sind wieder diese Zwiespälte. Warum soll's mir nicht mal besser gehen als vorher, ich möcht's auch mal besser haben. Ich möcht mal keine Geldsorgen haben, möcht eine liebe Partnerschaft haben, möcht mal verreisen können. So Kleinigkeiten.

Nach dem Tod meines Mannes hatte ich drei Beziehungen, die erste nach drei Jahren. Aber der Mann war zu jung, deswegen hatte ich mich getrennt. Er muß sich seine eigene Familie aufbauen. Ich war 37 und er 27. Durch ihn habe ich aber wieder erfahren, wie schön das ist, wenn man geliebt wird. Meine letzte Beziehung fing auch ganz lieb an. Er hat im Haushalt geholfen, hat im Garten mit angefaßt. Es war für ihn alles selbstverständlich. Aber was mich gestört hat, daß er mich als Frau nicht so angenommen hat. Er merkte meine Enttäuschung, entschuldigte sich dann auch. Er war lieb, aber der Sex fehlte. Es war nur Schmuserei. Er suchte nur eine Familie. Weihnachten war auch alles schön, aber dann Silvester, zuviel Alkohol, dann kam der richtige Mann durch, und das war mir zuviel. Ich hab einen Zettel geschrieben: Nimm deine Sachen und geh.

Ich bin ja auch für viele Bekannte so der Seelentröster. Da kommen sie abends oder nachts hier an und erzählen mir ihr Leid, weil der Ehemann Theater macht. Aber da merk ich dann auch, ich werd gebraucht. Die mögen mich, die vertrauen mir, die brauchen mich. Aber zu raten, das ist ganz schlecht. Jeder hat eine andere Natur. Ich frage nur: Seid ihr unzufrieden mit dem Leben, das ihr habt? Das Leben ist eh so kurz. Und wenn ihr nachher alt seid, dann habt ihr nicht mehr so viel davon wie jetzt. Überlegt euch den Schritt, er ist nicht leicht. Was gefällt euch besser: So, wie ihr jetzt lebt, oder das, was ihr nachher haben könntet. Ob es einfach ist, ist eine andere Sache. Wenn es euch nicht gefällt, dann habt den Mut und macht es. Ich dachte immer, ich hab Pflichten als Ehefrau, ich muß die Familie zusammenhalten. Nee, ich bin auch ein Mensch, der geliebt und geachtet werden will. Und das war das Schlimmste für mich, daß ich mich selber zuletzt nicht mehr leiden konnte, daß ich mich vor mir selber geekelt habe. Soweit muß es nicht kommen. Die Frau leidet, die Kinder leiden, und der Mann leidet ja auch auf eine Art.

Ich hab doch noch so viel zu geben, ich bin ja noch nicht abgestumpft. Auch wenn ich nicht das Idealbild für manche Männer bin. Ich bin eine Frau, die Liebe hat, der man vertrauen kann, die mit einem durch Dick und Dünn geht. Aber wo lernt man in meinem Alter noch jemanden kennen? Am Wochenende leiste ich mir eine Zeitung und guck mir die Anzeigen durch. Aber was wird da gesucht? Ich bin 48. Die suchen entweder jüngere, oder es sind solche Vorstellungen: schlank, gutaussehend, intelligent. Da meld ich mich dann schon gar nicht drauf. Ich habe selbst auch eine Anzeige aufgegeben, aber die meisten, nee. Wenn sie nur auf Haus und Familie abfahren, das brauch ich nicht. Ich möchte jemanden, der zu mir steht. Ich warte immer auf den Zufall, auf den berühmten Zufall. Aber der wird nicht kommen. Ich sehn mich nach was anderem, aber ich tu auch wahrscheinlich selbst zu wenig, um hier rauszukommen und laß es einfach so laufen.

In meinem Umfeld lerne ich keinen kennen. Ich arbeite jeden Tag im Laden und abends geh ich putzen. Ich verdiene eigentlich ganz gut, mit Witwenrente und Waisengeld kommen wir auf 2600 Mark im Monat. Aber das langt nicht, also müssen wir putzen, das sind noch mal 270 Mark zusätzlich, und das reicht dann gerade mal so. Es ist aber so, daß ich nichts zur Seite legen kann, und wenn etwas Unvorhergesehenes kommt, hab ich nichts. Wir knausern alle, und ich hatte mir eigentlich gewünscht, daß unser Leben sich ein bißchen ändert.

Viele haben mir schon geraten, das Haus zu verkaufen. Ich bräuchte nicht mehr so viel zu arbeiten, hätte keine Geldsorgen mehr. Das ist alles gut und schön, aber dann geb ich mein Zuhause auf. Ich kenn jeden Stein, soll hier ein Fremder drin wohnen? Ich kann's nicht. Die schlechten Erinnerungen sind gewichen. Es ist doch so schön hier, gerade im Frühling. Wenn alles wieder in Schuß gebracht ist, der Rasen grün, die Blumen und die Bäume blühen. Und so werde ich eben, solange ich kann, aushalten. ■

rt hab ich mei
ste grosse Liebe
ennengelernt. Wir
ssten eigentlich
icht zusammen, e
var ein Pessi-mis
Ich hab wahrschei
lich sehr viel kapu
gemacht, weil ich
eingeschraenkt h
seiner Freiheit,
hinter ihm her
telefoniert, gan

SO VIEL LUST AUF LEBEN

Bauingenieurin, 40 Jahre, zwei Kinder, getrennt lebend

In meinem Alter noch mal von null anfzufangen, das ist nicht so einfach. Ich hab meinen Mann verlassen, unser schönes Haus, wohne jetzt mit meiner Tochter allein, hab alles hinter mir gelassen. Ein paar Möbel bekam ich von meinem Freund, den Kühlschrank von einer Freundin, den Herd von der Arbeiterwohlfahrt. Hab eine Scheißküche und noch Schulden. Diese Wohnung ist für mich kein Zuhause. Ich wohne hier, aber ich fühle mich nicht wohl. Du bist so anonym in so'nem Wohnblock. Keiner kennt sich, alle gehn'se vorbei. Und ich bin so, daß ich gern mal lächle. Irgendwie komm ich mir oft vor wie zweite Wahl, seit ich getrennt lebe von meinem Mann. Ich habe ein eigenes Ingenieurbüro, wo ich tagsüber arbeite. Danach geh ich einkaufen. Aber da ist keiner zuhause, der vielleicht schon Abendbrot macht oder sich um den Haushalt gekümmert hat. Ich bin froh, daß meine Tochter jetzt langsam selbständig wird mit elf Jahren und sich nicht mehr so viel draus macht, wenn ich später nach Haus komme, dadurch hab ich nicht mehr dieses schlechte Gewissen.

Das Alltagsleben klappt eigentlich gut. Aber wenn man mit Geschäftsleuten verhandelt, dann bringen viele immer gleich ihre Familie ins Gespräch. Und bei mir ist da nischt. Du bist doch besser dran und es macht mehr Eindruck, wenn du in einer festen Ehebeziehung lebst. Ist vielleicht nur Einbildung, aber du machst einen solideren Eindruck als Ehefrau. Und wenn die dann erzählen von ihrer Frau, von ihrem Haus, dann geht's mir auf den Senkel. Sicher, es tut mir leid, daß ich dieses Familienleben nicht mehr habe. Als Geschäftsfrau in der Baubranche stehst du ja immer unter Druck. Ich hab dienstlich viel mit Männern zu tun und hab das Gefühl, ich muß da immer mithalten. Zu DDR-Zeiten war das doch anders, als ich angestellt in einem Betrieb war. Ich bin früh aus dem Haus gegangen und hatte meine Kollegen. Ich hatte Leute um mich rum, die mich gemocht haben. Wenn ich dann nach Hause gekommen bin, war's natürlich zappenduster. Da hab ich meine Jalousie runtergemacht und funktioniert. Mehr oder weniger schlecht.

Von meinen Eltern hatte ich eigentlich nie gelernt, mein Leben selbst in die Hand zu nehmen oder auf mich zu achten. Ich war als Kind träge, hatte einen inneren faulen Schweinehund. Das einzige, was ich richtig durchgezogen hatte, war der Sport. Leichtathletik, Crosslauf, Hürden, da bin ich sogar zweite DDR-Meisterin geworden. Mein Vater war ein ganz liebenswerter Mensch, hatte aber zwei linke Hände. Faul wie nichts, früh ging schon der Fernseher an. Mutti war eine fade Frau, sie hat nichts aus sich gemacht. Bis sie sich von meinem Vater trennte. Wenn man vergleicht, wie sie jetzt aussieht! 15 Kilo abgenommen, sieht aus wie das blühende Leben, hat eine selbständige Arbeit. Jedenfalls konnten meine Eltern mich auch nie richtig bei der Berufswahl unterstützen. Irgendwas Kreatives wollte ich werden. Ich hab viele Leute frisiert, gern gekocht und genäht. Ursprünglich wollte ich Maskenbildnerin werden, hatte aber nicht den Antrieb und das Selbstbewußtsein, um mich richtig darum zu kümmern. Naja, ich hab schließlich Baufacharbeiter mit Abitur gemacht und bin dann zum Studium.

Dort hab ich meine erste große Liebe kennengelernt. Wir paßten eigentlich gar nicht zusammen, er war ein Pessimist. Ich hab wahrscheinlich sehr viel kaputtgemacht, weil ich ihn eingeschränkt hab in seiner Freiheit, hab hinter ihm her telefoniert, ganz schlimm. Ich konnte nicht damit umgehen, daß er viel allein unterwegs war, und hab Schluß gemacht. Dann hatte ich einen Schlosser, aber das hat einfach nicht hingehauen. Du mußt auf geistiger Ebene schon gleich sein. Das hat nicht unbedingt etwas mit dem Studium zu tun. Logisch, dann hast du mehr Wissen, aber das Lebenswissen ist genauso wichtig. Es gibt ja viele, die nicht studiert haben, aber die sind helle im Kopf. Ja, und dann hab ich irgendwann Torschlußpanik gekriegt im dritten Studienjahr. Es war ja üblich in der DDR, früh zu heiraten und Kinder zu kriegen. Da kam man sich ja schon mit Anfang 20 vor wie übriggeblieben. Den ersten Sex hatte ich an meinem

17. Geburtstag. Ich hatte aber schon mit 16 mitgekriegt, daß ich mich selbst befriedigen kann. Das hab ich eigentlich immer gemacht, wenn ich in die Wanne gestiegen bin. Ich hab's immer geheim gehalten. So wie andere, die sich ins Bett legen und sich selbst befriedigen, das klappt bei mir nicht. Naja, deswegen war der Orgasmus beim Sex nicht so wichtig. Ich kann mich nur an zwei Fälle erinnern, wo ich sage, das war Sex. Ich hab immer mehr Wert auf das Körperliche gelegt, das Anschmiegsame. Ich will aber auch genommen werden, nicht so seicht.

Beim Studium hab ich mir dann meinen Mann geangelt. Er hatte noch seiner Ehemaligen nachgetrauert und viele haben gesagt, den kriegste sowieso nicht. Aber steter Tropfen höhlt den Stein. Ich war nie passiv, ich hab immer schon gezeigt, was ich wollte in Bezug auf Männer. Es hat dann doch gefunkt und ich bin schwanger geworden. Es war für mich ganz normal, daß ich bei dem Mann bleibe. An einen Abbruch war kein einziger Gedanke. Es war ja auch nicht ungewöhnlich, als Studentin ein Kind zu bekommen.

Nach dem Studium haben wir erstmal mit unserem kleinen Sohn bei den Schwiegereltern gewohnt. Mit meiner Schwiegermutter kam ich überhaupt nicht klar. Für alles mußte ich Rechenschaft ablegen, nichts war ihr recht, ich durfte nichts für mich machen. Es war ja schon furchtbar, wenn ich abends mal zum Sport gehen wollte oder mich mit einer Freundin treffen. Und mein Mann war nie da. Erst hat er für seine Schwester ein Haus gebaut, dann für uns. Nie haben wir was zusammen unternommen. Ich hab geheult, Briefe geschrieben an meine Mutter, bin abgehaun. Es war eine Katastrophe. Klar hab ich auch dran gedacht, ihn zu verlassen, aber wie denn? Der Krippenplatz war hier, meine Arbeit war hier. Wo sollte ich hingehen? Ich hatte auch Angst davor, es allein nicht zu schaffen. Meine Mutter machte mir auch keinen Mut. Auf Arbeit, ich hab damals als Zeichnerin in einem größeren Betrieb gearbeitet, war's ja nicht schlecht, ich hab mich bei den Kollegen wohl gefühlt, da war *ich*.

Nach fünf Jahren hatten wir endlich unser eigenes Haus. Aber es ging im Prinzip so weiter. Mein Mann hatte seinen Job, immer zu tun, und ich war zuhause und hab alles alleene gemacht. Ich wollte auch mal ein richtiges Familienleben haben, aber er hat nie mit uns irgendwas unternommen. Immer nur gearbeitet, im Haus, im Garten. Natürlich ist immer was zu tun, aber kann man nicht sonnabends ackern und sonntags was Schönes unternehmen? Wenn ich nichts organisiert hätte, dann wäre von ihm aus gar nischt gekommen. Dann bin ich eben fremdgegangen.

Es fing an, als wir zwei Jahre verheiratet waren. Und dann ständig, ohne Unterbrechung. Ich hatte im Betrieb jemanden kennengelernt. Wir haben uns halt zwischendurch getroffen, tagsüber. Dann bin ich eben mal früher von Arbeit gegangen oder hab gesagt, ich muß noch einkaufen, oder ich hatte eine Dienstreise, die keine war. Das konnte man alles ganz gut managen zu DDR-Zeiten. Abends durfte ich ja nicht weg, da hätte mein Mann verrückt gespielt. Es war nicht nur Sex, was mich beim Fremdgehen gereizt hatte. Ich wollte einen Mann, der mich wollte. Der mich in die Arme nimmt, der sich für mich interessiert und nicht, wenn ich nach Hause komme, nur mürrisch ist. Wenn jemand schlechte Laune hat, dann kann er es doch sagen, einfach mit mir reden. Sicher hab ich auch was verkehrt gemacht. Aber warum lief denn das bei anderen? Die haben zusammen was für ihre Familie getan. Bei meinem Mann ging immer alles andere vor, wir als Familie waren das Letzte. Da hab ich eben mein eigenes Leben gelebt und hatte ständig andere Männer, bei 30 hab ich aufgehört zu zählen.

Ein schlechtes Gewissen gegenüber meinem Mann hatte ich nicht, ihm ging es ja gut dann. Ich hab mich wohl gefühlt und parallel dazu konnte ich es ihm auch wieder schön machen. Ich war ausgeglichen. Allerdings, wenn ich mich stärker verliebt hatte, das war dann schlimm. Es war aber eigentlich immer von vornherein klar, daß es nur Affären sind, es waren ja auch meist verheiratete Männer. Aber ich war doch oft traurig. Warum kann es nicht so in der Ehe sein? Daß ich einfach auch als Frau begehrt bin? Im Bett wollte mein Mann sowieso nicht oft was und wenn, dann wollte ich nicht.

Ganz schlimm wurde es, als unsere Tochter geboren wurde und ich im Babyjahr war. Keine Kollegen, der Mann nur auf Arbeit. Als ich dann wieder loslegen wollte, kam die Wende. Zuerst null Stunden Kurzarbeit, dann machte der Betrieb dicht, und ich saß wieder zu Hause. Mein Selbstvertrauen war auf dem Tiefpunkt. Bis ich in einer anderen Firma eine Stelle fand und langsam, aber sicher wieder Fuß faßte. Ich hab unheimlich viel dazugelernt in meinem Beruf, konnte mit Leuten verhandeln und hab mich so richtig entwickelt. Zu meinem Vorteil, muß ich heute sagen, und ich bin immer mehr zu mir selbst gekommen. Ich habe es dann sogar geschafft, mein eigenes kleines Ingenieurbüro zu gründen. Ich konnte ja tagsüber mein Ding machen, aber abends mußte ich zuhause sein, daran hatte sich in all den Jahren nichts geändert. Ich durfte nicht weggehen, nicht mal ins Kino, das war immer ein Drama. Dann, nach 15 Jahren Ehe, hab ich mir einen freien Abend in der Woche erkämpft. An diesem Tag traf ich mich immer mit einem verheirateten Mann. Aber auch da kamen alle Ideen und Einfälle nur von mir. Danach hab ich einen kennengelernt, mit dem hatte ich zum ersten Mal richtig guten Sex.

Ich bin genau genommen gar kein Fremdgängertyp, ich kann mit einer Lüge eigentlich nicht leben. Wie oft hab ich mich auch verplappert. Aber ist es nicht schlimm, wenn der Partner nicht merkt, daß der andere fremdgeht? Tut mir leid, aber das kann ich nicht begreifen, ich würd's sofort merken. Man geht doch mit offenen Augen durchs Leben, ich spüre doch, was mit dem Partner los ist. Vielleicht wollt er's nicht wissen. Wir haben ja auch nie darüber geredet. Große intensive Gespräche gab's kaum. Es gab zwar oft Krach, aber du konntest dich ja mit ihm auch nicht streiten. Dann hat er auf stur geschaltet, und das war's. Er hätte ja auch mal wieder einlenken können. Und ich bin bestimmt nicht nachtragend.

Es gab aber auch Glücksmomente mit meinem Mann, so ist es ja nicht. Das waren die Zeiten, wo ich mich auch mit ihm unterhalten konnte und ich dachte dann, Mensch, das ist doch schön, warum kann es nicht immer so sein. Er hat gekocht, wir haben zusammen was unternommen. Er hat sich gemüht und gemacht.

Aber das war's nicht, wir hatten uns schon zu weit voneinander entfernt. Ich wollte mehr, nicht nur das. Du kannst einen Menschen nicht grundlegend ändern. Und wenn wir gut hätten zusammen leben wollen, hätte mein Mann sich um 180 Grad drehen müssen. So wie ich es damals gemacht hatte. Aber das kann ich nicht mehr. Du hast doch nur ein Leben. Und nur, weil du was zusammen geschaffen hast und Kinder da sind, sollst du es dann so wegwerfen? Und das Innerliche bleibt so auf der Strecke, weil du einfach noch soviel Lust hast zu leben? Das kann nicht sein. Ich erinnere mich noch an eine Situation, in der ich mich so unglücklich gefühlt habe. Da hab ich die alten Muttchen am Fenster gesehen und mir so vorgestellt, wie sie am Tisch sitzen, ihr Käffchen vor sich haben, gucken und quatschen. Ach, wenn du erstmal so alt wärst, dachte ich. Das kann doch wohl nicht wahr sein, daß ich mir das wünsche! Da hab ich gedacht, halt stopp, hier läuft was falsch.

Vor anderthalb Jahren war ich dann soweit, daß ich mich trennen wollte. Da lernte ich auch Hartmut kennen. Er kam in mein Büro, und eigentlich waren die Fronten klar. Er wußte, ich bin verheiratet, und ich sagte ihm, daß ich meinen Mann nicht für einen anderen verlasse. Wenn, dann verlasse ich ihn, weil ich das will. Und das schaff ich dann auch alleine, sagte ich zu ihm. Die darauffolgende Woche haben wir uns mit Faxen und Telefonaten bombardiert. Das war so erfrischend. Das war so anders. Das ist genau der Part, der mir gefehlt hat. Ich weiß auch nicht, es war Wahnsinn. Nach 14 Tagen habe ich gesagt, Schluß aus, jetzt sagst du es deinem Mann. Ich wollte dann auch ausziehen aus unserem Haus. Ich hab nischt mehr gemacht, ich hab mich zurückgezogen, das Haus hat nicht mehr gelebt mit mir. Ich hab mich immer verflüchtigt, wollte nicht mehr mit meinem Mann zusammen sein, es ging nicht mehr. Dann hab ich mir eben die Wohnung gesucht.

Unser Sohn lebt jetzt beim Vater, die Tochter bei mir. Die beiden konnten irgendwie mit der Trennung umgehen, denke ich. Wir besuchen uns ja auch noch. Ich hab ja nie ein Geheimnis daraus gemacht, daß ich in der Ehe unglücklich war. Wenn ich geheult hab, wußten sie, warum. Sie wurden nie vor vollendete Tatsachen gestellt. Ein schlechtes Gewissen wegen der Trennung hab ich nicht gegenüber den Kindern. Jeder hat das Recht auf sein eigenes Leben. Wichtig ist nur, daß man den Kindern nie irgendwas vorenthält. Sie wußten, wie es in mir aussieht, was ich für Probleme habe. Ich hab sie immer an meinem Leben beteiligt, so schwer, wie das manchmal ist. Manche sagten: Du kannst doch deine Kinder damit nicht belasten. Warum nicht? Soll ich sie vor vollendete Tatsachen stellen? Sie können besser mit der Wahrheit umgehn als mit irgendwelchen vorgesetzten Fakten, die sie dann gar nicht begreifen. Natürlich ist es viel besser, wenn die Kinder in einem guten Familienklima aufwachsen. Aber ich kenne nur eine einzige Familie, die ich wirklich als glücklich bezeichnen würde. Beide Ehepartner können mit ihren Schwächen umgehen, sie haben drei- bis viermal in der Woche Sex, guten Sex, und sind glücklich. Die beiden passen zusammen, sie haben sich einfach gefunden.

Die Kinder waren immer gern bei mir, weil ich viel mit ihnen unternommen habe. Aber glaubst du, ich konnte mal am Wochenende zu meiner Schwester fahren? Es ging nicht. Ich weiß auch nicht, warum. Ich hätte wahrscheinlich einfach ins Auto steigen sollen und los. Ich wäre doch auch wieder gern nach Hause gekommen, ich bin doch eigentlich ein Familienmensch. Ich bin keine Karrierefrau, ich bin keine Revoluzzerfrau, ich bin auch keine Feministin. Überhaupt nicht. Ich liebe das Frausein und ich liebe es auch, einen Mann zu haben. Ich liebe auch die Familie, aber ich muß auch mal weggehen, unter Leuten sein. Neue Leute kennenlernen. Und ich nutze die auch mitunter aus. Durch meine sympathische und offene Art und Weise versuche ich, die Unvollkommenheit, die ich im beruflichen Leben habe, auszugleichen. Ich bin im Beruf nicht perfekt und kann fachlich nicht das leisten, was ich leisten müßte. Mir liegt es viel mehr, Leute ranzuholen, Aufträge ranzuschaffen, als mich hinzusetzen und stur Aufträge abzuarbeiten.

Natürlich ist der Druck da, wenn du selbständig bist, aber ich würde nie mehr eine Anstellung annehmen. Und wenn, dann nur im Außendienst. Ich brauch diese Flexibilität, ich kann nicht früh um acht in ein Büro kommen, hintereinander arbeiten und dann nach Hause gehen. Mir liegt es, mit Menschen umzugehen. Und ich merke, es kommt immer etwas zurück. Natürlich bleibt auch was auf der Strecke, wenn du selbständig bist. Ich muß alles erwirtschaften, ich muß mich um den Haushalt kümmern, für meine Tochter da sein und darf das auch nicht vernachlässigen, weil sie mich jetzt braucht. Wir gehen früh halb acht aus der Wohnung, meistens bin ich abends gegen halb sieben wieder zurück. Danach arbeite ich oft noch. Aber der Vorteil ist ja als Selbständige, daß du auch mal zwischendurch weg kannst, mal eine Klassenfahrt mitmachen oder mal zuhause arbeiten.

Seit anderthalb Jahren bin ich nun mit Hartmut zusammen. Er ist sieben Jahre jünger, hat auch eine Ehe hinter sich, große Kinder und wohnt nicht in der Nähe, so daß wir uns leider nur ein- bis zweimal in der Woche sehen können. Er ist genauso ein Typ wie ich, er will gefallen. Ist Hans Dampf in allen Gassen, wird gemocht, weil er so eine nette Art hat. Er gefällt mir auch rein äußerlich. Zwar dunkel, aber richtig schöne grüne Augen wie ich, Strahleaugen. Er ist Kraftfahrer, aber pfiffig, weiß im Leben Bescheid, macht und tut und kümmert sich und ist sowas von sahnezuverlässig. Wenn er was sagt, dann kannst du dich drauf verlassen. Zwischendurch war es mal so, daß ich wahrscheinlich zu sehr geklammert habe. Genau nach einem Jahr hatten wir eine Auszeit. Ich kam mit dem Ganzen nicht mehr zurecht. Mit der Wohnung, dem Leben hier. Er hat ja auch nie gesagt: Das ist unsere Wohnung. Es ist so, daß jeder sein Leben lebt und dann: schaun wir mal. Und irgendwann kommen solche Sprüche von ihm: Ich laß mich nicht annageln. Unmöglich.

Das Schöne ist, wir können immer reden, reden, reden. Er weiß genau, wenn mit mir was nicht stimmt. Und dann bohrt er so lange, bis ich spreche. Und das ist schön, weil er grundlegend menschlich ist. Seine ganze Familie, sowas Liebes und Nettes.

Auch mit den Schwiegereltern verstehe ich mich so toll. Seine Mutter ist hart, aber herzlich, damit kann ich umgehen. Als ich zum ersten Mal da war, sagte sie gleich: Jetzt nimmt er sich schon wieder so 'ne alte, das wird nicht gutgehen. Ich muß offen sagen, ich hab Probleme mit meinem Alter. Denk mal zehn Jahre weiter, dann bin ich 50. Mein Freund ist dann 43, dann wäre eine 36jährige für ihn top. Frauen in dem Alter sind einfach top. Und dann hat er so eine Olle. Für ihn ist das Äußere schon sehr wichtig, auch was man so trägt. Ich bin ja eher sportlich-feminin, aber ohne viel Schnickschnack. Und er steht mehr auf Leder mit goldenen Knöpfen, kurze Röckchen, kurze Jäckchen. Das ist für mich auch so ein Problem. Er trägt Kette und Ring, und ich hasse Ringe an Männerhänden. Das sieht Scheiße aus, aber er findet es schön, ich kann ihm das doch nicht verbieten.

Er macht mir auch immer wieder klar, daß er diese Beziehung von Anfang an nicht so wollte. Eine kleine Liason, und dann gut. Es hat nicht in sein Leben gepaßt, er sah sich ziemlich überrollt, als ich mich von meinem Mann trennte. Als dann die Auszeit war, hab ich gelitten, weil ich ihn so mag. Sehr doll als Mensch. Ich weiß, daß er sehr menschlich ist, aber ich weiß auch, daß er Frauen mag. Ich bin eifersüchtig auf das, was er sich anschaut. Damit muß ich umgehen. Er geht nun mal gern zur Disko, guckt gern nach schönen Frauen, dann renne ich hier kopflos rum und könnte wahnsinnig werden. Ich würde mir wünschen, daß er mich und meine Tochter mehr in seine Lebensplanung einbezieht. Daß er sagt: Das schaffen wir schon. Vielleicht will er nicht ständig drüber reden, für ihn ist die Sache klar. Wir sind zusammen, und das ist okay, aber ich würd's schon gern öfter hören.

Es gibt dann allerdings noch einen anderen Mann. Wir haben uns schon vor Jahren kennengelernt und haben uns nie aus den Augen verloren. Verheiratet, aber seine Frau ist schwerkrank. Ich merkte schon, daß er was für mich empfindet. Ich mag ihn sehr, und ich möchte ja noch so viel machen, und er ist auch so unternehmungslustig. Es ist vielleicht was für später, denke ich. Einmal haben wir auch zusammen geschlafen. Ich hatte mich einfach so Scheiße gefühlt, wie das Hinterletzte. Naja, wir haben Wein getrunken, ich ein bißchen viel. Ich merkte, es ist ihm alles viel zu schnell gegangen, er ist nicht der Typ dafür. Da hab ich schon ein schlechtes Gewissen gegenüber Hartmut, weil ich ja auch was empfunden habe für den anderen. Deswegen versuche ich es gut zu jonglieren, denn ich will mir die Sache mit dem anderen nicht versauen.

Also berechnend bin ich schon, geb ich ja zu. Ich find's auch nicht gut, aber ich habe keine andere Wahl, denk ich mal. Vielleicht hat das auch mit meinem Sternzeichen zu tun. Ich bin Zwilling, zwei Seelen wohnen in meiner Brust. Ich kann mitunter so todunglücklich sein. Ganz schnell, ganz schlimm. Es gibt keinen Tag, an dem ich nicht an mir zweifle. Deswegen brauche ich von außen auch immer so viel Bestätigung. Bei Hartmut ist es zum ersten Mal so, daß auch die innerliche Liebe da ist, das gab es vorher nie. Ich bin ja so ein schneller Typ. Ich frage nicht, was kann morgen sein, ich lebe im Augenblick, und in dem Moment kann ich mich verlieben. In mir ist ja auch so viel drin. Ich koche gern, wenn ich es will, ich mache es gern schön zuhause. Ich kann eine sexy Puppe sein mit 40, ich kann eine Karrierefrau sein. Aber ich kann nicht alleine sein, das ist der springende Punkt. Weißt du, wie oft ich mich schon gefragt habe, ob ich mit einer Frau zusammen leben könnte? Gerade mit meiner besten Freundin. Wir verstehen uns so super, das ist so toll, wir machen alles zusammen. Wir gehen sogar zusammen auf Toilette, nur, damit wir keine Zeit verlieren zum Erzählen. Die Zeit ist viel zu schade, als daß eine alleine auf Klo geht. Aber dann hab ich mich gefragt, könntest du sie anfassen, ihr über die Brust streicheln? Nein, dazu liebe ich die Männer viel zu sehr. Auch wie sie aussehen untenrum, das liebe ich, das sieht gut aus. Ich faß es gerne an, ich spür es gerne. Ein schöner Männerkörper ist für mich das Non plus Ultra. Und dann auch noch beschnitten, das ist das Größte. Alles ordentlich, sauber. Nur das, was ich da sehe, macht mich schon an. Ich hab diesen Blick auch noch nicht lange. Meine Freundin hat mich drauf gebracht. Sie zeigte mir mal ein Bild von ihrem Freund, nackt, als er schlief. Er war beschnitten und sah so richtig gut aus. Ich hätte mich gleich raufsetzen können. Und so ist es bei Hartmut auch. Ich brauch ihn bloß anzugucken, dann bin ich hin und weg. Aber es ist schon ein Scheißgefühl, wenn du immerzu könntest und er will nicht. Wir kuscheln zusammen, aber das reicht mir nicht.

Ich bin ein offener Typ und nehme kein Blatt vor den Mund. Das ist natürlich in dieser Gesellschaft nicht so gefragt. Am besten, man erzählt gar nichts über sich. Du bist nur die, die du bist, und dann ist gut. Ist es nicht schlimm, daß heute so viel an Gefühlen unterdrückt und untergebaggert wird? Guck dir doch nur mal die sogenannten offenen Gespräche in den Magazinen und Sexzeitungen an. Es ist doch nur ein Vortäuschen von Superlativen. Geil, Wahnsinn, Irre, das ist doch Schwachsinn. Man müßte eine Sendung erfinden über Dinge, die wirklich wichtig sind. Es muß alles nur schön, toll, witzig, cool, clever, sexy, saulesbisch oder saureich oder abartig sein, um interessant zu wirken. Das ganze Menschsein geht doch völlig unter. Wir werden überfüttert mit lauter Abnormitäten, die man gar nicht empfinden kann. Keiner versucht mehr so zu sein, wie er wirklich ist, weil er denkt, er kommt damit nicht an. Die ganze Gesellschaft ist krank, ich spür's ständig. Das ganz Normale ist doch das, was der Mensch hören will. Und wenn es der hochtrabende Geschäftsführer einer Millionenfirma ist. Das ganz normale Gespräch bleibt bei denen haften, prompt rufen die wieder an. Da muß doch was sein. Natürlich bin ich auch leichtes Futter für die, die es nicht ehrlich meinen. Aber ich sehe grundsätzlich in jedem Menschen erstmal das Positive. Und ich denke, ich habe soviel Lebenserfahrung, daß ich es spüre, wenn mich jemand reinlegen will. Ich spüre dieses Unnormale, das Verfälschte. Dann spreche ich denjenigen darauf an und habe ihm damit jeglichen Wind aus den Segeln genommen. Damit können die meisten Leute nicht umgehen. Ich bin ja auch ständig unter Leuten, ich mische mich unter Leute, sauge die Gespräche regelrecht auf, versuche, Gespräche anzuleiern. Da fühle ich mich gut.

Glück kann bei mir ganz wenig sein. Ein ganz einfaches Beispiel: Eine alte Frau steht am Straßenrand und traut sich nicht über die Straße. Ich bin eigentlich gestreßt und seh das Mütterchen. Ich helf ihr über die Fahrbahn. Und die Frau guckt mich mit großen Augen an und weiß gar nicht, wie sie sich bedanken soll, da kann ich ganz doll Glück und Zufriedenheit empfinden. Es sind ganz einfache Dinge. Mich macht auch glücklich, wenn ich merke, daß ich als Mensch so angenommen werde, wie ich bin. Das ist es doch, was einem wohltut. Normal zu sein, nicht überkandidelt, nicht hochtrabend, nicht die große Geschäftsfrau. Einfach nur Mensch zu sein und jemanden zu treffen, der das erkennt, das ist für mich Glück. Aber das ist natürlich nicht das Leben. Manchmal denk ich, wenn ich das Kind nicht hätte, würd ich einfach irgendwohin abhaun. Aber ich bin familienbewußt, ich brauch meinen Hafen. Das heißt aber auf keinen Fall, daß ich irgend etwas bereue. Ich bin jetzt viel mehr ich selbst als ich es früher war. Und ich beruhige mich dann damit, daß ich sage: Du, es kann nicht von heute auf morgen passieren. Es braucht eine gewisse Zeit. Bloß, so viel Zeit hab ich nicht mehr.

Ich könnte mir gut vorstellen, daß wir eine Kneipe aufmachen, Hartmut und ich, wenn wir einen Sechser im Lotto hätten. Wenn du Geld hast, kannst du dir Angestellte leisten, kannst gute Köche engagieren. Ich brauche was, wo ich mit Menschen umgehe, wo ich organisieren kann. Ich muß reden können, was besorgen können. Wenn ich an die DDR-Zeit zurückdenke, war es als Frau sicherlich einfacher. Du hast genauso gearbeitet wie der Mann, hattest deinen Job, der hat dich zwar nicht befriedigt, aber du hast ihn gemacht. Du konntest aber zwischendurch viel mehr Privates machen. Es gab zwar die Reglementierung in der DDR, aber ich bin der Typ, der dann wieder die Lücken und Nischen für sich finden und das Beste draus machen konnte. Das heißt aber auf keinen Fall, daß ich der DDR nachtrauere. Die Arbeit war beschissen, ich hab mich an unmöglichen Sachen aufgehalten. Ich war unzufrieden, der Erfolgsdruck war nicht da. In meinem Beruf werde ich jetzt auch nicht den großen Erfolg haben, aber ich will's auch gar nicht, und das ist der springende

Punkt. Ich verdiene das Geld, aber eben auch nicht *das* Geld, sondern so, daß wir leben können. Also ich hab etwa 1500 Mark für meine Tochter und mich nur zum Leben. Ich bewundere manchmal Frauen, die finanziell viel schlechter dastehen als ich. Wie die das machen. Dann sag ich mir: Jammere doch nicht rum, im Grunde genommen geht's dir ja gut. Aber ich bräuchte eben den Partner, der öfter hier ist. Man sollte mich nie in die Ecke einer selbstbewußten Karrierefrau stellen, bin ich überhaupt nicht. Ich bin einfach nur ein Mensch, der spüren muß, daß er lebt, und dafür was tut. Und dazu gehören einfach mal unebene Wege, Berge, Täler, aber auch wieder Sonnenschein. Wenn ich wüßte, daß Hartmut Knete hätte und daß es so bleibt, wie es jetzt ist, dann würde es hundertprozentig hinhauen. Weil wir gemeinsam so viel machen wollen, so viele Ideen haben. Naja, schaun wir mal.

■

obiEREN, viE
LESE OBERfla
diE viELE a
abziehEN. D
ch auch iN B
EN, wEil du
chKEiTEN h.
Ein hiER Ei
NO: Zum Tan
rlich NiE, so
diN das mac
RER MUTTER
diN iN CafE
EiN UNd TEU
N SiE TaNGO
GEhE ichN

GLÜCKSKIND

Schülerin, 15 Jahre

Zur Zeit hab ich grade richtigen Liebeskummer. Schrecklich. Ich weiß immer nicht, was ich machen soll. Ist er nun in mich verliebt? Ich trau mich nichts. Ich bin dann total die kleine und liebe, wenn er in der Nähe ist, bloß nichts falsch machen. Und ich muß immer lachen, das ist so schlimm. Wir stehen zu viert auf dem Schulhof, er auch dabei, die anderen erzählen und ich lache und lache. Ich bin fünfzehn, er ist sechzehn und ist wie ich. Hat immer zu tun, raucht nicht, ist auch in einem Zirkus und er ist mein Klavierlehrer. Er kann super Klavier spielen, und da hab ich ihn mal gefragt, ob er's mir beibringt. Das geht jetzt schon seit drei Monaten. Er ist der erste, in den ich richtig verliebt bin. Ganz komisch, ich hatte zu Anfang wirklich keinen Appetit. Natürlich denke ich jetzt fast immer an ihn, aber man gewöhnt sich dran und kriegt das irgendwann gar nicht mehr mit. Ich träum auch ganz viel von ihm. Ich weiß, daß er im Traum da ist, aber ich seh ihn nie. Meinen ersten Freund hatte ich mit 13. Mit küssen und schmusen. Ich glaube, es sind vier in der Klasse, die keine Jungfrauen mehr sind. Aber alle erzählen und erzählen und die Hälfte von dem ist bestimmt nur wahr. Aber ich erzähl keine Geschichten. Ich hab einen guten Kumpel, wir können uns alles sagen, ich schlaf oft bei ihm zuhause und wir kuscheln sogar. Weil wir wissen, daß wir nichts voneinander wollen. Doch, er wollte schon mal was von mir ganz zum Anfang, aber wir sind total gute Kumpels. Das glaubt mir keiner. Wir reden aber ganz oft drüber, und er hat mir gesagt, daß er nie mit mir Sex haben will. Das ist eben eine ganz andere Beziehung, die ich absolut schön finde. Aber ich würd nie zu ihm aufschauen können oder ihn begehren. Vielleicht auch, weil ich ihn zu leicht kriegen könnte. Aber ich hab ihn total lieb.

Mein Terminplan für die Woche ist ziemlich voll. Montag wechsel ich die Wohnung von Mutti zu Papa oder umgekehrt. Dienstag hab ich Zirkus, mittwochs Ballett, donnerstags Klavier und freitags Akrobatik. Wochenende ist frei oder Auftritt. Ich hab das Gefühl, daß ich alles ganz gut schaffe, auch für die Schule. Ich bin nicht superintelligent, aber ich bin auf alle Fälle überm Durchschnitt in der Klasse. Ich bin ja seit der ersten Klasse in der Waldorfschule und ich finde, das muß man auch. Ich denke wirklich, man kriegt dann dieses Gefühl: Du mußt selber was machen. Das haben die Staatsschüler nicht. Die hatten zuerst den Druck an der Staatsschule und dann gar nichts mehr. Die alten aus unserer Klasse, die von Anfang an dabei sind, die haben das Bewußtsein. Obwohl wir acht Jahre lang nie Arbeiten geschrieben haben, hab ich wahnsinnig viel behalten. Wir mußten nie richtig was auswendig lernen. Ich könnte mich aber ganz schnell wieder an vieles erinnern. Ich will nicht wissen, was die Staatsschüler noch wissen. Die Staatsschüler, die jetzt zu uns kommen, die drücken das Niveau. Das sind meist solche, die es auf der anderen Schule nicht schaffen und dann meinen, sie müßten zur Waldorfschule. Ich hab öfter dran gedacht, ob ich's schaffe, ob ich mit dem Abi dann auch weiterkomme, aber das Abitur ist ja anerkannt. Mein Vater hat immer gesagt: Bleib an der Sache dran. Meine Mutter hat mir voll freie Hand gelassen. Aber ich will da auch gar nicht weg. Ich hab zu viele Verbindungen, ich fühl mich da fast wie zuhause. Ich hab nie Angst vor der Schule, nie. Ich hab auch nie Angst vor 'ner Arbeit. Mein Gott, wenn ich die verhaue, was mir meistens nicht passiert, dann ist es nicht so schlimm, dann mach ich sie eben nächstes Mal besser. Wir haben eine in der Klasse, die hat immer geschwänzt, ist vom Schulgelände gegangen. Wir haben zwar krasse Hausregeln, aber die hält niemand ein. Dann hat das Mädchen immer noch eine Chance gekriegt. Ich hab nichts gegen sie, aber ich finde, so geht das Niveau runter. Irgendwo müssen auch Grenzen sein. Aber es ist eben so, daß die Lehrer sich richtig um jeden kümmern, das ist ja das Gute. Die fragen eben, warum gehen die Leistungen runter, warum kommt der Schüler nicht mehr mit. Das gibt es doch an der Staatsschule nicht. Ich würd auch wegen der Lehrer nie von der Schule runter, weil ich die alle mag. Das ist nicht das typische Verhältnis zwischen Lehrer und Schüler. Man kann sich auch gut über private Dinge unterhalten. Deswegen kann ich das blöde Gesülze von den anderen nicht hören, wenn die bloß rummeckern über die Schule. Viele würden, wenn sie ehrlich sind, das auch so sagen wie ich, aber die trauen sich eben nicht.

Ich möchte nicht oberflächlich bleiben. Ich mag gern interessante Leute kennenlernen, viel ausprobieren, viel machen. Ich mag diese oberflächliche Show nicht, die viele aus unserer Klasse abziehen. Deswegen will ich auch in Berlin bleiben, weil du hier so viele Möglichkeiten hast. Mal bummeln, Kurse, dann ins Kino. Zum Tanzen geh ich eigentlich nie, so wie meine Freundin das macht. Sie geht mit ihrer Mutter oder einer Freundin in Cafés, da ist alles ganz fein und teuer, und da tanzen sie Tango. Auch auf Diskos gehe ich nicht, höchstens mal auf private Partys. Da wird dann natürlich auch gekifft. Ich hab's einmal ausprobiert. Ich fand das so schrecklich langweilig und die anderen haben so dumm abgegackert. Mir wurde ein bißchen schwindlig und es hat total gekratzt im Hals. Ich dachte, ach, jetzt bist du bekifft, jetzt wird es gleich lustig. Ich denke, das hat auch total viel mit Einbildung zu tun. Aber ich muß das nicht haben, ich hab's auch nie wieder gemacht. In meinem Umkreis kiffen fast alle. Es hängt dann total damit zusammen, mit wem sie zusammen sind, ob sie high werden oder nicht. Ich hab auch mal Zigaretten geraucht, aber ich bin nicht süchtig danach, ich hab kein Verlangen danach. Okay, manchmal, wenn's mir wirklich schlecht geht, dann denke ich, jetzt rauchst du eine, aber das mach ich dann meistens nicht. Ich denk immer daran, was ich davon habe, und dann denk ich, laß es. Ich hab keine Lust, mich selber zu vergiften. Außer Alkohol. Also ich besauf mich nicht, aber ich trink wahnsinnig gern Longdrinks und Cocktails. Aber mein Vater sagt: Du kannst kiffen, du kannst rauchen, aber trinke nicht. Er haßt es, wenn ich trinke, denn er hat Angst, daß ich abhängig werde. Ich trink auch mal einen Wein zuhause oder mal mit meiner Freundin im Café, aber sonst nicht. Mit dem Geld komm ich ganz gut hin. Ich krieg neun Mark die Woche

Taschengeld und dann mach ich noch Babysitten, da komm ich dann mit hin. Wenn ich einen leichten Job hab, krieg ich acht Mark die Stunde, etwas schwerer zehn Mark oder beim schweren Job zwölf Mark. Aber der schwere sieht so aus, daß ich mit den Kindern auf den Spielplatz gehe oder sie ins Bett bringe. Das ist absolut kein Problem für mich, ich hab ja drei kleine Brüder. Ich hatte letzten Monat 80 Mark verdient und dann hatte ich noch 20 Mark Taschengeld, das geb ich aus. Je mehr Geld man hat, umso mehr gibt man aus. Deswegen hab ich mir auch ein Konto anlegen lassen ohne Karte, damit ich da immer erst hinlatschen und mich an die Öffnungszeiten halten muß.

Schwer zu sagen, warum ich angefangen habe mit dem Klauen. Ich wollte immer das haben, was ich nicht hatte, zum Beispiel Barbies. Meine Mutter wollte das nicht. Und dann hab ich irgendwann dem Freund von meiner Mutter 500 Mark geklaut und bin einkaufen gegangen. Für 170 Mark hab ich Barbies und alles drumherum eingekauft und die Verkäuferin hat mich nur gefragt, ob das denn auch mein Geld ist, und ich hab gesagt, das hab ich von meiner Omi gekriegt. Die hätten mir mit neun Jahren noch gar nichts verkaufen dürfen, aber das ist denen doch stinkegal. Natürlich ist das dann zuhause aufgeflogen. Mutti war stinksauer. Dann hab ich erstmal eine Taschengelderhöhung bekommen. Sie haben mich eben nicht bestraft, sondern haben gefragt: Was fehlt ihr, daß sie soviel klaut. Und ich hab mir gedacht, okay, sie geben dir das jetzt, nu verarsch sie nicht mehr. Ich hab mich ja total schlecht dabei gefühlt, ich mußte die Barbies immer verstecken. Meine Mutter hat geweint, als sie das rausbekommen hat. Da hab ich gedacht, das mach ich nie wieder. Ich mußte auch immer, wenn sie es rausgekriegt hat, hingehen und mich entschuldigen. Das war mir so schrecklich peinlich. Wenn meine Eltern mir eine geknallt hätten oder irgendwas, weiß ich nicht, dann hätte ich aus Trotz weitergemacht. Aber so wurd ich wirklich geheilt, ich hab so Ekel vor mir selber bekommen.

Aber es klauen fast alle in meiner Klasse. Das ist so Mode. Ich brauchte nie was, aber ich bin in eine Kaufhalle reingegangen und wollte nicht ohne irgendwas rausgehen. Einmal wurde ich erwischt beim Überraschungsei. Und das, wo ich schon adidas-Bodys und Pullover geklaut hatte, da ist nie was passiert. Und ausgerechnet beim Überraschungsei! Und seitdem konnte ich nicht mehr. Obwohl ich manchmal meine Freundinnen sehe, wenn sie einklaufen waren und mit einer Superneuausstattung wiederkommen. Und ich geb für einen BH 30 Mark aus! Aber ich will's nicht mehr. Es ist ja so, du hast was zuhause, und es gehört nicht richtig dir. Das ist richtig eklig, wenn du dein ganzes Zimmer nur noch voll mit geklauten Sachen hast. Irgendwann gewöhnt man sich aber daran, denke ich.

Ich hab aber schon immer Geld geklaut. Aber nur bei meinen Eltern, bei meiner Familie, nie bei meinen Freundinnen. Außer vielleicht mal ein Armband, was mir gefallen hat. Aber das hab ich dann meistens zurückgegeben. Aber richtig geklaut hab ich da nie, weil ich weiß, das ist ein totaler Vertrauensbruch. Meine Familie ist eben meine Familie. Aber nach diesem großen Ding hab ich's nicht mehr gemacht. Höchstens noch mal bei meinem Bruder ein, zwei Mark, wenn ich sie gerade brauchte. Meistens hab ich mich gezwungen, einen Schuldschein zu schreiben. Oft hat er es dann aber nicht zurückverlangt.

Mein Bruder ist anderthalb Jahre älter als ich. Als wir klein waren, haben wir dicht an der Mauer gewohnt. Meine Mutti hat erzählt, daß sie Angst hatte, daß wir da zu dicht ranlaufen. Als ich ein Jahr war, haben meine Eltern geheiratet und sich ein Jahr später wieder getrennt. Mein Bruder hat das schon richtig mitgekriegt, als sie sich gestritten haben. Er kann es deswegen absolut nicht ab, wenn sich welche streiten. Es war dann jedenfalls so, daß ich nach der Scheidung ein halbes Jahr bei meinem Vater war und dann ein halbes Jahr bei meiner Mutter. Mein Vater hat wieder geheiratet, meine Mutter nicht. Sie hatte zwar Freunde und einen auch ganz lange. Das ist auch mein Patenonkel, mir ging's ganz schlecht, als die beiden sich getrennt hatten. Ich hatte ganz schlimme Alpträume. Es war so, daß ich gar nicht mehr ins Bett ging, weil ich Angst vor diesen Träumen hatte. Da ist es eben gut, wenn man 'ne Psychologenmutter hat. Sie hat mir gesagt, daß man seine Träume beeinflussen kann, und das hat dann auch funktioniert.

Als ich dann etwas älter war, habe ich öfter gewechselt zwischen meinen Eltern, zwei Wochen hier und zwei Wochen da. Ich konnte mich nie entscheiden, wo ich lieber war, ich hatte immer Angst, einen zu verletzen. Es gab natürlich Phasen, wo ich mit dem einen zerstritten war und dann wollte ich zu dem anderen. Zweimal wollte ich dann nur bei meiner Mutter bleiben, weil es zuviel Streß war mit dem Wechseln. Aber dann hat Papa gesagt: Überleg's dir. Du kannst gehen. Aber dann hab ich gedacht, ich kann ja nicht wegrennen, das ist blöd, und dann würde der Kontakt zu meinem Vater vielleicht ganz abreißen. Bei meinem Vater ist es zwar stressig mit den vielen Kindern, aber bei meiner Mutter hab ich dann die Ruhe. Dieser Wechsel ist auch gut und ich denke, dadurch bin ich ziemlich flexibel geworden.

Ich war schon immer sehr selbständig, denn meine Eltern hatten nie Angst, daß mir was passieren könnte. Hatten sie schon, das weiß ich jetzt, aber sie haben es nicht gezeigt. Ich bin mit vier oder fünf schon von meinem Kindergarten in Hohenschönhausen bis Mitte allein gefahren mit der Straßenbahn. Ich weiß noch, ich kam nicht an diesen blöden Knopf ran für die Fahrkarte. Da bin ich auf eine Bank in der Straßenbahn gesprungen, Knopf gedrückt und runter. Angst hatte ich nicht, da waren ja auch immer Leute. Mir ist zwar manchmal was passiert, aber nie richtig ernsthaft. Ich war fünf, glaube ich, da hat ein Mann zu mir gesagt, ich soll mitkommen, und ich hab mich nicht getraut, nein zu sagen. Da sind wir auf einen Dachboden gegangen, und er hat mir Lügengeschichten erzählt. Ich mußte mich auf den Rücken legen, und da hab ich totale Angst bekommen, dann hat er mich gehen lassen. Ich denk mal, er hat keinen Steifen gekriegt, sonst hätt er mich vergewaltigt. Ich hab das dann meinem Vater erzählt, und er ist am nächsten Tag noch mal mit mir dahin und hat einen Stein in die Hand genommen. Ich war mir die ganze Zeit nicht bewußt, daß es gefährlich war, aber als ich gemerkt hatte, mein Vater hat Angst, da hatte ich auch totale Angst. Aber es ist nichts passiert. Wir sind dann zur Polizei, und ich mußte alles erzählen, und das war mir schrecklich peinlich.

Ich hatte seitdem immer Tricks, wenn ich das Gefühl hatte, daß mich jemand verfolgt. Dann bin ich kurz vor der Abfahrt noch rausgesprungen aus der Straßenbahn. Wäre er dann auch ausgestiegen, hätt ich's wenigstens gewußt. Aber richtig Angst hatte ich eigentlich nie, ich dachte immer, ich kann auf mich aufpassen. Mir ist auch öfter noch sowas passiert, aber nie richtig schlimm, es war nur so ein Erschrecken. Einmal saß einer neben mir und hat an seinem Ding rumgespielt, da hab ich einfach nicht drauf reagiert. Dann war ich mal im Park und da hat ein Mann sein Ding rausgeholt und hat mir zugezwinkert. Ich hab meinen kleinen Bruder genommen und bin weggerannt. Wenn ich wirklich mal Angst vor irgendwas hatte, bin ich zu meinem Vater gegangen. Meine Mutter hat die Angst eigentlich nur vergrößert. Sie geht dann drauf ein und guckt so mitleidig, das kann ich nicht brauchen. Während mein Vater so eine Ausstrahlung hat, daß er keine Angst hat, und das beruhigt mich.

Im Moment hab ich wahnsinnige Angst vorm Krieg. Davor hab ich schon Angst, seit ich klein war. Ich konnte auch nie Nachrichten gucken und hören, ich mochte die Stimmen schon nicht. Diese ernsten fiesen Stimmen. Ich kann mich zwar irgendwie damit abfinden, mein Gott, dann sterb ich eben im Krieg. Ich hab auch keine Angst vorm Tod. Ich hab nur Angst, daß ich die ganzen Leute sehe, die sterben, das ganze Elend, weiß ich nicht, auch daß ich vergewaltigt werde. Im Krieg würd ich's schlimmer finden als im normalen Leben. Ich bin immer nach dem Motto gegangen: Wenn Krieg ist, bringst du dich um. Das ist natürlich feige, weil man sich dadurch so raushält.

Ich bin sehr locker erzogen worden. Mein Vater hat aber immer drauf geachtet, daß ich meine Pflichten erfülle, daß ich nicht lüge. Meine Mutter ist sehr streng erzogen worden und wollte, daß es bei ihren Kindern anders ist. Deshalb hat sie mir immer total viele Freiheiten gelassen. Das ging mal soweit, daß ich nie zuhause war, ich hab ständig irgendwo anders geschlafen. Da hab ich sie gefragt: Mama, willst du mich eigentlich nicht? Warum bin ich immer weg? Warum hast du nie was dagegen? Sie hat gar nicht gedacht, daß ich das so sehen könnte. Natürlich ist es manchmal auch anstrengend, immer soviel Verantwortung für sich selber zu haben. Und auch noch für andere, denn ich hab ja noch drei kleine Geschwister, um die ich mich auch viel kümmere. Und meinen älteren Bruder hatte ich immer in der Hand. Aber ich hab daraus auch viel gelernt. Manchmal ist das vielleicht aber auch schlecht, in der Liebe zum Beispiel. Ich hab so das Gefühl, daß die Jungs das gar nicht so gut finden oder Angst davor haben, wenn man so selbständig und selbstbewußt ist. Die anderen Mädchen in meiner Klasse sind alle so naiv und jugendlich, und die haben alle viel mehr Glück.

Kinder würd ich gern haben später, ich denk schon. Am liebsten zwei, nicht mehr. Heiraten, weiß ich nicht. Es ist dann so eine Pflicht, zusammen zu bleiben. Außerdem ist man ohne Trauschein viel offener miteinander, man hat nicht solchen Zwang. Später möchte ich Schauspielerin werden, das wollte ich schon, seit ich denken kann. Aber kein Hollywoodstar. Ich will lieber Theater machen. Aber davon kannst du nicht leben. Vielleicht mal was Kleines nebenbei fürs Fernsehen, oder auch kleine Serien. Ich hab ja schon mal in einem Kinderfilm die Hauptrolle gespielt, und vor kurzem hatte ich einmal im Kinderkanal moderiert. Sie wollten mir die richtige Moderation für den Kinderkanal geben, aber ich will es nicht. Ich mag Moderation nicht, ich möchte lieber Rollen spielen, mich in andere reinversetzen. Erstens müssen Moderatoren immer eine Meinung vertreten, die sie gar nicht haben, was mich total nervt. Außerdem bleib ich dann immer auf dieser Schiene, denke ich, es macht mir überhaupt keinen Spaß, immer mit den Leuten kommunizieren zu müssen, immer die Kindliche, immer gut drauf sein. Es ist immer nur ein Typ. Ich hatte schon mal in einem Kindertheater mitgespielt, dann hatte ich noch ein Angebot für einen Märchenfilm im Kino, aber da haben meine Eltern gleich abgesagt, weil es zeitlich überhaupt nicht paßte.

Ich würd gern auf eine Schauspielschule gehen. Aber ich würd nicht alles mitmachen um jeden Preis. Ich würd mich zum Beispiel nie liften lassen, das ist doch eine totale Selbstverachtung. Man ist so, wie man ist. Ich hätte zum Beispiel vor einiger Zeit magersüchtig werden können. Gut, ich bin Akrobatin und steh nun mal auf der Bühne. Aber dieser Zwang, so wie ganz bestimmte Typen auszusehen, das ist doch krank. So dünn, wie die meisten sind, das ist doch nicht mehr normal. Und solange man sich wohl fühlt, solange ist man schön. Meine Freundinnen sind absolut schlank und haben eine tolle Figur und ich fand mich ein bißchen pummelig. Die haben gesagt, daß ich einen absoluten Vogel hab. Aber das nützt nichts. Solange das in deinem Kopf festsitzt, können andere einem das nicht ausreden. Das muß man selber wissen. Das hat ganz viel damit zu tun, daß ich mich verliebt hab und er sich nicht in mich. Dann fragt man sich gleich: Was hab ich? Bin ich zu dick? Bin ich häßlich? Aber ich find wirklich, man soll so bleiben, wie man ist. Wenn man sich wohl fühlt. Wenn man fröhlich ist oder traurig. Mich haben zum Beispiel ewig meine Sommersprossen gestört. Jetzt denk ich, okay, kannst du nicht ändern, mußt du mit leben. Stell dir mal dein Gesicht ohne Sommersprossen vor, wäre wahrscheinlich nicht mal häßlich, aber wahrscheinlich bin ich mit Sommersprossen viel interessanter. Sonst wär ich eine unter vielen. Ich werd auch nicht braun im Sommer und wär es gern. Aber dann laufen alle braungebrannt rum, und ich bin die einzige weiße. Ist doch schön eigentlich. Ich hab gar nicht mitbekommen, was für ein Glückskind ich bin. Ich bin wahnsinnig gelenkig, hab eine relativ gute Figur, hab eine gute Haut, krieg keine Pickel, ich hab eigentlich wahnsinnig viele Vorteile, die andere nicht haben. Man muß einfach die positiven Dinge viel mehr beachten. Nicht zu viel, sonst wird man arrogant, aber man muß das Mittelmaß finden, so wie überall.

■

Und dann hab ich
ABM-Stelle gekrie
schneller als wir lie
ich wollte eigentlich
tapezieren zuhause
eine Spinnwerkst
aufbauen, wir hab
weil angefangen
einmal waren wir
Frauen. Ich sollte d
Bürosachen machen
ist ja auch mehr
Ja, da haben wir
gesponnen, gefilzt
gefärbt und gewe
waren auch viel au
Märkten unterwe
war ich zwei Ja
und mehr als zwe
geht eine ABM
Danach kriegte ich
Arbeitslosengeld un
paar Monate
Arbeitslosenhilfe, u
bin ich Rentnerin.

IMMER AUF TRAB

Rentnerin, 62 Jahre, drei Kinder, verheiratet

Hier in diesem Haus wurd ich geboren und hier wohn ich jetzt noch. Etwa dreißig Einwohner gibt es im Dorf, da hat sich kaum was geändert. Mein Vater war beim Straßenbau und meine Mutter Hausfrau. Wir hatten eine Kuh und 1,6 Hektar Land, aber nicht am Haus. Geschwister hatte ich nicht. Ich ging noch nicht zur Schule, da konnt ich schon stricken. Das hab ich von meiner Großmutter gelernt. Die Großeltern haben hier mit im Haus gewohnt. Ich brauchte eigentlich in der Wirtschaft nicht viel mithelfen, obwohl ich gern was gemacht hätte. Ich konnte spielen, ich hatte wirklich 'ne schöne Kindheit, wenn man den Krieg nicht mitrechnet.

44 bin ich dann zur Schule gekommen. Mein Vater war eingezogen, aber in Dänemark, der hat nicht direkt die Front mitgekriegt. Ich hab vom Krieg auch nicht viel mitbekommen, ich war überhaupt von allem etwas abgeschirmt. Ich ging auch nicht gerne ins Dorf. Ich hatte Puppen, Puppenwagen, Teddys, Großmutter hat Märchen erzählt, oder ich hab draußen im Garten gespielt. Dann haben wir natürlich mitgekriegt, wie nachher die Flüchtlinge kamen. Da konnte man echt nicht über die Straße, so voll war es. Und wir hatten ja geschlachtet und Milch und Butter von den Kühen. Trecks hielten dann manchmal an, wir haben denen Milch oder Speckschwarten gegeben oder was man so hatte. Ich fand immer, wir haben sehr viel gegeben. Wir hatten ja auch Einquartierung. Oben wurde schnell noch ausgebaut, da kam eine Familie mit vier Kindern rein. Hinten wohnte ein älteres Ehepaar und dann wurde die Schrotkammer ausgeräumt, da kamen auch welche rein. Dann wurden Strohsäcke gestopft. Als der Ami kam, da konnt man ja noch auf die Straße, da waren auch viele Kinder. An der Gastwirtschaft wurde von den Amis alles entladen. Auf die Kisten von der Munition waren wir Kinder scharf, da haben wir Puppenbetten draus gemacht. Als die

Russen kamen, hab ich mit Mutter im Kälberverschlag geschlafen. Ich hatte solche Angst. Die Erwachsenen haben mir auch nicht die Wahrheit gesagt, dann hätte ich es ja verstanden. Meine Großmutter hatte sich ganz dreckig gemacht mit Ruß. Dann das Haar so wuselig. Und ich dachte immer, was das wohl soll. Aber meine Mutter wollte mich von allem fernhalten, beschützen, und hat mir nichts gesagt. Am Tag hielten hier Russenwagen. Der Russe kam denn hier rein. Dieses Zimmer und das nebenan wollten die haben. Ach du Scheiße, und wir alles ausgeräumt, Geschirr und Bettwäsche, alles in den Holzschuppen gebracht. Das Holz schnell weg, die Sachen dahinter und dann das Holz wieder Scheit für Scheit aufgestapelt. Der Schmuck wurde noch vergraben. Dann kam aber sowas wie ein Überfallkommando oder wie sich das damals schimpfte. Zwei Offiziere stürmten rein und haben die anderen Russen rausgeholt, aber frag nicht nach Sonnenschein. Also das durften sie nicht, sie sollten nicht plündern.

Nach der achten Klasse hab ich eine Landwirtschaftslehre begonnen. Mein Vater hatte sich schon ein Pferd gekauft, man dachte ja, es geht nun bergauf. Nach zwei Jahren war ich fertig. Ich wollte zuerst eigentlich Schneiderin werden. Ich hab damals schon Puppenkleider genäht. Von einfachen Stoffen hab ich die Fäden abgerissen und daraus dann genäht. In der Stadt hatte meine Mutter einen Schneider ausfindig gemacht, der wollte Lehrlinge ausbilden. Ich hin zur Vorstellung. Ja, er läßt von sich hören, aber er ließ nichts von sich hören. Ich wieder hin und dann hieß es, er hätte schon eine Bauerntochter als Lehrling. Später hab ich dann mal beim Tanz durch Zufall mitgekriegt, daß die ihm einen Schinken gegeben hatte. Aber die hatte nach sechs Wochen schon wieder aufgehört, die mußte zuhause helfen.

So, dann hab ich meine Landwirtschaftslehre gemacht. Vier Wochen Kuhstall, vier Wochen Schweinestall, Küche. Dann auch draußen auf dem Feld. Und keine Stiefel und nichts. Meine Tante aus Hamburg hatte mir Schuhe geschickt, schöne Lederschuhe, und ich war die einzige, die trockene Füße hatte. Manche gingen auch weg von der Lehre, aber das kam für mich nicht in Frage. Nach der Lehre hab ich zuhause geholfen und zwei Jahre später geheiratet. Meinen Mann kannt ich schon von der Schulzeit, nach der Lehre hatte sich was angesponnen. Der hat im Nachbarort beim Bauern Landwirt gelernt, der Bauer ist nachher abgehaun. Beim Erntefest haben wir uns näher kennengelernt. Ich wurd schwanger, dann haben wir geheiratet. Da war ich 18 und das war auch mein erster Freund. Man sagt immer, jung gefreit hat nie gereut. Ich hab's auch nie bereut. Manchmal könnt ich ihn zwar auch an die Wand... Wenn er so einen Dickkopf hat und sich querstellt, aber im Grunde puzzle ich das immer so zurecht, wie ich's will. Also wir sprechen uns schon ab, aber ich bin wohl eher die treibende Kraft. Er möchte, daß alles so bleibt, wie es ist. Lebenslänglich. Der Tisch muß immer hier stehen, wenn er einmal hier steht. Aber ich such mir immer wieder was Neues. Manchmal nehm ich die Kinder auch zur Hilfe, um was durchzusetzen. Da muß man dann schon mal diplomatisch sein. Also, nicht in den großen Dingen oder was Geld angeht, das machen wir schon zusammen. Aber wenn was umzumodeln ist, dann hab ich das schon genau im Kopf, wie es mal sein soll. Und dann mit der Zeit ergibt es sich. Das krieg ich schon hin.

Wir sind dann nach der Hochzeit bei meinen Eltern eingezogen. Erst hatten wir ein gemeinsames Wohnzimmer, dann zog nachher die andere Familie aus und wir kriegten unser eigenes. Aber gekocht und gewaschen und gegessen haben wir immer zusammen. Wenn's Probleme gab, hab ich eher zu meinem Mann gehalten, sonst wär das wohl auch nicht gegangen. Das ist immer so und das wird auch immer so bleiben. Ich seh das ja jetzt bei den jungen Leuten. Mein Sohn mit Frau und Kind wohnt ja auch hier, die bauen sich nebenan eine Wohnung aus. Wir essen zusammen und waschen zusammen. Wenn mal dicke Luft ist, dann geht man sich eben aus dem Weg. Aber Türen geknallt werden nicht. Ich sag schon manchmal zu meinem Mann: Sei still, sag ich, wir sind bald alleine, und denn ist gut.

Mein Mann hat früher in der LPG gearbeitet und dann beim Straßenbau. Er war oft vier Wochen lang weg. Und im Winter mußten die im Steinbruch arbeiten. Und ich hatte immer zu tun zuhause. Wir hatten nachher drei Kühe und meine Mutter hat meistens die Kinder versorgt, ich hab das andere gemacht. Dann mußten Kartoffeln gekocht werden fürs Viehzeug, wir hatten 24 Schweine. Erst die Kartoffeln rein in den Keller und dann wieder raus. Also nur Arbeit. Hat aber Spaß gemacht. Alles zu seiner Zeit. Pfingsten ging das Grasmähen und Heumachen los, dann hatten wir noch Bienen, manchmal 27 Völker, und dann wurde vor Pfingsten noch Honig geschleudert. Bis Mittag wurde geschleudert, dann ging es mit den Kindern los zum Ringreiten und abends sind wir zum Tanz. Mutter hat auf die Kinder aufgepaßt. Schwiegereltern wohnten ja auch im Dorf, zu ihnen hatten wir auch ein gutes Verhältnis. Wir sind dann zum Erntetanz, zu Betriebsfesten und Kino war hier auch. Aber regelmäßig sind wir da nicht hin, wir hatten ja auch immer zu tun. Im Sommer haben wir abends mit den Kindern noch draußen gesessen, im Winter haben wir viel gesponnen.

1961 hab ich dann bei der Forst angefangen, man mußte ja Geld verdienen. Holz verbrennen im Winter, ansonsten durchforsten, Jungwuchspflege, pflanzen, hacken, mähen, alles gemacht. Einmal sind wir zurückgekommen, das war so kalt, 18 Grad minus. Aber sonst immer draußen. Erst mit dem Moped, nachher mit dem Trabi.

Im Futterwerk war ich dann fünf Jahre lang in der Produktion. Abgesackt, gefegt, beigeschüttet, vom Förderband abgenommen. War auch schwer, aber man war auf Trab. Mutter und Schwiegermutter starben 1984, die hatte ich bis dahin auch noch zu betreuen. Meine Mutter war die letzten zehn Jahre blind. Morgens hab ich sie erstmal gewaschen, bevor ich aus dem Haus bin, dann hab ich ihr alles hingestellt. Viertel nach fünf sind wir aufgestanden, mein Mann mußte ja früh los. Wie der weg war, hab ich denn das Viehzeug schon fertiggemacht, dann hab ich die Kinder geweckt und die sind mit dem Schülerbus los. Wem Arbeit Freude macht, dem ist das keine Last, sag ich immer. Wir hatten jetzt grad Besuch hier und nachmittags fragten sie: Na, hast dich auch hingelegt? Ne, sag ich, ich hab Kuchen gebacken. Ich sag, wenn mir das Spaß macht, ist mir das nicht zuviel.

Die letzten zehn Jahre hab ich im Büro des Futterwerkes gearbeitet, bis 91. Dann sollt ich mich umstellen. Für Computer war ich zu alt und zu dumm. Nein, das hätt ich nicht mehr gewollt. Ich war 54 und bin gegangen und war erstmal arbeitslos. Mein Vater war froh, daß ich dann immer hier war, der ist ja erst 93 gestorben. Ich kann nicht sagen, daß es für mich besonders schlimm war mit der Arbeitslosigkeit. Ich kann mich schnell umstellen. Wenn sich jetzt plötzlich irgendwas ändern würde, durch einen Unfall oder so oder einen Schlaganfall, ich würd mich darauf einstellen können. Ich muß ja vorwärts gucken, damit leben. Es nützt ja nichts, wenn ich das alles bedauer. Sicherlich würd ich auch mal ins Loch fallen, in dieses berühmte schwarze, aber dann würd ich wieder denken: Nö, du mußt da durch, es geht ja weiter. Hauptsache, man ist noch klar im Kopf, sag ich immer, und daß die Augen noch mitmachen.

Und dann hab ich eine ABM-Stelle gekriegt, schneller als mir lieb war, ich wollte eigentlich noch tapezieren zuhause. Ich sollte eine Spinnwerkstatt mit aufbauen, wir haben zu zweit angefangen, auf einmal waren wir zehn Frauen. Ich sollte dann die Bürosachen machen, kriegte dann ja auch mehr Geld. Ja, da haben wir gesponnen, gefilzt, Wolle gefärbt und gewebt und waren auch viel auf Märkten unterwegs. Da war ich zwei Jahre lang, und mehr als zwei Jahre geht eine ABM ja nicht. Danach kriegte ich Arbeitslosengeld und noch ein paar Monate Arbeitslosenhilfe und jetzt bin ich Rentnerin. Ich wär aber noch gern dageblieben, weil man das ja alles aufgebaut hat.

Ich hab es nie im Leben als Last empfunden, arbeiten zu gehen. Besser konnten wir es doch in der DDR gar nicht haben. Essen in der Kantine für 80 Pfennig, und den Frauen hat das doch auch gut gefallen. Ich hör das doch jetzt manchmal, wenn die Frauen zuhause sind mit den Kindern, daß ihnen die Decke auf den Kopf fällt. Das kann ich nicht begreifen. Mir wäre nie die Decke auf den Kopf gefallen, ich hatte immer genug zu tun. Aber ich weine der DDR nicht nach. Die Wende hat mich total gefreut. Wir hatten ja schon immer Kontakt nach drüben. Wir haben überhaupt keine Nachteile durch die Wende, obwohl ich ja arbeitslos geworden bin. Aber dann gab's ja Arbeitslosengeld. Mein Mann hat immer verdient. Wir geben auch nichts Unnützes aus. Aber ich hab über hundert Mark Telefongebühren zum Beispiel. Wenn manche sich darüber aufregen, dann sag ich nur: Vierzig Jahre hatte ich gar keine Telefongebühren. Telefon ist für mich wichtig, sonst versäum ich was. Aber von denen, die ewig nörgeln, haben wir uns eigentlich mehr oder weniger getrennt. Ich möchte nicht irgendwo zur Feier gehen und mir dauernd dies Gejammer anhören.

Kurzreisen haben wir auch schon einige gemacht mit dem Bus. Ich würde lieber mit dem Auto fahren, aber mein Mann nicht, der ist immer so skeptisch. Ich mag gern so bißchen spontan sein oder mal auf Blitzbesuch, aber da ist er nicht so für. Jetzt machen wir nochmal eine kleine Busreise und im Herbst fahren wir nach Frankreich. Zu DDR-Zeiten sind wir jedes Jahr vom Betrieb aus weggefahren, und ich möchte echt jetzt nochmal überall hin, wo wir damals waren. Dresden, Elbsandsteingebirge, Potsdam. Was hatte man denn früher von der Reise? Erstmal mußte alles vorbereitet werden. Den Kindern für jeden Tag hinlegen, was sie anziehen sollen. Dann genügend Futter für das Viehzeug hinstellen. Da war man schon fix und fertig, bevor es losging, Erholung war das nicht. Und hinterher hatte ich einen Berg Wäsche. Aber was soll's, es war auch mal gut, vier Tage allein ohne Kinder zu sein.

Langeweile gibt es für mich nicht, im Gegenteil. Wenn ich manchmal so rumbummel, dann denk ich schon, die Zeit fehlt dir jetzt. Ich mein, es muß auch mal sein, man wird langsamer. Mein Mann kommt halb drei von Arbeit nach Hause, solange kann ich ja flitzen, wenn ich irgendwas machen will. Besuche abstatten oder mal irgendwo zum Wochenmarkt oder was weiß ich. Wenn er dann nicht mehr arbeitet, geht es anders lang. Dann muß es um zwölf Mittag geben. Vielleicht ist es auch ganz gut so, daß mal einer sagt, so und so. Aber ich muß ja meine Zeit ausnutzen. Ich geh auch noch mit auf Märkte zum Aufbauen oder Verkaufen, wenn die gefilzten Sachen verkauft werden. Oder ich scher mal ein Schaf auf den Märkten oder spinne. Dann geh ich ja noch putzen zweimal die Woche und dann ist wieder im Garten was zu tun.

Wenn mein Mann nun bald in Rente geht und zuhause ist, da werd ich auch mit fertig. Mein Mann fragt manchmal, was er denn machen soll. Ach, sag ich, heut ist schönes Wetter, kannst ja rausgehen in den Garten. Und wenn ich sag, so und so will ich das haben, dann wird das auch gemacht. Zwar mit Murren, aber es wird gemacht. Weißt du was, sag ich, du mußt dir ein Hobby zulegen. Nun haben wir ja zwei Fernseher, er guckt sehr viel Sport. Und ich sitz denn da und spinn oder bügel Wäsche und muß immer was machen. Nur um Filme zu gucken, ist mir die Zeit zu schade. Ich such mir Reportagen oder Tierfilme aus. Dann sag ich zu meinem Mann: Nimm dir ein Buch und lies. Auch für die Hausarbeit müßte ich ihn noch mehr rankriegen. Er setzt sich hin und fragt: Was gibt's heute zum Abendbrot? Oder er stellt sein Geschirr auf die Spülmaschine. Guck mal, da is 'ne Klappe, sag ich dann. Komischerweise, meine beiden Jungs decken den Tisch, die kochen, wenn's sein muß. Von meinem Mann haben sie das bestimmt nicht. Wir werden's ja nachher sehen, wenn wir alleine wohnen und die jungen Leute ihre eigene Wohnung haben. Dann sind wir das erste Mal zu zweit. Aber den Garten bewirtschaften wir weiter zusammen. Ich weck noch Bohnen ein und Gurken, aber mehr auch nicht. Mal sehen, was dann auf uns zukommt. Wir sind jetzt 43 Jahre verheiratet, was ist das für eine Zeit. Das ist doch nichts. Echt nicht. Das kommt mir vor wie 15 Jahre höchstens, weil es ja keine Last war. Und so soll es auch bleiben.

■

wan nie das Kind
ch hätte sein soll
war unartig, konnt
ehorchen und so
nd darum wurde
iel gestraft. Ich w
ns Zimmer
ingeschlossen, ic
wurde geschlagen
acher gezwungen
ch nicht wollte. Ic
ehr selten mit and
raußen spielen.
enn ich grob gesagt
ußte alles machen
ir gesagt wurde
ch nicht pünktlich
ause kam, wurde
iner Sache bestr
as Erzählen, was
enig ist, wurde i
estraft. Unter. Zw
ußte ich viel übe
ch was lernen. Nat
atten auch die an
inder mitgekrieg
a was nicht stimm
eispielsweise ve
poren hatten und
ußte mich auszie
ab totale Angst
ekriegt. Man hat
ie blauen Flecke
einen und am
esehen. Ich sollt
al mit einem Leh
eden über das w

A N G S T

Invalidenrentnerin, 32 Jahre, geschieden

Gleich nach meiner Geburt bin ich ins Heim gekommen. In welches weiß ich nicht, ich weiß auch nicht den Ort. Es war wohl durch Mißbrauch und Alkohol bedingt, daß alle Geschwister gleich ins Heim gekommen sind. Insgesamt waren wir wohl zehn Kinder nach Information von meiner Mutter, aber es sind noch nicht alle ausfindig gemacht. Einige sind inzwischen auch schon wieder zu Hause, aber das weiß ich alles erst seit ein paar Jahren, als ich selbst Nachforschungen angestellt hatte. Seitdem weiß ich ja auch erst, daß die ganze Familie durch eine Erbkrankheit belastet ist. Mit vier Jahren konnte ich immer noch nicht sprechen und laufen. Kann sein, daß das krankheitsbedingt ist, vielleicht hängt es aber auch mit Mißhandlungen als Säugling zusammen.

Mit vier wurde ich adoptiert und kam in eine sehr nette Familie. In Anführungsstrichen. Ich möchte ja nicht gleich auf der Familie rumhacken. Sie haben mich adoptiert, sie haben mich großgezogen, versorgt, sie haben krankheitsmäßig viel mit mir durchgemacht. Aber es gab natürlich in dieser Familie ganz gravierende Probleme. Mein Pflegevater wollte immer einen Jungen haben und meine Pflegemutter ein Mädchen, das mal genauso werden sollte, wie sie selber ist. Ich war im Kindergarten, aber das war nicht so toll, weil, ich mochte damals schon nicht so gern Kontakt zu andern haben, lieber für mich alleine sein. Ich hab nie mit den Mädchen gespielt, sondern war immer bei den Jungs in der Sandkiste oder so. Warum, weiß ich nicht. Einmal mußte der Kindergarten schließen, weil sich alle den Magen verdorben hatten. Und dann fing es eben an, daß mein Pflegevater sich um mich kümmerte. Er fing an, mich zu schlagen, einzusperren, wenn ich nicht das machen wollte, was er wollte. Ich mußte beispielsweise unter Zwang baden. Dann mußte ich mich ausziehn und er fing an, mich zu betatschen und Dinge zu tun… ich weiß nicht, ich will mal den Oberbegriff nennen: Kindesmißbrauch und Vergewaltigung. Das hat er immer nur gemacht, wenn Mutter nicht da war, wenn wir allein in der Wohnung waren. Erst hat er mich gestreichelt, das fand ich damals noch normal. Dann fing er an, ich könne mich ruhig ausziehen und nackt auf seinen Schoß setzen. Ich habe nicht versucht, mich zu wehren, weil ich genau wußte, dann bestraft er mich wieder. Irgendwann im Laufe dieser Zeit fing er dann an, ja, ich weiß nicht, wie ich es beschreiben soll. Er fing an, mich am Hals zu küssen und am Oberkörper, dann fing er an, mich abzulecken, seine Hände zu benutzen. Ich wußte damals nicht, was normal ist oder nicht. Aber ich habe mich nie gewehrt, weil er mich dann bestraft hätte. Er hat auch den Riemen genommen und auf meinen Rücken eingeschlagen. Ich mußte gehorchen, und das ist ja heute noch so, daran hat sich nichts geändert.

Ich war nie das Kind, was ich hätte sein sollen. Ich war unartig, konnte nicht gehorchen und so weiter, darum wurde ich auch viel gestraft. Ich wurde ins Zimmer eingeschlossen, ich wurde geschlagen und zu Sachen gezwungen, die ich nicht wollte. Ich durfte sehr selten mit anderen draußen spielen. Das heißt grob gesagt, ich mußte alles machen, was mir gesagt wurde. Wenn ich nicht pünktlich nach Hause kam, wurde ich mit einer Sache bestraft. Für das Erzählen, was ich sehr wenig tat, wurde ich auch bestraft. Unter Zwang mußte ich viel üben, damit ich was lerne. Natürlich hatten auch die anderen Kinder mitgekriegt, daß da was nicht stimmt. Beispielsweise wenn wir Sport hatten und ich mußte mich ausziehn. Ich hab totale Angst gekriegt. Man hat ja auch die blauen Flecke an den Beinen und am Unterleib gesehen. Ich sollte auch mal mit einer Lehrerin reden über das, was zuhause abläuft, nur da hab ich mich geschämt. Ich hab mich einfach nicht getraut, ihr die Wahrheit zu sagen. Weil, man hat ja ein gewisses Schamgefühl auch als Kind. Und irgendwo hab ich mich einfach nicht getraut, zu sagen, das und das ist passiert. Die Jungs in der Schule fingen an rumzuhänseln. Wie siehst du aus, das kann doch nur von Schlägen kommen. Dann hab ich eben rumgebrüllt, daß sie mich bloß nicht angreifen sollten. Ich war dann auch sehr aggressiv, hab getreten und gebrüllt, die Schule war für mich keine Schule mehr, es lief nichts mehr normal ab. Ich hatte Horror, nach Hause zu gehen. Früh freute ich mich, zur Schule zu gehen, endlich raus aus der Höhle des Löwen. Aber wenn ich nach Haus kam und Muddern nicht da war, wußte ich genau, was auf mich zukam. Er wird das mit dir tun, was nicht normal ist. Aber wie gesagt, ich habe nicht versucht, mich zu wehren, weil ja die Strafe drohte. Obwohl das andere schon schlimm genug war. Er hat mich dafür bestraft, daß ich kein Junge bin. Ich hab auch versucht, mit meiner Mutter darüber zu sprechen und sie um Hilfe zu bitten, aber sie hat nur gesagt: Ich hab's nicht gesehen, ich kann dir nicht helfen und nimm mir nicht meinen Mann weg, das war alles. Aus heutiger Sicht und auch aus den Gesprächen, die wir so geführt haben, weiß ich, daß sie es gewußt hat. Und daß sie bewußt geschwiegen hat, denn es ging ihr auch nicht anders, sie wurde ja auch mißhandelt. Ich hab das mitgekriegt und bin oft genug dazwischen gegangen. Da bin ich sogar soweit gegangen, daß ich das Messer gezogen und gesagt hab, wenn er sie nicht in Ruhe läßt, dann werd ich auf ihn einstechen. Das hab ich mich letztendlich nicht getraut. Er guckte mich so an, also solchen Blick vergißt man nicht.

Er ist ein Mensch, dem man es auf der Straße überhaupt nicht ansieht, wozu er fähig ist. Er war früher mal Polizist und hat Leute ausgebildet bei der Polizei, aber ich denke mal, daß das nicht vom Beruf abhängig ist. Er ist wegen Alkohol vom Dienst suspendiert worden.

Wenn ich von der Schule kam, durfte ich erstmal Hausaufgaben machen. Er saß meistens daneben. Wenn Muddern da war, hab ich mich gefreut und mich an sie gekuschelt. Aber inzwischen hab ich gemerkt, daß sie's auch nicht ehrlich mit mir meinte. Die Leute, die's mitgekriegt haben, so wie meine Schulfreundin, die hätten mich am liebsten da rausgeholt, aber wie sollte sie das machen? Ihre Mutter war Krankenschwester, und ich war oft bei ihnen, weil ich mich da sicher fühlte. Das Bedauerliche war, daß die Familie meines Vaters, seine ganze Sippschaft auch geschwiegen hat, obwohl sie etwas ahnten. Weil sie Angst hatten. Er muß eine große Macht haben. Meine Tante hat mich mal drauf angesprochen, aber ich hab mich nicht getraut, es ihr zu erzählen, weil sie ja seine Schwester ist.

Immer, wenn ich mit Muddern alleine war, habe ich versucht, glücklich zu sein. Wenn sie krank war, hab ich mir ein Zelt unterm Tisch gebaut und dann hab ich auf sie aufgepaßt. Da wußte ich noch nicht, was los ist. Ich war immer in dem Glauben, daß es meine leiblichen Eltern sind und alles, was sie tun, richtig ist. Es ging ja dann irgendwann soweit, daß mein Pflegevater zu mir ins Bett kam, ob das am Wochenende war, wenn Muddern auf Arbeit war, oder abends, wenn sie Spätschicht hatte. Und dann ist er über mich hergefallen wie so'n Tier. Ich hab mich nicht getraut, mich zu wehren, weil ich Angst hatte, einfach Angst. Weil ich nicht wußte, was er dann tun würde. Würde er dich sogar töten? Das war für mich als Kind schon die Frage.

Als er mich das erste Mal vergewaltigte, war ich sechseinhalb. Ich war vollständig gerissen, aber da hat er einen Verband angelegt, und er hat mich beruhigt und in den Arm genommen. Also, es hat ihn nicht sonderlich gestört, daß da irgendwie Blut lief. Es gab ja nachher auch kein Vorspiel mehr. Er hat mich vergewaltigt, wie es Erwachsene mit Frauen tun. Das hat er über Jahre gemacht. Das Schlimme war ja für mich, ich konnte letztendlich nicht mal zu Muddern hingehen und sagen: Hör mal zu, was Vati da macht, ist nicht in Ordnung. Es ging nicht, weil ich ja mitgekriegt habe, daß da ja auch was läuft. Es war auch so, daß weder ich noch Muddern versucht haben, uns zu wehren, weil wir Angst hatten, er würde zu allem fähig sein. Davon geh ich auch nicht ab. Auch aus heutiger Sicht glaube ich, daß er vor nichts zurückschreckt. Er hat mir auch jetzt noch gesagt, wenn ich anfange, zu reden, dann wird er sich rächen. In welcher Form, weiß ich nicht. Wenn ich jetzt eine Anzeige mache, dann muß ich alles noch mal haarklein erzählen, bis ins letzte Detail. Er wird dieses Jahr 70. So, und inwieweit soll er da noch bestraft werden? Da geht er vielleicht für vier, fünf Jahre in den Bau, und dann? Da hab ich dieselbe Scheiße von vorne. Denn dann würde er wahrscheinlich auch vor Mord nicht zurückschrecken. Er hat ja auch nicht davor zurückgeschreckt, ein sechsjähriges Kind zu vergewaltigen. Es ist ja auch so, daß man diese körperlichen und seelischen Qualen, die man erlitten hat, einfach nicht aus dem Kopf raus kriegt. Das geht mir heute noch so. Ich hab jetzt einen Psychotherapeuten, allerdings einen Mann. Ich muß mich wieder mit dieser Vergangenheit konfrontieren, um vielleicht irgendwann mal damit leben zu können. Das ist aber sehr schwer.

Als ich erfahren hab, daß es meine Pflegeeltern sind, brach für mich die Welt total zusammen. Ich war vierzehn und mußte einen Personalausweis beantragen. Dazu brauchte ich eine Geburtsurkunde. Da kriegte ich von Muddern, das werde ich nie vergessen, im Schlafzimmer zu hören: Wir haben keine Geburtsurkunde, wir haben nur eine Adoptionsurkunde, du bist nicht unser eigenes Kind. Das war alles, was sie mir sagten. Irgendwann habe ich später erfahren, daß sie keine eigenen Kinder haben konnte und daß er sich einen Jungen wünschte. Ja, toll dann auch, das alles so nebenbei zu erfahren. Da bin ich das erste Mal durchgedreht und hab versucht, mir das Leben zu nehmen. Mudder war mit mir dann auch zu Ärzten gegangen, weil sie merkte, mit mir stimmt was nicht. Aber es hieß nur: Was wollen Sie mit Ihrem Kind hier, das ist kerngesund. Das Kind war aber nicht kerngesund, das Kind war krank. Die haben das wahrscheinlich auch mitgekriegt, aber sie haben den Mantel des Schweigens darübergelegt, und da verurteile ich auch die ganze Stadt. Vater muß, als er bei der Polizei war, eine sehr hohe Position bekleidet haben. Ich denke auch, daß er Staatssicherheitsoffizier war.

Zu seiner Mutter habe ich eigentlich ein ganz gutes Verhältnis gehabt. Sie war die Einzige in der ganzen Familie, die sagte, daß ich zur Familie gehöre. Alle anderen haben mich ausgestoßen, weil ich nicht das eigene Fleisch und Blut war. Ich denke, deshalb hat er mich auch so behandelt, weil er selber kein eigen Fleisch und Blut in die Welt gesetzt hat. Ich denke mal, daß er versucht hat, über diesen Weg was Eigenes zu kriegen. Und es hätte ja auch fast geklappt. Mit 14 wurde ich schwanger. Im dritten oder vierten Monat kriegte ich Blutungen, ich hab das als

Regel angenommen. Muddern hatte mich nicht so genau aufgeklärt. Ich dachte nur, ja, wirst du nun erwachsen, kriegst deine Regel, aber das war es nicht. Ich hab versucht, mit ihr darüber zu reden, dann ging sie mit mir zum Arzt. Die Hausärztin meinte, das wäre normal. Aber ich merkte, irgendwas stimmt mit mir nicht. Ich hatte solche Schmerzen und wurde immer dicker und fetter, ich sah ja schon nicht mehr normal aus. Es fing ja nachher schon an, sich zu bewegen. Ich meinte nur, wir müssen zum Arzt, in meinem Bauch bewegt sich was, irgendwas stimmt doch da nicht. Also sollte ich zum Frauenarzt, das war für mich ein Horror. Der Frauenarzt fragte mich, ob zu Hause alles in Ordnung ist. Da hab ich gar nicht geantwortet und mich nicht mal getraut, ihn richtig anzugucken. Ich nehme mal an, daß er irgendwas geahnt hat. Er meinte, es wäre wohl besser, wenn ich zu einer Frau gehe. Aber Muddern fing an, nein, du gehst zu ihm und machte im Wartezimmer Theater. Draußen hab ich von Muddern erstmal eine Ohrfeige gekriegt. Dann sind wir zu einer Ärztin, und die stellte die Schwangerschaft fest und meinte, das Kind muß abgetrieben werden, egal, in welchem Monat. Abtreibung, das war für mich etwas ganz Fremdes. Meine Eltern hatten mich ja nicht aufgeklärt. Fernsehen gucken durften wir nur, wenn er das erlaubt hat. Wir mußten auch schlafen gehen, wenn er es wollte, wir konnten insofern nie frei entscheiden. Ja, und in der Schule bin ich immer ausgerastet, wenn wir im Biologieunterricht sowas hatten, also Schwangerschaft und Sexualität. Die Jungs mußten generell alle rausgehen und ich bin irgendwann raus, weil ich's nicht mehr ertragen konnte. Naja, also Aufklärung gab's schon, aber ich hab das einfach nicht so auf die Reihe gekriegt.

In der Klinik war ein netter Professor, der war wie ein richtig normaler Vater zu mir und hat dann versucht, mit mir zu reden, und er wollte wissen, wer der Vater ist. Aber ich hab mich nicht getraut, es zu sagen, denn Mutter stand daneben, da konnte ich schlecht sagen, der Vater des Kindes ist dein Mann. Ich hatte Angst, weil sie mir immer wieder eingebleut hatte: Egal, was mit dir und Vati ist oder war, nimm mir meinen Mann nicht weg. Das war für sie ganz doll wichtig. Obwohl ich damals auch sagte: Laß uns beide weggehen, hilf mir, wir fangen neu an. Aber sie sagte immer: Nein, du darfst unsere Familie nicht zerstören, du bist sowieso das Letzte. Sie fing dann auch an, garstig zu werden. Ich denke mal, daß er diesen Einfluß hatte.

Ich frage mich auch, warum sie immer weggegangen ist, warum hat sie mich so oft alleine gelassen? Sie merkte ja, wenn sie nach Haus kam, daß ich oft total verstört und zusammengekauert in einer Ecke saß. Ich hab mich oft nicht getraut, mich auszuziehen und ins Bett zu gehen. Sie muß es ja mitgekriegt haben. Ich weiß nicht, warum sie geschwiegen hat und warum sie es heute noch tut, ich weiß es einfach nicht. Ich denk mal, daß er sie auch bedroht hat und sie aus Angst geschwiegen hat. Bloß ich kann diesem Menschen ja nichts beweisen. Ich hab keine Bilder, keine schriftlichen Aussagen. Das macht mich so fertig. Wer glaubt mir denn? Er ist doch nach außen der fürsorgende Vater gewesen.

Letztendlich ist es aber auch seine Schuld, daß ich mich nicht mehr als Frau fühlen kann. Daß ich mich auch nicht mehr als Frau anziehe. Ich habe mir die Haare ganz kurz schneiden lassen und trage meist Herrensachen. Ich hab Angst, daß ich draußen als Frau erkannt werde und daß mir das irgendwann wieder passiert.

Weil ich Fieber kriegte, mußte ich erstmal nach Hause, bevor der Schwangerschaftsabbruch gemacht werden konnte. Er fing an, auf mir rumzuhacken. Mit wem ich denn wohl geschlafen hätte, ob ich einen Freund habe. Ich sagte: Bist du bescheuert oder was, ich hab niemanden. Vielleicht denkst du mal daran, was du mir angetan hast. Ich hab also versucht, mich mit Worten zu wehren. Da war ich in einem Alter, wo ich das erste Mal versucht habe, mich das zu trauen. Dann meckerte er nur rum und versuchte, mich trotz alledem noch mit körperlicher Gewalt zum Schweigen zu bringen. Dann kriegte ich plötzlich ganz starke Blutungen und bin fast dran verreckt. Mutter war nicht da. Ich hatte viehische Schmerzen und meinte nur, ich würde das Kind wohl verlieren. Er schrie rum, warum ich sein Kind nicht austragen könnte, er fing an, zu treten und zu schlagen, bis er dann Hilfe holte.

Meine Freundin hatte damals sehr viel mitgekriegt, aber man konnte eigentlich mit keinem drüber reden. Auch die Fachleute, bei denen ich war, guckten letztendlich weg. Als ich das erste Mal in der Nervenklinik war, versuchte ich, mit einer Patientin drüber zu sprechen. Als eine Schwester das mitkriegte, wurden wir getrennt. Sie haben mich eingesperrt in eine Isozelle. Da sind überall Matratzen an den Wänden und du kannst dich richtig austoben. Da hat man mich drei Tage eingesperrt und zugedröhnt mit Medikamenten. Als ich rauskam, wußte ich überhaupt nichts mehr. Man hat versucht, mich mundtot zu machen. Man hat mitgekriegt, daß zu Hause was nicht stimmt und man hat auch gewußt, was abläuft, man hat ja die Spuren an meinem Körper gesehen. Man hat meine Aussagen auf Band aufgenommen. Ich habe mich drauf eingelassen und habe versucht, zu reden, aber ich hab das irgendwie nicht hingekriegt. Die Menschen, die versucht haben, an mich ranzukommen, die habe ich verurteilt und angefangen, sie zu hassen. Ob Männlein oder Weiblein, das spielte schon gar keine Rolle mehr. In der Klinik sagte man, daß ich kein normales Kind wäre, ich wäre ein Tier. Es hieß, ich wäre gemeingefährlich und man müßte mich einsperren. Dabei bin nur einmal auf eine Frau losgegangen, als sie anfing, über meinen Vater zu reden. Dazu hatte sie kein Recht, sie wußte doch gar nicht, was bei uns zu Hause los war. Da hab ich ihr eine runtergehauen. Das hat mir im Nachhinein auch irgendwo leid getan, aber es war im Affekt. Ich hatte dann die Entscheidung, entweder nach Hause oder in ein Heim zu gehen. Heim hieß für mich, eingesperrt zu sein, entmündigt zu sein, Heim war für mich was Grausames. Es war ein Fehler, aber ich wollte wieder nach Hause.

Nach der achten Klasse habe ich die Schule abgebrochen. Damals hatte ich den Wunsch, Krankenschwester zu werden. Ich wollte anderen helfen, denn ich selber konnte mir nicht helfen. Aber die schulischen Leistungen waren zu schlecht, ich fing in der Bäckerei an. Die Lehre ging drei Jahre. Ich hab auch versucht, was draus zu machen, aber auch da klappte das alles nicht, weil mich die Vergangenheit immer wieder einholte. Die Lehre habe ich sehr schlecht abgeschnitten. Mein Vater hat immer wieder versucht, an mich heranzukommen, aber kein Mißbrauch. Nur Schläge und körperliche Gewalt. Als ich meine Lehre beendet hatte, hat er mich noch mal vergewaltigt. Er hat mich dann als Frau gesehen. Das war für mich das Schlimmste. Da hat man das ja vom Kopf her alles miterlebt. Man hat anders gedacht und gefühlt und war reifer. Scheiße. Ich weiß noch, ich bin aus dem Betrieb gekommen und hatte mich gefreut, weil ich zu Mutters Geburtstag eine eigene Torte fertig gemacht hatte. Ich freute mich auf den Geburtstag, wir hatten Besuch, er hat sich von seiner schönsten Seite gezeigt. Nach dem Kaffeetrinken verging uns dann schon mal die Laune. Er saß am Tisch und ließ sich bedienen und goß sich einen hinter die Binde. Das tat er ja oft und wurde dann noch brutaler. Aber ich versuchte, gute Miene zum bösen Spiel zu machen und wurde dann gefragt, wie ich mit ihm auskomme. Ich konnte nichts sagen, denn ich bekam ja meine Zeichen. Wir hatten zu Hause eine bestimmte Sitzordnung beim Essen. Ich saß an der Stirnseite und er an der anderen und Muddern rechts oder links. Wir saßen uns grundsätzlich immer gegenüber, es gab keine Ausnahme. Es war so, daß er unterm Tisch mit seinen Füßen immer meine berühren konnte. Und wenn er merkte, ich druckse rum und trau mich nicht, zu reden, dann trat er mir auf die Füße. Das hieß soviel wie: Halt lieber die Klappe anstatt was Falsches zu sagen. Das hat Muddern auch mitgekriegt, weil sie manchmal ihre Beine da hatte, wo sie sie lieber nicht hätte haben sollen, so daß sie manchmal auch was gegens Schienbein kriegte. Damit war im Prinzip auch das Reden am Tisch überflüssig geworden. Da merkte ich noch was in den Füßen, da war ich noch nicht so ein Krüppel wie heute.

Ich kann mich nicht als Frau fühlen. Ich versuche teilweise auch, in die Gedankenwelt des Mannes einzutauchen und zu überlegen, warum macht er das? Warum vergreift er sich an Kindern und Frauen? Er hat sich ja auch an anderen vergriffen. Es kam dann auch von einer anderen Familie zur Anzeige, aber man konnte ihm nichts beweisen. Er war nicht der alleinige Täter, sondern der leibliche Vater auch. Den hat man dann bestraft, aber meinen Alten hat man mangels Beweisen laufen lassen. Kinder, die so was durchmachen mußten, ob Jungen oder

Mädchen, die sind einfach keine Menschen mehr. Man möchte schon drüber reden, auch bis ins kleinste Detail, man möchte das irgendwo für sich aufarbeiten. Ich bin eine, die das nicht vergessen kann, ich kann ihm das auch nicht verzeihen. Obwohl man das eigentlich von mir erwartet. Meine Mutter sagt, schweigen ist besser als reden. Egal, was passiert.

Man fängt irgendwann an, sich selber zu hassen und die Männer zu hassen, obwohl die nichts dafür können. Ich hab auch einen netten Jungen gekannt zur Lehrzeit und der hat Kontakt zu mir aufgenommen. Aber ich hab ihm gleich gesagt, ich will das nicht, ich kann das nicht. Ich hab ihm keine Gründe genannt. Er kam manchmal mit einem Blumenstrauß oder mit Zigaretten oder so oder wollte mich einfach mal besuchen oder anrufen. Als ich meinem Alten davon erzählt habe, hab ich eine Tracht Prügel gekriegt, daß ich drei Tage nicht sitzen konnte. Ich bin dann in den Betrieb zurück und hab den Jungen gesehen. Und ich dachte: Wegen dem mußte ich jetzt Schläge einfangen, ich laß mich lieber nicht mit Jungens ein.

Ich hab dann angefangen zu trinken, im Alkoholrausch habe ich mich auch zu Jungs an den Tisch gesetzt. Da kamen keine Anspielungen auf Intimitäten. Man hat rumgeflachst, Karten gespielt und gesoffen. Ich wollte versuchen, alles, was ich erlebt hatte, runterzuspülen. Es ist dann aber so ausgeartet, daß ich mit Alkoholvergiftung eingeliefert worden bin. Ich hatte mich nachher auch nicht mehr unter Kontrolle. Das einzige, was ich wußte, war, wie ich heiße, wo ich wohne und wie ich nach Hause komme. Mein Vater hat ja generell getrunken. Anfangs hab ich das noch als normal angesehen. Als Kind weiß man ja nicht, was normal ist und was nicht. Dann wurde es immer mehr und ich kriegte dann auch schon mal was ab. Als Kind war man doof in der Beziehung. Er sagte, wenn du trinkst, tu ich dir nichts, aber das war dann ja nicht so.

Von meinem Lehrbetrieb bin ich nach einiger Zeit weg, weil das körperlich zu schwere Arbeit war. Ich hab 85 im Krankenhaus als Telefonistin angefangen. Das hat mir richtig Spaß gemacht. Ich kannte ja viele schon, weil ich oft genug in der Klinik war, aber

man war jetzt nicht der Patient, sondern ein freier Mensch. Das war schon was. Diese Arbeit hab ich durch eine Kollegin verloren. Sie hat mich bezichtigt, ich wäre inoffizieller Mitarbeiter der Stasi gewesen. Das ist Quatsch, weil, ich war's nie, das weiß ich hundertprozentig. Wir hatten ja in der Stadt ein Stasigebäude gehabt, dort mußte ich für meinen Alten öfter Unterlagen besorgen. Da hat man mich wohl gesehen und ich war abgestempelt. Man hat mich so fertig gemacht, daß ich irgendwann dann zusammengebrochen bin.

Ich wollte von zuhause weg, meine Chance war eine Ehe. 1987 habe ich geheiratet, mit 21 Jahren. Er war 32 Jahre älter, ich kannte ihn von der Arbeit her. Sexuell lief da gar nichts. Ich war froh, daß es auch solche Männer gibt. Naja, im April haben wir geheiratet und im Mai kam ich schon mit Blaulicht ins Krankenhaus. Davon hab ich die Delle hier auf dem Kopf, das war ein Feuerhaken. Mein Mann hat öfter zu Hause getrunken mit Kumpels, ich hab dann natürlich mitgetrunken. Auch mein Alter war teilweise mit da. Manchmal hab ich gedacht, was machen wir hier eigentlich, denn es ist ja eigentlich Gift für den Körper, ich wollte das alles gar nicht. Ich hab versucht, ihm den Alkohol wegzunehmen, und das hat er nicht ertragen. Es kam dann zu einer Schlägerei, erst mit Fäusten, dann lag ich schon auf dem Boden und hab mich natürlich gewehrt, dann hat er mit dem Feuerhaken zugeschlagen. Feuerwehr, Rettungswagen, Polizei waren da. Insgesamt war ich vier Monate im Krankenhaus. Es war ja nicht klar, ob die mich überhaupt wieder hinkriegen. Ich bin dann im Oktober unter Polizeischutz in Abwesenheit meines Mannes geschieden worden.

Jetzt wohne ich in einem psychosozialen Wohnheim. Ein Zimmer, rollstuhlgerechtes Bad. Die vier Wellensittiche sind jetzt meine Familie. Putzi, Graf, Quaki und Nicki. Guck mal, gleich treiben sie es wieder. Sie signalisiert ihm, daß sie bereit ist. Bei den Vögeln kann ich das mit ansehen, da hab ich kein Problem mit. Das ist ja auch normal. Nur, daß sie das vor dem Fenster machen, find ich nicht gut. Ansonsten kann ich Nacktszenen oder Liebesszenen in Filmen nicht ab. Ich sollte jetzt mal einen Film auf Video aufnehmen, wo es um Mißbrauch ging, da mußte ich dann bei den entscheidenden Szenen ausstellen. Ich hab ja auch mit dem Duschen ein Problem. Ich soll lernen, mich dem Wasser hinzugeben, ohne Angst zu haben. Damit hab ich aber ein Problem. Ich hab einen Duschrolli, da setz ich mich erstmal mit Klamotten rein. Weil ich Angst habe, mich auszuziehn. Irgendwann tu ich's dann aber doch, weil ich denke, es muß sein. Es ist ja dann kein Zwang vom Alten. Ich weiß, daß mich eine weibliche Mitarbeiterin wäscht, vor der ich im Prinzip keine Angst zu haben brauche. Aber wenn sie anfängt, mir den Rücken zu waschen, dann zucke ich schon zusammen. Oder ich sag: Hör auf. Oder ich werd böse. Bei den Beinen ist es mir egal, weil ich da kein Gefühl mehr drin habe.

Nach der Wende habe ich versucht, meine leiblichen Eltern ausfindig zu machen. Es war schwierig, aber ich habe inzwischen Kontakt zu meiner leiblichen Mutter und zu einigen Geschwistern. Meine Pflegeeltern fanden es zuerst gut, daß ich meine richtigen Eltern suchte. Andererseits wollen sie es auch gar nicht wissen und bestrafen mich, wenn ich etwas erzähle. Aber ich will einfach die Wahrheit herausfinden. Warum bin ich im Heim gelandet? Warum hab ich so viele Geschwister, warum sind alle krank? Alle haben eine Muskelschwäche, neurale Muskelatrophie. Es ist eine Erbkrankheit, die in unserem Fall von der mütterlichen Seite kommt. Ich bin meines Wissens nach die einzige aus unserer Familie, die schon im Rollstuhl sitzt.

Etwa 1990 fing es an, daß ich das linke Bein nachgezogen habe. Ich bin irgendwann zum Arzt, weil ich furchtbare Schmerzen hatte, aber er hat nichts festgestellt. Als ich 1991 wegen Suizidversuch in der Klinik war, habe ich angegeben, daß mein ganzer Körper voller Schmerzen ist, dort wurde die Muskelatrophie diagnostiziert. Damals hab ich meine erste Gehhilfe bekommen, 1993 die zweite. Mir wurde auch gesagt, daß irgendwann der Rollstuhl auf mich zukommt. In einer Rehaklinik sollte ich das Laufen mit den beiden Gehhilfen lernen, aber das wurde innerhalb von zwei Stunden beendet. Ich fiel lang hin auf dem Flur und mit diesem schweren Sturz war das Leben auf

Krücken beendet. Seitdem sitze ich im Rollstuhl. Inzwischen kann ich nur noch den rechten Arm bewegen, es gibt für mich keine Chance, jemals wieder zu laufen oder einen Beruf auszuüben. Ein Jahr lang habe ich mit einer 86jährigen Frau zusammen in einem Zimmer in einem Pflegeheim gewohnt. Dort hatte ich eine ganz nette Therapeutin, zu der habe ich heute noch Kontakt. Sie ist einfach menschlich, man kann mit ihr reden. In dem Pflegeheim konnte ich auch am Computer schreiben, das hat eigentlich Spaß gemacht, da konnte ich den linken Arm noch benutzen.

Schlafen kann ich in manchen Nächten gar nicht, manchmal nur stundenweise. Es kommen dann Zwänge hoch und ich füge mir selbst Verletzungen zu, schneide mich mit der Rasierklinge beispielsweise. Ich spüre das ja nicht im linken Arm. Das hatte ich schon zuhause gemacht. Ich hatte mir auch die Pulsader aufgeschnitten, aber ich hatte es falsch gemacht, man war da ja noch dumm. Dann kriegte ich mal von meinem Kumpel ein Messer auf den Tisch gelegt und er hat mich aufgefordert, mich umzubringen. Ich war öfter bei ihm, weil ich merkte, daß er die gleichen Probleme hatte wie ich, auch Mißbrauch. Wir haben aber nie drüber gesprochen. Ich mochte auch seine Mutter, denn sie hat versucht, mich wie ihre eigene Tochter zu behandeln und mich in die Familie aufzunehmen. Einmal hatte mich der Alte ausfindig gemacht und kam zu der Familie in die Wohnung als treusorgender Vater. Da habe ich Panik gekriegt und mich im Zimmer eingeschlossen. Ich hab gesagt: Ich kann nicht mehr, ich will nicht mehr. Und mein Kumpel hatte Angst. Er hat gesagt: Wenn du es tun willst, dann mach es gleich, hier. Mach's doch. Das war so eine Schocktherapie. Ich hab gefragt, ob er das denn will. Nein, hat er gesagt und fing an zu weinen. Da hab ich zum ersten Mal gesehn, daß ein Mann auch weinen kann. Das tat mir so in der Seele weh. Und da hatte ich eigentlich den Wunsch, ihn zu umarmen. Aber ich hab das nicht gemacht, weil ich ja selber damit Probleme habe. Er kriegte das mit, und sagte nur: Ich weiß, was du denkst, aber faß mich nicht an. Wir wissen beide, was los ist. Ich wollte gehen und er sagte noch: Versprich mir, daß du dir nichts antust. Da meinte ich: So ein Versprechen kann man nicht geben. Weil man nie weiß, was draußen passiert. Naja, und das war auch so. Ich bin in ein Wäldchen gelaufen, hab mich auf eine Bank gesetzt und Tabletten genommen. Aber mein Kumpel kam hinterhergelaufen und brachte mich in die Klinik. Eine Schwester mochte ich dort auf Anhieb. Ich dachte, wenn ich jetzt ein Mann wäre, könnt ich mich glattweg verlieben. Ich hatte später noch mal eine Krankenschwester kennengelernt, in die ich mich verliebte. Sie hat auch meine Nähe gesucht, aber ich wollte es nicht. Ich hatte Angst.

Ich hab nie das Gefühl gehabt, richtig geliebt zu werden. Das ist heute noch so. Bis auf zwei Freundinnen, die beiden halten mich am Leben. Das sind die einzigen Menschen, wo ich denke, ich kann ihnen wirklich vertrauen. Ich kann meiner Pflegemutter nicht vertrauen und rufe sie nur noch aus Anstand an, um zu fragen, wie es ihr geht.

Meine leibliche Mutter war inzwischen auch schon mal hier zu Besuch und auch meine jüngsten Brüder. Ich wollte etwas wissen über unsere Vergangenheit. An meine leibliche Mutter komme ich nicht ran. Ich weiß nur von meinen Brüdern, daß sie in Haft war in Berlin und daß in der Familie auch Mißhandlungen an der Tagesordnung sind. Ich habe meinen Bruder gebeten, Anzeige zu erstatten. Er soll nicht das machen, was ich gemacht habe. Da hat er gesagt, er kann das nicht, sie können von zuhause nicht weg. Es ist ähnlich gelagert wie bei mir. Ich habe bei meinem Bruder den Verdacht, daß er sexuell mißbraucht worden ist.

Auch meine Pflegeeltern haben mich schon besucht hier. Ich wollte einfach mal sehen, ob er es wagt, sich auch hier in meiner Wohnung an mich ranzumachen. Muddern war im Bad, da fing er an, mich zu streicheln und wollte mich küssen. Ich hab geschrien. Ich weiß genau, daß vor der Tür andere Heimbewohner standen, aber keiner ist reingekommen. Sie haben hinterher gesagt, ich habe ja nicht Hilfe gerufen. Mutter kam dann aus dem Bad und hat gefragt: Was ist los, habt ihr euch schon wieder gestritten? Da sagte ich: Es ist wohl besser, wenn ihr geht. Seitdem weiß ich, daß ich auch hier nicht mehr sicher bin, wenn die Mitbewohner auf Schreie nicht reagieren.

Ich hatte mal versucht, nicht mehr bei meinen Pflegeeltern anzurufen, das war mit meinen Betreuern so abgesprochen. Aber dann rief der Alte hier an und ich dachte, ach Scheiße, ob er anruft oder du, ist doch letztendlich egal. Dann kamen auch die Vorwürfe von meiner Mutter. Ja, dich interessiert gar nicht mehr, ob wir noch leben. Wir haben dich großgezogen. Ich ruf nicht täglich an, aber wenn ich das Gefühl hab, da stimmt was nicht. Sie heult mir heute noch die Ohren voll, sie hat Schläge gekriegt, dann denke ich auch, halt stopp, was machst du hier eigentlich. Ich würd ihn gerne umbringen, das würde mir Spaß machen. Sich an einem Kind zu vergreifen, das ist das Schlimmste. Ich beneide jedes Mädchen, jede Frau, jeden Jungen, die das nicht durchgemacht haben. Weil das, was man erlebt hat, kann man nicht wegwischen. Ich will mich nachts manchmal waschen, weil ich mich so dreckig fühle. Manchmal hab ich aber auch das Problem, nicht ins Bett gehen zu können. Dann schlaf ich im Rollstuhl.

Ich würd gern in eine rollstuhlgerechte Wohnung ziehen, aber die sind zu teuer, die kann ich mir nicht leisten. Ich hör oft Musik, am liebsten Modern Talking oder auch Blasmusik, Marschmusik. Mir geht's gut, wenn ich meine Tiere habe. Einen Computer hätte ich gern. Der kann ganz einfach sein. Ich will drauf spielen und schreiben. Hier im Wohnheim haben wir zwar auch einen, aber da kann ja jeder meine Texte lesen. Mit einem Computer könnte ich meine Aufzeichnungen weiterführen. Aber das ist auch immer so'ne Sache. Wenn es mir ein bißchen gut geht, möchte ich etwas unternehmen. Ich würde beispielsweise gern zum Konzert von Modern Talking gehen, aber eine Karte kostet 58 Mark, und das ist für mich zu teuer. Ich hab mir einen Ehering gekauft zum Schutz. Ich möchte nicht, daß andere denken, ich bin noch zu haben. Manchmal fahre ich mit meinem Rolli in die Stadt, aber möglichst früh, bevor die Hauptgeschäftszeit beginnt. Damit hab ich ein Problem, ich mag die Masse von Leuten nicht. Es ist einfach Scheiße mit dem Rollstuhl. Ob das Busfahren oder Bahnfahren ist. Wir mußten neulich acht Straßenbahnen fahren lassen, bis wir mitkamen. Entweder sind sie nicht da rangefahren, wo ich hätte einsteigen können, oder sie hatten keinen Wagen mit Rollstuhlfahrerzeichen. Ist doch nett, oder?

Die Ärzte fragen mich, ob ich nicht wieder laufen möchte. Natürlich möchte das. Aber ich weiß, daß es nie wieder möglich sein wird. Ich mache seit drei Jahren Sport, aber es hat sich nichts gebessert. Die Ärzte meinen, daß ich meinen linken Arm noch bewegen könnte, wenn ich es nur wollte. Ich würde liebend gern meinen Rollstuhl eintauschen. Neulich stand ich etwa dreihundert Meter vom Wohnheim entfernt mit dem Rollstuhl und hatte einen Platten. Ich machte die Warnblinkanlage an. Eigentlich doch ein Zeichen, daß etwas nicht stimmt. Aber niemand hat mich angesprochen. Da habe ich drei Menschen gefragt, ob sie im Wohnheim anrufen könnten, daß mich jemand abholt. Drei Menschen, keiner hat es gemacht. Da hab ich gemerkt, wenn man behindert ist, interessiert man niemanden mehr.

Gegenüber den Ärzten hab ich totales Mißtrauen. In einigen Berichten standen Dinge drin, die nie mit mir gemacht wurden. Und meine Klinikberichte bekomme ich nicht, weil meine Therapeuten der Meinung sind, wenn ich das lese, könnt ich mir was antun. Dazu brauch ich aber keinen Bericht. Ich hab das oft genug probiert, insgesamt achtmal. Pulsadern, Tabletten, Alkohol, alles Mögliche. Warum soll ich Angst haben? Angst vor dem Alten? Ja. Aber keine Angst vor dem Tod. Ich bin doch nicht das, was ich eigentlich sein könnte. Ich denke mal, es würde keiner um mich trauern, und die, die um mich trauern, wissen ja, warum ich's tu. Ich hab auch schon einen Abschiedsbrief geschrieben. Ich hab dazu ein Bild gemalt, wo ein Sarg drauf ist, wo mein Bild drin liegt, wo zum Beispiel auch eine Rasierklinge drin liegt, Tabletten, alles was mein Leben so ausgemacht hat. Ein Kreuz, wo mein Name drauf steht, dann die Tiere. Also, ich hab keine Angst vorm Sterben und ich hab auch den Mut dazu. Aber ich hab ja zwei Freundinnen, die sehr an mir hängen, und irgendwie hab ich Angst, daß die damit nicht klarkommen. Es sind Menschen, die ich sehr mag. Es ist nicht immer Friede, Freude, Eierkuchen mit uns, man hat sich gestritten und diskutiert, aber sie haben mir nie Gewalt angetan. Sie haben mir gezeigt: Trotz deines Rollstuhls mögen wir dich. Wir akzeptieren dich, wie du bist. Ich hätte ein blödes Gefühl dabei, wenn ich jetzt Schluß mache, weil ich weiß, ich lasse zwei Menschen im Stich, die mich brauchen. Obwohl ich immer das Gefühl hab, ich kann nichts geben. Aber die haben nie gesagt: Du bist ein Scheißkrüppel. Sie halten zu mir. Diese Freundschaft ist für mich etwas ganz Neues. Ich hab schreckliche Angst wegen der beiden, es vergeht kein Tag, an dem ich keine Angst habe. Daß sie mir vielleicht irgendwann weggenommen werden. Ich hab ja keinen Anspruch auf sie, aber Scheiße, wenn du sie verlierst, was wird dann?

■

Wenn die Melan

mit ihrem samte

dann liegt ein

und streift an

Es rührt mich

In meinen Auge

die Tränen, die

TRÄUME UND ANDERE WAHRHEITEN

Musikerin, 26 Jahre, ein Kind, in fester Partnerschaft

Wenn die Melancholie mich ruft
mit ihrem samten Gesang,
dann liegt ein Frösteln in der Luft
und streift an mir entlang.

Es rührt mich so wie mancher Kuß.
In meinen Augen zittern
die Tränen, die ich lassen muß,
denn ich will nicht verbittern.

Die Nacht wird lang und blau das Licht
und das erinnert klar
an meine weisen Träume mich
und deute sie mir wahr.

Das ist eins von meinen früheren Gedichten. Ich bin total romantisch, verträumt, vielleicht ein bißchen weltfremd. Ein richtiger Gefühlsmensch eben. Natürlich bin ich auch realistisch genug, um im Leben zurechtzukommen und habe eigentlich immer erreicht, was ich wollte. Das Musikstudium beispielsweise. Mit 16 Jahren fing ich an, Lieder zu schreiben. Die waren früher viel melancholischer und lyrischer, was viele auch als undeutlich empfanden, aber ich werde mich halt nie nach dem Geschmack anderer richten. Ich stehe zu den romantischen, gefühlvollen, leisen Liedern. Fakten interessieren mich nicht, auch im täglichen Leben nicht. Ich hasse diese Sprache, dieses Zeitungsdeutsch. Lieder und Gedichte schreiben konnte ich bisher leider nur, wenn es mir schlecht ging. Ich ärgere mich selbst darüber. Wenn ich ausgeglichen und zufrieden bin, kann ich nichts erzwingen, die Texte entstehen aus einer Stimmung, einer Situation heraus. Klar habe ich auch fröhliche Lieder geschrieben, aber die schwermütigen überwiegen eben. Eigentlich komisch, weil ich nach außen hin fröhlich und temperamentvoll bin. Logischerweise ist die andere Seite dann auch ganz stark, und die verarbeite ich schreibend. Es sind diese Gegensätze, die ich selbst so ganz deutlich erlebe. Sie fühlt sich einsam, geliebt von allen zugleich, hab ich mal in einem Lied geschrieben. Genau das ist es. Diese Hochs und Tiefs liegen bei mir ganz dicht beieinander, jetzt glücklicherweise wieder mehr als in den letzten zwei Jahren. Mein Traum ist es, einmal mit meinen eigenen Liedern Konzerte zu geben. Wenn ich auf der Bühne stehe, bin ich glücklich, das ist mein Leben. Wozu habe ich sonst Musik studiert? Davon wird mich niemand abbringen. Auch nicht mein Lebensgefährte, der anfangs gar nicht verstehen konnte, daß mir diese Auftritte so viel bedeuten. Er konnte meinen Beruf als Musikerin auch schlecht akzeptieren.

Als Kind hatte ich erstmal Flötenunterricht. Dann wollte ich ab der vierten Klasse unbedingt Klavier spielen. An die Musikschule bin ich ja nicht gekommen als Kind eines Pfarrers, unsere Stadt war total rot. Ich bekam dann privat eine richtig gute Klassiklehrerin, aber ich merkte schon bald, daß mich andere Musikrichtungen viel mehr interessieren. Ich bin kein Typ, der stundenlang seine Stücke stur vor sich hin übt. Das gehört natürlich auch dazu, klar, aber ich wollte Jazz spielen, improvisieren.

Nach der zehnten Klasse bin ich von der Schule gegangen und habe gar nicht probiert, das Abitur zu machen. Das war schon bei meinem Bruder schiefgelaufen. Der war halt supergut von den Leistungen her und durfte trotzdem nicht an die Oberschule. Mir haben eigentlich diese zehn Jahre Kampf gereicht, weil ich nicht so ein Typ war, der mit Fakten und knallharten Argumenten diskutieren konnte wie mein Bruder. Er hatte alles Einsen und durfte trotzdem kein Abi machen. Ich war immer sehr gefühlvoll und mich hat das alles nur belastet, dieses Außenseiter-Sein. Von Anfang an bis zur Wende.

Auch in der Kirche war ich eine Außenseiterin, weil ich mich dort irgendwie auch nicht so dem Klischee einer Pfarrerstochter anpassen wollte. Ich habe halt voll auf Opposition gegen alles gemacht. Habe mir die Haare schief schneiden lassen, also eine

Seite kurz, die andere lang, hatte viele Ohrringe und bin ganz schäbig rumgerannt im Arbeitshemd von meinem Vater. Und anstatt, daß die anderen aus meiner Klasse das cool fanden, konnten sie damit überhaupt nichts anfangen. Manchmal hatte ich regelrecht Angst, in die Schule zu gehen, ich war ja auch als einzige christlich. Vor allem einer aus der Klasse hat sich vorgetan und viel Stunk gemacht. Der war bei der Stasi, das hat sich dann im Nachhinein herausgestellt. In der Kirche und speziell in der jungen Gemeinde versammelten sich natürlich mehr solcher Außenseiter, wir waren sehr politisch zu jener Zeit. Das hört sich jetzt alles schlimm an, nicht? Aber ich war halt auch immer stark, und das hat die anderen ziemlich gereizt.

Ganz zuerst wollte ich Schauspielerin werden. In der neunten Klasse habe ich an der Schauspielschule vorgesprochen. Sachen aus „Romeo und Julia", sowas wollten sie ja haben. Aber mir wurde gesagt, ich wäre ungeeignet. Gefragt waren diese ganz schlanken Mädchen mit langem dichten Haar. Tja, und ich war ein bißchen pummelig. Aber im Nachhinein ist das alles schon okay so, die Schauspielerei ist wirklich nicht mein Ding. Ich hätte zu wenig von mir selbst zeigen können.

Im Sommer 89 bin ich aus der Schule gekommen, da begann ja schon die Wende. Und für mich begann die Lehre als Schriftsetzerin mit einem Wehrlager, das mußte jeder vor Beginn der Lehre durchmachen. Da war ich komischerweise zum ersten Mal nicht mehr die Außenseiterin, es ging seitdem eigentlich immer bergauf, ich wurde nicht mehr geächtet. Die Ausbildung als Schriftsetzerin hatte mir dann auch gefallen. Ich kann mich noch erinnern, daß ich das Gedicht „Hoffnung" von Eva Strittmatter setzte. Das habe ich auswendig gelernt, es hat so etwas von der Liturgie in der Kirche. Die Eva Strittmatter mag ich ganz sehr. Auch Else Lasker-Schüler und neuerdings habe ich Rainer Maria Rilke für mich entdeckt.

Mein Ausbildungsbetrieb war genau neben der Musikhochschule. Da hörte ich die Studenten spielen und versuchte auch nebenbei, regelmäßig zu üben, weil ich eigentlich noch immer gern Musik machen wollte. Aber ich hatte kein Klavier in dem

Ort, mußte immer nach Hause fahren. Sich neben der Lehre auf das Studium vorzubereiten, war nicht zu schaffen. Deshalb brach ich die Lehre ab und bereitete mich auf die Aufnahmeprüfung für ein Studium vor. Ich nahm richtig guten Unterricht in Jazz und Klassik und jobbte nebenbei. Gleich bei der ersten Bewerbung wurde ich angenommen an der Musikhochschule, sogar ohne Abi. Für mich war die Wende das Beste, was mir passieren konnte. Wenn jemand jetzt sagt, daß er die Geborgenheit und die Wärme in der DDR vermißt, dann kann man sich ja vorstellen, was das für einer war. Jemand, der sich immer angepaßt hat. Die konnten doch alles machen, beispielsweise studieren. Ich hätte zu DDR-Zeiten überhaupt nicht die Möglichkeiten gehabt, die ich jetzt habe. Wenn man natürlich Musiker war und den staatlichen Nachweis hatte, daß man auftreten durfte, dann war es vielleicht einfacher, aber dazu mußte man ja erstmal studieren.

Die Zeit an der Hochschule war ziemlich verrückt. Ich habe in einer Frauen-Jazzband mitgespielt, parallel dazu in einer Band, die ich organisiert hatte, dort sang ich meine eigenen Lieder, und ich machte bei unterschiedlichen Jazzprojekten mit. Außerdem spielte ich noch Zwischenmusiken in einem Kabarett und am Theater. Diese Muggen waren ja für uns immer auch Übung. Ich habe während des Studiums immer geschrieben, weil ich damals nicht so ausgeglichen war wie jetzt. Auch in Bezug auf mein Liebesleben. Platonisch verliebt war ich schon sehr früh während der Schulzeit, aber ich war immer zu schüchtern, das preiszugeben. Dann in der zehnten Klasse hatte ich einen Freund, aber wir waren nicht sexuell zusammen. Ich war irgendwie überhaupt nicht reif. Dann kam die Phase mit der Frauenbewegung nach der Wende, ich fand das total spannend. In den Klubs lernte ich auch viele Lesben kennen, das hatte etwas ganz Kribbeliges und Aufregendes. Ich war mit einer Frau befreundet, hatte aber eigentlich Angst davor. Sie wollte immer viel mehr als ich, es ging dann auch auseinander. Mit einer anderen Frau hatte ich Adressen getauscht, die war auch lesbisch und hat sich total an mich rangemacht. Richtig romantisch. Sie besuchte mich, wir verbrachten die Abende mit Wein und Kerzen. Ich habe mich richtig in sie verliebt, wir waren drei Monate zusammen. Auch körperlich, das war meine erste sexuelle Erfahrung. Da war ich neunzehn. Ich fand das total prickelnd und aufregend, etwas ganz anderes. Mit einer Frau Hand in Hand zu gehen, dieselbe Aufregung zu erleben, das ist schon sehr außergewöhnlich und toll. Wir besuchten auch meine Eltern, die wußten Bescheid über uns. Sie waren ja immer sehr aufgeschlossen und unkompliziert und haben diese Beziehung akzeptiert. Naja, es war eben alles prickelnd, auch im Bett. Sie war älter als ich und hatte mehr Sinn für Erotik. Nach drei Monaten druckste sie dann herum und meinte, daß sie die ganze Zeit eine andere Freundin hatte. Ich war völlig fertig, hatte ganz schlimmen Liebeskummer, mein Herz war gebrochen. Da sagt man immer, Männer seien Schweine, aber mit Frauen ist es dasselbe in grün, das war meine Erfahrung damals. Dann kannst du's auch noch mal mit einem Mann probieren, sagte ich mir. Nach der großen Enttäuschung mit meiner ersten Freundin habe ich mich immer in die falschen Männer verguckt und mich in Dreiecksbeziehungen hineingeliebt. Das ist Scheiße. Auf den Mann, der mich entjungferte, bin ich heute noch sauer, weil es beschissen war. Nachdem wir zusammen geschlafen hatten, sagte er mir, daß er eine Frau und ein Kind hat und daß er nicht möchte, daß irgend jemand mitkriegt, daß wir zusammen sind. Das war ätzend, ich habe es auch nicht lange mitgemacht. Dann kam eine nächste Dreiecksbeziehung, die aber schon fast auseinander war. Später habe ich mich in einen Chilenen verliebt, bin mit dem Bus auf ganz abenteuerliche Weise Tausende Kilometer durch Chile gefahren, um ihn zu sehen. Dann haben wir uns ein Jahr lang geschrieben, ich lud ihn ein und hatte ihm auch tausend Mark geschickt für den Flug. Tausend Mark, das war als Musikerin kein leicht verdientes Geld. Und was macht der Kerl? Er behält das Geld, kommt aber nicht und läßt nichts von sich hören.

Zwischendurch war ich noch mal in eine Lesbe verliebt, mit der hatte ich einen one-night-stand. Total aufregend und super. Ich hatte Klavier gespielt, sie fand mich ganz toll und ich sie auch. Am nächsten Morgen haben wir uns verabschiedet und das war's. Ich könnte mir auch heute noch vorstellen, mit einer Frau zusammenzuleben, ich finde Frauen einfach interessanter als

Männer und bin bestimmt bisexuell. Meine Erfahrung ist, daß viele Frauen lesbisch wurden, weil sie eine schlimme Vergangenheit mit traumatischen Erlebnissen haben. Bei vielen Lesben hatte ich den Eindruck, daß da ganz tiefe Verletzungen passiert sind, die dazu führten, daß sie Männer hassen.

Im letzten Studienjahr lernte ich meinen Lebensgefährten kennen. Ich fuhr mit meinen Eltern zu Bekannten aufs Land und dachte noch, naja, gleich kommt dir so ein Landmensch in Gummistiefeln und Jogginghose entgegen. Und da sah ich ihn groß und blond im hellen Sommeranzug durchs Tor kommen. Das hat mich total beeindruckt. Von da ab ging es mit uns los. Auf mich hat das alles sehr schweren Eindruck gemacht. Er war halt ganz anders als die, mit denen ich bisher zusammen war. Er ist total bodenständig, hat das ganze Dachgeschoß in einem alten Bauernhaus ausgebaut, ist handwerklich sehr begabt, kocht und backt und kann supergut mit Kindern umgehen. Ich war seine erste Freundin. Naja, er hat halt immer gebaut.

Es ging alles sehr schnell mit uns. Nach drei Monaten war unser Sohn schon unterwegs, das hatten wir natürlich nicht so geplant. Ein geplatztes Kondom. Jetzt sind wir drei Jahre zusammen und ich zog gleich nach Ende des Studiums zu ihm. Hochschwanger habe ich noch ein super Examenskonzert hingelegt. Drei Jahre sind eigentlich eine Zeit, in der man sich erstmal beschnuppert und guckt, ob man wirklich zueinander paßt. Wir mußten uns praktisch gleich zusammenraufen. Logisch, daß es immer wieder Konflikte gibt. Er hat beispielsweise meinen Beruf nicht akzeptiert. Daß ich abends zu Auftritten fuhr, störte ihn total, obwohl das ja erst später anfing und nicht so häufig vorkommt. Es ist schon schwer hier auf dem Lande, sich Auftrittsmöglichkeiten zu schaffen. Aber weil ich so kontaktfreudig bin, habe ich inzwischen mehrere Musiker kennengelernt und es gibt auch viele neue musikalische Projekte. Das ist richtig gut angelaufen. Meinem Lebensgefährten wäre es am liebsten, wenn ich ein bißchen Musikunterricht geben würde und ansonsten zuhause wäre. Er wünscht sich ja auch fünf Kinder und hat drauf gedrängt, daß das zweite so schnell kommt. Vielleicht hofft er, daß ich häuslicher werde, wenn mehr Kinder da sind. Es war ja schon ein Kampf, die zweite Schwangerschaft zwei Jahre lang hinauszuzögern. Ich finde es schlimm, daß er so gar nicht auf meine Bedürfnisse geachtet hat. Ich bin nun eben mal kein Hausfrauentyp. Es macht mir keinen Spaß, zu kochen oder im Garten rumzuwühlen, meine Interessen liegen ganz woanders. Er ist überhaupt nicht intellektuell, und das ist das, was mir manchmal richtig zu schaffen macht. Es wäre mir manchmal lieber, er würde nicht so toll kochen und handwerken. Sicherlich ist er auch enttäuscht, daß ich seinen Vorstellungen nicht entspreche, aber wir hatten ja gar keine Zeit, uns richtig kennenzulernen. Inzwischen können wir drüber sprechen. Er akzeptiert meinen Beruf und versteht, daß die Musik mein Ein und Alles ist und daß mich niemand davon abbringen wird. Ich bin sehr glücklich, daß wir an diesem Punkt angekommen sind. Er ist ein toller Mann, wir beide zusammen decken eine große Bandbreite ab, weil wir so unterschiedliche Talente haben. Man muß sich nur gegenseitig respektieren und nicht den Drang haben, den anderen nach seinen eigenen Vorstellungen zurechtzubiegen. Er würde mich sofort heiraten, aber ich möchte es nicht. Vielleicht weil ich weiß, wie verschieden wir sind. Bei einem anderen wäre es möglicherweise anders.

Bei allen Problemen war es nie ein Thema für mich, ihn zu verlassen. Ich könnte doch nicht so einfach weggehen und finde das auch egoistisch unserem Sohn gegenüber. Er hat so eine enge Beziehung zu seinem Papa, die beiden machen viel zusammen. Und mein Freund kümmert sich ganz doll um unseren Sohn. Ich finde es auch völlig normal in einer Beziehung, daß es Konflikte gibt. Das hast du doch auch mit einer Freundin, daß man sich mal streitet. Und wenn du täglich zusammenlebst und ein Kind hast, dann ist es doch ganz normal, daß es Auseinandersetzungen gibt. Man muß auch Unterschiede akzeptieren. Ich suche mir halt meine eigenen Gesprächspartner. Mein Freund hört sich nicht unbedingt gern meine Lieder an, aber damit kann ich inzwischen auch leben, das ist okay so. Er tut ja wirklich sein Bestes, wir sind einfach nur so verschieden. Aber immer, wenn es drauf ankommt, ist er zur Stelle, das kann ich wirklich nicht anders sagen. Bei der Geburt unseres Sohnes hat er mir so geholfen, er hat mir Melodien ins Ohr gesummt, das hat mir sehr gutgetan. Also funktioniert es doch mit uns. Er hat mir wirklich gut beigestanden, er war total fertig, mich so leiden zu sehen und eigentlich nichts machen zu können.

Eine Entbindung ist ja wirklich existentiell. Bei der Geburt unseres Sohnes, als es so unglaublich schlimm war und sich die Schwester auf meinen Bauch legte, um das Baby rauszudrücken, bin ich mal ganz kurz weggetreten und habe mich von oben gesehen. Es war ein ganz kurzer Moment, ein Hauch, aber ich werde ihn nie vergessen. Als das Kind dann da war, hat mein Freund total geweint. Das sind so schöne Momente und so wichtige. Und er hat auch den Kleinen sofort gewickelt im Krankenhaus, er ist viel sicherer und selbstverständlicher mit dem Säugling umgegangen als ich zu Anfang und war die ersten Tage nur im Krankenhaus. Ich denke, das sollte man sich dann ins Gedächtnis zurückrufen, wenn das andere zu überwiegen scheint, der Groll und die Wut. Das sind die Ecksteine der Beziehung. Inzwischen haben wir ja auch Gott sei Dank begriffen, daß wir gemeinsam so tolle Fähigkeiten haben. Das Schöne ist ja, daß er das jetzt genauso sieht. Er hat gesagt, wenn ich wirklich berühmt werde, was ich mir ja so wünsche, soll dieses Haus hier unser Ruhepunkt bleiben. Daß er so denkt und an mich glaubt, freut mich ganz sehr. Man muß nur wirklich miteinander reden, sonst verrennt man sich. Das fiel ihm so unwahrscheinlich schwer.

Ich habe mit der Offenheit kein Problem. So sind doch alle Künstler, oder? Allerdings lernte ich inzwischen auch, mich etwas mehr zu verschließen. Es gab eine Zeit beim Studium, da war ich irgendwie abgeschnitten von meinen Gefühlen. Ich konnte beispielsweise nicht weinen. Natürlich war ich immer sehr gefühlvoll, aber ich konnte die Emotionen nicht zeigen. Damals hatte ich ganz schlimme Depriphasen und allen möglichen psychosomatischen Scheiß. Wenn es mir schlecht ging, habe ich geschrieben. Auf Anraten meiner Mutter habe ich dann mal ein Emotionaltraining besucht. Es ging darum, die verdeckten Emotionen herauszulassen, und das hat mir auch geholfen.

Während des Studiums habe ich noch viele unterschiedliche Emotionalkurse mitgemacht, meine Eltern haben das sehr unterstützt. Die Ansätze waren ganz verschieden, aber es hat mir viel gegeben. Man ist viel besser in der Lage, mit sich selbst und seinen Gefühlen umzugehen. Ich habe gelernt, meine Trauer offen zu zeigen. Jetzt kann ich schon weinen, wenn mein Freund dabei ist.

Nach der Geburt unseres Sohnes konnte ich keine Lieder mehr schreiben. Anfangs habe ich das Schreiben nicht vermißt. Ich war glücklich mit unserem Sohn, war ausgefüllt und sehr zufrieden. Mein erstes Lied entstand dann nach der Fehlgeburt, da war unser Sohn knapp zwei Jahre. Die Fruchtblase war geplatzt, ich mußte ins Krankenhaus. Bevor wir fuhren, hatte ich zu meinem Freund gesagt, das Schlimmste wäre für mich bei einer Fehlgeburt, wenn das Kind im Mülleimer landet. Als es dann rausgekommen war, wollte ich's sehen. Das durfte ich nicht. Aber es ist dein Recht, es zu sehen. Das wußte ich aber damals noch nicht, sonst hätte ich ja drauf bestanden. Du beschäftigst dich ja vorher nicht mit diesem Thema und der Rechtslage. Zwei Tage später durfte ich das Kind dann doch sehen. Es war 16 Wochen alt und man konnte schon erkennen, daß es ein kleiner Junge war. Am nächsten Tag hatte ich dann um ein Gespräch mit dem Chefarzt gebeten und sagte, daß es nicht gleich verbrannt werden soll, ich möchte es wahrscheinlich beerdigen. Da hat er bloß mit den Augen gerollt. Aber er war nett und mußte sich auch erst juristisch absichern. Er meinte, ich wäre die erste Frau, die diesen Wunsch hat. Ich bin vielleicht die erste, die diesen Wunsch ausspricht, meinte ich, aber nicht die erste, die ihn empfindet. Meine Eltern hatten mich sehr darin bestärkt, das Kind zu sehen. Sie hatten sich inzwischen ein Buch besorgt, in dem es genau um dieses Thema ging. Um die Trauer der Frauen um ihre verlorenen Kinder. Das ist ja bisher immer verschwiegen worden. Und dort sagen ganz viele Frauen, daß es sehr wichtig ist, das Kind gesehen zu haben, um loslassen und Abschied nehmen zu können. Ich habe mich seitdem mit mehreren Frauen darüber unterhalten und sie bestätigten, daß sie das Kind gern gesehen hätten. In der Situation bist du ja unter Schock und kannst gar nicht klar nachdenken. Ich bin halt total froh, daß ich es gemacht habe, das ist eine ganz realistische Einstellung. Mit der Beerdigung des Kindes hat es dann aber länger gedauert. Erst hieß es, daß wir das Kind nur über ein Bestattungsunternehmen beerdigen könnten. Das wollten wir aber nicht, es war uns eine Nummer zu groß und zu teuer. Dann habe ich dem Arzt die Einwilligung gegeben, es zu verbrennen, aber er mußte mir versprechen, daß es nicht als Anschauungsmaterial verwendet wird. Drei Tage später rief meine Mutter an. Es gab die Möglichkeit, das Baby auf der Familiengrabstätte zu beerdigen. Das Kind war zum Glück noch nicht weg, wir haben innerhalb von einer Woche alles gemanagt. Es gibt eine Firma, die so ganz kleine Särge herstellt, noch kleiner als ein Kindersarg. Ich hätte es auch gern nur in meinem Garten begraben, aber das ist ja nicht möglich.

Inzwischen bin ich wieder schwanger, wir freuen uns sehr auf unser zweites Kind. Das Schöne ist ja, daß ich genau weiß, wie groß es ist. Ich bin genau in der Woche, in der ich damals meine Fehlgeburt hatte. Auch bei dieser Schwangerschaft gab es Komplikationen, ich hatte sehr starke Blutungen und mußte ins Krankenhaus. Ich denke mir, das lag auch an den Problemen, die ich mit meinem Freund hatte. Es gab viel Unausgesprochenes, ich hatte zu viele Pläne mit meiner Musik und fühlte mich von ihm unter Druck gesetzt mit der schnellen neuen Schwangerschaft. Wir haben uns aber inzwischen ausgesprochen, ich muß halt nur etwas kürzer treten. Und ich habe daraus gelernt, mich nie mehr unter Druck setzen zu lassen. Egal, wie schwer das sein wird.

Daß ich hier auf dem Dorf versauern könnte, hat mein Bruder anfangs befürchtet. Ich verstehe mich mit ihm total toll. Wir haben eine ganz wunderbare Beziehung und ergänzten uns schon als Kinder. Er war der Ruhige und ich das Energiebündel. Mit meinem Bruder kann ich mich toll über Filme oder Bücher unterhalten. Auch Reisen haben wir zusammen unternommen. Als er in Frankreich gelebt hat, bin ich mit ihm durch das halbe Land getrampt. Wir hatten kaum Geld, konnten nirgends rein und sahen ziemlich runtergekommen aus, aber es war toll. Ich denke, wenn man mit einem Menschen zusammen aufwächst, das ist eine ganz besondere Beziehung. Und deshalb möchte ich meinem Sohn auch ermöglichen, daß er mit einem Geschwisterkind aufwächst. Mein Bruder konnte damals gar nicht verstehen, daß ich hier aufs Dorf zog. Früher hast du soviel losgemacht, meinte er und wunderte sich, daß ich in den ersten Jahren so ruhig mit Mann und Kind lebte. Jetzt, wo ich wieder mehr Musik mache und Lieder schreibe, hat er zu mir gesagt: Du bist wieder die alte. Das hat mich unwahrscheinlich gefreut. Das heißt doch, daß ich wieder zu mir selbst gefunden habe.

Ich möcht gern zerfließen in Stille,
und vor unfaßbarem Glück.
Bin bloß des Lebens Hülle,
und kehre später zurück.

Ich seh' den einsamen Wehmutsstern
im abendblauen Winterton,
und hätte doch so liebend gern
ein Walzerlied im Grammophon.

Wenn Liebes mich so leicht umrankt
und andere lachend draußen stehn,
bin ich nur die, die ganz leicht schwankt,
um weiter diesen Weg zu gehen.

■

te ist Kre

tine gewo

cht doch a

sprache.

nl. daß nic

en einein

NICHT, DASS ICH MICH ERGEBE

Zahnärztin, 50 Jahre, ledig

Man braucht eine gewisse Zeit, um zu begreifen, daß wirklich man selbst gemeint ist und kein anderer. Daß du es bist, in deren Körper die Metastasen festgestellt wurden. Vor eineinhalb Jahren hat mir der Arzt die Schatten auf der Lunge gezeigt. Irgendwie verdrängt man das in den ersten Monaten. Vielleicht ist da ja ein Irrtum? Man klammert sich an jeden Strohhalm. Es gibt ja auch immer wieder Fälle, wo es gut gegangen ist. Wo die Chemo richtig gewirkt hat. Ich hab das alles durch. Und ich hab gekämpft. Immer wieder eine neue Chemotherapie, ich bin da ziemlich hart im Nehmen. Etwas anderes ist den Ärzten ja auch nicht eingefallen. Als ich meinen Arzt nach einer alternativen Heilmethode fragte, zuckte er nur die Schultern, das fand ich schon ziemlich erschreckend. Man muß sich da schon selber kümmern, ich mache jetzt eine Misteltherapie, um die Abwehrkräfte zu stärken. Meinem Arzt fiel nur noch eine neue Chemotherapie ein. Nein, habe ich gesagt, jetzt ist Schluß. Er hätte doch sehen müssen, daß mein Körper das nicht mehr mitmacht. Für die Ärzte ist Krebs schon zur Routine geworden. Man braucht doch auch mal 'ne Ansprache. Du glaubst doch nicht, daß mich mal jemand in den letzten eineinhalb Jahren nach einer psychologischen Betreuung gefragt hätte? Nun habe ich mir selbst im Krankenhaus eine Frau gesucht, mit der ich über Sterben und Tod sprechen konnte. Aber irgendwie sind wir an einem Punkt angekommen, an dem es nicht mehr weitergeht. Sie weiß wohl auch nicht mehr, was sie mit mir anfangen soll.

Vor drei Monaten habe ich meinen 50. Geburtstag gefeiert mit der Familie und Freunden. Ich fand's schön, daß ich das geschafft habe. Inzwischen liege oder sitze ich fast nur noch im Bett, gucke fernsehen, lese oder sticke oder denke eben nach. Ich nehme jetzt auch Morphium. Das wollte ich eigentlich so lange wie möglich rauszögern. Es klingt schon so wie: fertig, abgeschrieben. Andererseits sehe ich es gerne, daß ich jetzt weitgehend ohne Schmerzen und die Hustenanfälle bin. Ich kann nur ganz leise sprechen und brauche sehr sauerstoffreiche Luft, um atmen zu können. Es gibt Phasen, da kann ich das alles ganz gut wegstecken. Also nicht, daß ich mich ergebe, sondern daß ich es akzeptiere. Nicht das Sterben an sich ist für mich das Schlimmste, sondern daß danach nichts mehr ist. Daß ich einfach weg bin. Meine Schwester, bei der ich jetzt sein darf und die mich pflegt, meint, daß es vielleicht in einer anderen Form ein Weiterleben gibt, aber ich kann daran einfach nicht glauben. Leider, es würde dann vielleicht einfacher sein, aber ich kann es nicht.

Ich hatte eine schöne Kindheit. Wir wohnten am Meer. Meine ältere Schwester hat mir das Lesen beigebracht, da war ich gerade vier Jahre alt. Ich war immer neugierig, lebenslustig, ein Flinkfleuter, hat mein Vater gesagt. Als dann meine kleine Schwester geboren wurde, sie ist zwölf Jahre jünger, habe ich mich um sie gekümmert. Habe ihr die dreckigen Windeln gewechselt, sie versorgt, viel mit ihr unternommen. Am schönsten waren die Sommer. Wir waren fast täglich am Strand. Weil meine Eltern vermietet haben, waren auch immer viele Leute im Haus. Natürlich mußten wir auch mit ran. Die Gästezimmer hatten wir sauber zu machen. Es gab noch kein fließend Wasser, also mußten wir frisches Wasser für die Waschschüsseln hochbringen und das schmutzige Wasser runter. Mein Vater war Malermeister. Weil er eine Kriegsverletzung hatte, mußte meine Mutter ihm oft zur Hand gehen, auch wir Mädchen haben manchmal beim Tapezieren geholfen. Nach der achten Klasse wollte ich gern auf die Oberschule gehen. Das war ja Anfang der sechziger Jahre nicht selbstverständlich. Es wurden nur zwei aus jeder Klasse delegiert, und als Handwerkerkind hattest du sowieso wenig Chancen. Ich war immer sehr gut in der Schule, hatte in der achten Klasse nur eine Zwei auf dem Zeugnis, sonst alles Einsen. Das war eigentlich ein Freibrief für mich. Ich war damals auch in der FDJ und hatte Jugendweihe, wurde aber auch konfirmiert. Meine Mutter wollte nie negativ auffallen und hat sich gern nach allen Seiten abgesichert. Mir war das damals Wurst, ich habe mir nicht viel dabei gedacht. Es gab ein paar Geschenke mehr, war doch nicht schlecht.

Nach der achten Klasse kam ich auf ein Landinternat, das war eigentlich das erste Abenteuer. Die Zeit fand ich super. Ich hatte keine Schwierigkeiten, der Marxismus-Leninismus hat nicht so eine große Rolle gespielt, ich hatte gute Leistungen und das Internatsleben hat mir auch gut gefallen. Mein Ziel war aber schon zu dieser Zeit ein Auslandstudium. Reisen, die weite Welt zu sehen, das war mein großer Wunsch, und ein Studium im Ausland war ein Einstieg für mich. Ich wollte schon als Kind Stewardeß werden, weil ich dann rausgekommen wäre aus der DDR. Gelesen hatte ich ja schon immer viel. Die Geschichten von fernen Ländern haben mich total fasziniert. Das war wie auf den Mond fliegen.

Aufgrund meiner Leistungen hatte ich dann das Angebot bekommen, an der Arbeiter-und Bauern-Fakultät das Abitur zu machen, das war sozusagen die Vorbereitung auf ein Auslandsstudium. Und dort ging es dann los mit Rotlicht-bestrahlung: Marxismus-Leninismus von vorn bis hinten und von oben bis unten. Schlimm. Mich hatte Politik nie interessiert. Plötzlich wurde alles an diesem politischen Maßstab gemessen. Die anderen Fächer interessierten nicht so sehr, Hauptsache, in M/L warst du gut. Dann gab es noch zusätzliche politische Veranstaltungen anläßlich von Parteitagen und anderen Ereignissen. Ich fiel in meinen Leistungen ab, weil ich diese Zeit als sehr belastend empfand und jetzt noch empfinde. Das Abitur habe ich nur mit ‚gut' gemacht. Ich wollte dann Mathematik oder Physik studieren, weil ich ja immer auf einem naturwissenschaftlichen Zweig gelernt hatte. Jetzt, wo ich alt genug bin und es einzuschätzen vermag, denke ich, daß eine eher kreative, künstlerische Richtung vielleicht besser gewesen wäre, aber das kannst du mit 17 noch nicht einschätzen. Ich wollte also Physik studieren, aber der Platz war kurzfristig gestrichen worden.

Isolationstechnik und Zahnmedizin waren dann die einzigen Alternativen, und ich entschied mich für Zahnmedizin.

Fast alle von uns kamen zum Studium ins Ausland. Bei mir wurde zwar überlegt, ob ich politisch gefestigt genug sei, aber letztendlich durfte ich fahren. Das haben sie wahrscheinlich im Nachhinein bereut. Mit mehreren Studenten fuhr ich also im Zug nach Leningrad, wir wurden dort auf Wohnheime aufgeteilt. Es waren Vier-Bett-Zimmer mit einem Tisch in der Mitte und Spinden auf dem Flur. Sehr primitiv, aber ich war ja solche Wohnheime gewohnt. Vom Leben in Leningrad haben wir eigentlich wenig mitgekriegt, wir lernten von morgens bis abends. Bei der Begrüßungsvorlesung hatte ich nur die Anrede verstanden und den Schluß und ich fragte mich, wie ich das überhaupt schaffen sollte. Wir waren schon einige Wochen vor Studienbeginn dort und wurden auf das Studium vorbereitet, um überhaupt den Anschluß zu schaffen. Du kannst dir vorstellen, daß wir nur geackert haben. Nebenbei habe ich aber noch in einer Band gesungen, wir hatten auch mal außerhalb Auftritte, das war schon ganz lustig. Das Leben dort war etwas anders, als wir es gewohnt waren. Es gab manches nicht, was wir von hier kannten, aber damit konnte man leben. Die Eltern durften alle Vierteljahre ein Paket schicken. Ich kann mich noch erinnern, einmal hatte ich geschrieben, daß sie eine Tüte Mehl mitschicken sollten. Es gab in Leningrad kein Mehl oder jedenfalls nicht solches, das wir zum Backen brauchten. Dann kam einer von der Staatssicherheit zu mir und hat mir den Brief vorgelesen. Wie käme ich dazu, um Mehl zu bitten. Das würde ja so klingen, als ob wir hier nichts zu essen hätten. Die Eltern könnten das rumerzählen. Dann wurde ich dazu verdonnert, einen Brief zu schreiben und zu erklären, daß Mehl hier eben nicht so gebräuchlich wäre. Es sollte nicht der Eindruck entstehen, daß es hier so etwas nicht gäbe. Die haben ja alle Briefe gelesen und zensiert, das wußte ich seitdem.

Naja, und dann ging das Studium ziemlich schnell und unglücklich zu Ende. Als ich in Leningrad ankam, war ich schwanger, das wußte ich aber damals noch nicht. Ich hatte einen Freund in

Berlin. Für mich gab es gar keine Frage, ich mußte das Kind abtreiben lassen. Mit 18 in einem fremden Land, was willst du da machen? Schwangerschaftsunterbrechungen waren damals in der Sowjetunion nicht verboten. Der Arzt gab mir eine Einweisung in die Klinik. Ich habe das so geschickt gemacht, daß keiner etwas mitgekriegt hat. Die Abtreibung war brutal, es ist in dem Alter einfach furchtbar. Man hat ja auch Gefühle. Irgendwie hat die Stasi es dann aber doch spitzgekriegt. Sie sagten, daß sie mich sofort nach Hause schicken würden, wenn ich nicht mitmachte, und stellten mir Probeaufgaben. Ich sollte Iraner aushorchen, ich habe das natürlich alles nicht ordentlich gemacht. Wir waren so eine Clique. Physiker, Zahnmediziner, welche von der Band, wir verstanden uns gut und haben einen Club gegründet und ihn „Schluck auf" genannt. Natürlich mußte auch eine Fahne her, und die sollte logischerweise blau sein. Wir haben aus einer alten FDJ-Bluse einen Wimpel gemacht und darauf ein Männeken genäht, das ein Glas in der Hand hält. Wir fanden das total lustig und haben uns nichts dabei gedacht. Diese Truppe ist dann zelten gefahren. Wir sind lange gewandert und haben mitten im Wald unsere Zelte aufgeschlagen. Später stellte sich heraus, daß uns die ganze Zeit jemand von der Stasi beobachtet hatte. Das war nun das Tüpfelchen auf dem I. Ich hätte meinem Stasi-Offizier natürlich von der Tour erzählen sollen, dabei hatte ich das ganz belanglos gefunden. Aber man drehte uns einen Strick draus, alle aus dem Club wurden nach Hause geschickt. Das war gleich nach dem ersten Studienjahr.

Ja, und dann sollte ich arbeiten gehen, mich in der Produktion bewähren, wie es so schön hieß. Alle zwei Wochen mußte ich beim Ministerium antreten und kriegte dort Standpauken gehalten, wie schlecht ich doch wäre. Erstmal mußte ich natürlich meinen Eltern beibringen, daß ich nicht mehr studieren durfte. Das fiel mir schon schwer, weil meine Mutter ja immer mit stolz geschwellter Brust umherging wegen der Tochter, die im Ausland studierte. Plötzlich stand ich da und hatte gar nichts. Ich dachte, die einzige Stadt, wo du sein kannst, ist Berlin. Dort war ja auch meine große Schwester. Wir haben zusammen zur Untermiete bei einer Frau gewohnt, später in einer Wohnung in einem ziemlich zerbombten und maroden Haus. In Berlin konnte ich in der Zahnklinik arbeiten und ein Jahr später dank der Fürsprache einer Professorin wieder studieren. Auch die Stasi hatte nichts dagegen gehabt, aber auch das werden sie später bereut haben. Ich habe jetzt meine Akten gelesen. Es tut einem schon weh, wenn man liest, wie man sich damals verhalten hat. Es gibt da ein Protokoll von der Aussprache in Leningrad. Ich hatte damals gesagt, daß ich mich nicht als bewußter DDR-Bürger verhalten habe und bin praktisch zu Kreuze gekrochen. Das tut einem im Nachhinein schon ein bißchen leid. Daß du zusammengeklappt bist wie ein Taschenmesser. Aber ich war 19 und kein Märtyrer und wollte es auch nie sein. Ich wollte einfach nur studieren, und deshalb verzeihe ich mir das auch, daß ich da so blöd war. Aber es hat nichts genützt.

Um ein bißchen Geld dazuzuverdienen zum Studium, habe ich als Kleindarstellerin am Theater gearbeitet. Zum Beispiel in der *Dreigroschenoper* und bei *Woyzeck*. Das war so die Welt für mich, ganz toll. Meine Schwester hatte beim Fernsehen gearbeitet, da machte ich dann manchmal auch noch mit. Ganz schön anstrengend alles, aber es war so richtig aufregend und toll, das hat mir Spaß gemacht. Dieses Theaterspielen war auch das einzige, was ich nachher im Westen vermißt habe, das war etwas ganz Besonderes.

In dieser Zeit habe ich meinen Freund kennengelernt. Er war Biologe, hatte schon promoviert und fuhr auf einem Forschungsschiff. Ganz überraschend kriegte ich dann einen Brief aus Frankfurt am Main von ihm. Er war von dem Forschungsschiff abgestiegen und im Westen geblieben. Er hatte geschrieben, ich solle nicht traurig sein, er wolle sich nur mal umgucken dort und dann würde er wiederkommen. Worauf ich schon wieder im Blickpunkt der Stasi war. Im Berliner Ensemble hatte ich einen Bekannten, von dem ich dachte, das wäre mein Freund, dem hatte ich alles brühwarm erzählt damals. Wie sich nachher rausstellte als ich meine Stasi-Akten gelesen hatte, war der richtig auf mich angesetzt von der Stasi. Deshalb haben sie mich auch nicht verhört, sie haben ja von dem alles haargenau erzählt bekommen.

Ich hatte aber noch weiter Kontakt zu meinem Freund, er kam auch manchmal nach Ostberlin mit einem Passierschein und nach eineinhalb Jahren meinte er dann, er kommt wieder rüber. Er hätte sich das alles angeguckt und dort würde auch nur mit Wasser gekocht. Da schrieb ich: Du hast sie wohl nicht mehr alle. Du hast dir die Welt angeguckt und ich sitz hier. Das geht nur andersrum oder gar nicht.

Er wandte sich dann an eine professionelle Fluchthilfeorganisation, die alles von Westberlin aus vorbereitete. Er mußte dafür 12 500 Mark Kredit aufnehmen, das war noch günstig. Es kam dann immer mal einer rüber, der schon mal ein Paßbild mitgenommen hatte und mich instruierte. Mir wurde auch ein anderer DDR-Bürger vorgestellt, wir sollten uns als Paar bei der Flucht ausgeben. Das war so ein ganz Dicker, der schwitzte immer, aber darauf komme ich gleich noch zurück. Ich war inzwischen wieder gut in meinen Leistungen beim Studium, hatte auch Leistungsstipendium und mußte noch eine Chemieprüfung zum Studienende ablegen. Da wußte ich aber schon, daß ich in den Semesterferien fliehen würde. Ich hatte so viel zu tun mit Theater, Fernsehen, Fluchtvorbereitung, daß ich überhaupt nicht für Chemie gelernt hatte und kriegte mit Hängen und Würgen noch eine vier. Mir war das ziemlich egal, aber ich mußte noch vor das Kollektiv und mich für die schlechte Zensur rechtfertigen. Da sagte ich, daß ich einen Freund hätte und schwanger sei und der wollte mich nicht heiraten. Stimmte alles nicht, aber mir fiel keine andere Begründung ein. Dann wollten sie den Freund auch noch vorladen, aber das konnte ich noch abbiegen.

Dann stand das Fluchtdatum fest, es war der 26. August 1972. Ich sollte meinen dicken Partner, einen Musiker, im Restaurant „Lindencorso" in Berlin treffen. Es war genau festgelegt, welche S-Bahn wir vom Bahnhof Friedrichstraße bis zum Flughafen Schönefeld nehmen sollten. Wir hatten Hin- und Rückflüge nach Warschau gekauft, das durfte man ja einfach so auf Ausweis. Dann saß also mein Fluchtpartner im „Lindencorso", die Schweißperlen liefen ihm nur so runter. Ich dachte: Ach du Scheiße, da merkt doch gleich jeder, daß hier was faul ist. Und der aß eine Beruhigungstablette nach der anderen und bot mir auch eine an. Aber ich brauchte die nicht. Er hatte so einen riesigen Cello-Kasten. Wir sind dann also zum Bahnhof Friedrichstraße und dort sollte uns jemand Bescheid sagen, wenn irgendwas nicht klappt. Wir mußten hinter einem Zeitungskiosk warten, es gab sogar ein Codewort: Der Berg ist explodiert oder sowas. Es kam aber keiner, wir also in die S-Bahn und dann zum Einchecken an den Schalter. Dann wurde meine Tasche weggenommen, ich durfte sie nicht als Handgepäck mitnehmen. Uns war extra gesagt worden, daß wir nur Handgepäck bei uns haben sollten. Und mein Musiker, der durfte sein Cello mit ins Flugzeug nehmen. Ich war vielleicht sauer. Wir hatten ganz bestimmte Plätze bekommen in dem Flugzeug. Die Fluchtgruppe bestand aus sieben Erwachsenen, einem Kind und einem Fluchthelfer aus Westberlin, der auch nach Stockholm fliegen wollte. Der saß schon im Transitraum und gab sich während des Fluges zu erkennen. Er deutete an, wer alles zur Gruppe gehörte. Ich war erstaunt, daß es so viele waren. Eine Frau sagte zu mir, daß sie total erleichtert sei. Sie hatte mich am Bahnhof Friedrichstraße stehen sehn und dann im Transitraum und dachte, ich wäre von der Stasi. Dann wurden während des Fluges unauffällig die Tickets umgetauscht. Fix und fertig, alle Stempel drin. Und wir bekamen die neuen westdeutschen Pässe. In Warschau stiegen wir aus und gingen in den Transitraum, und diese Wartezeit war am aufregendsten. Es hat eine Stunde gedauert, sie kam uns unendlich vor. Das Kind wunderte sich, daß wir noch im Transitraum saßen, und dann haben die Eltern ihm dort erzählt, daß sie woanders hin fliegen und auch woanders wohnen werden. Das Kind, so etwa acht Jahre alt, fing dann an zu heulen: Ich will nach Hause, meine Eisenbahn... Wir haben es irgendwie beruhigt mit Eis und Schokolade und ihm den Mund vollgestopft. Dann sagte mein nervöser Reisegefährte: Jetzt haben sie meinen Namen aufgerufen, und der Fluchtbegleiter mußte ihn immer beruhigen. Schließlich kam eine Stewardeß auf mich zu und sagte, ich sollte ihr folgen. Alle erstarrten. Ich ging hinter ihr her, zig Flure lang, wie mir schien, dann kamen wir an eine Tür und ich dachte, jetzt steht einer in Uniform da. Sie machte die

Tür also auf und ich sah lauter Gepäckstücke. Das ist doch Ihre Tasche?, fragte mich die Stewardeß. Sie wollte nur sichergehen, daß die ins richtige Flugzeug kommt. Da konntest du einen Stein fallen hören. Ich kam wieder in den Transitraum und alle starrten mich an. Ich winkte nur ab, alle atmeten erleichtert auf. Dann wurde der Flug aufgerufen, keiner kontrollierte unsere Pässe, wir stiegen ein und im Flugzeug sagte die Frau hinter mir: Ich kann es gar nicht glauben, ich kann es gar nicht glauben. Ich meinte: Ich glaub das erst, wenn wir da sind, die können uns immer noch zurückholen. Als wir dann tatsächlich in Stockholm angekommen waren, hatte ich das Gefühl, ich müßte niederknien und den Boden küssen.

Ich habe alles wie vernebelt, wie im Traum wahrgenommen. Ich hatte mir vorher überlegt, daß ich zwei Jahre höchstens bekommen würde, wenn sie mich kriegen, und dann wäre ich auch rausgekommen. Das hätte ich durchhalten müssen. Natürlich war mir klar, daß meine Familie unter der Flucht leiden würde. Aber es war einfach eine Chance für mich, mein Leben so zu leben, wie ich es wollte. Zu sagen, ich bleibe da, nur der Familie wegen, das habe ich nicht gekonnt. Dazu war ich zu jung und zu abenteuerlustig, ich wollte einfach die Welt sehen, da hat mich keiner von abhalten können. Ich denke, meine Eltern haben es auch verstanden. Natürlich habe ich darunter gelitten, daß meine jüngere Schwester nicht Medizin studieren konnte, was sie so gern wollte. Es wurde ihr ziemlich deutlich gesagt, daß sie wegen mir nicht studieren darf. Deswegen habe ich lange Zeit Gewissensbisse gehabt, eigentlich heute noch, weil für sie das Leben ja ganz anders verlaufen wäre.

Zu Anfang war ich überwältigt vom Westen. Ich zog zu meinem Freund nach Westberlin und kannte bald alle Kaufhäuser der Gegend auswendig. Gekauft habe ich nie etwas, aber mir einfach alles angesehen. Ich habe Stunden und Tage in Kaufhäusern verbracht. Etage für Etage, es war so ein Wahnsinn, was es alles gab. Da war ich dann später gut orientiert, was man wo kaufen kann. Ich wollte weiter studieren und habe mir von einer Organisation Empfehlungsbriefe ausstellen lassen. Damit bin ich in die Uni-

Zahnklinik gegangen, doch dort wollte mich keiner haben. Ich hatte eigentlich mit Unterstützung von allen Seiten gerechnet, aber Pustekuchen. Also bin ich dann von Pontius zu Pilatus gelaufen, und eines Abends nach so einem Behördentag war ich total deprimiert. Da hat mein Freund das Telefon in die Hand genommen und den Beamten total angeschnauzt. Ich war doch noch so ein Ostdrops und hab mir von allen was sagen lassen. Mein Freund hatte an dem Abend schönes Essen gemacht, alles nett hingestellt mit Kerzen und Servietten. Das sind so Kleinigkeiten, aber das tat mir gut. An dem Tag hatte ich nämlich beschlossen, wieder zurückzugehen, weil ich dachte, ich packe es hier nicht. Mit der Hilfe meines Freundes habe ich es dann doch geschafft und konnte weiter studieren. Einiges wurde anerkannt, viele Prüfungen mußte ich nachholen, insgesamt hatte ich ein Jahr verloren.

Was ich wirklich wahr machen konnte, war mein Traum vom Reisen. Wir hatten nie viel Geld, aber was wir hatten, haben wir in Reisen angelegt. Zeit hatte ich in den Semesterferien, so daß wir zwei bis dreimal im Jahr verreisen konnten. Und das war immer sehr abenteuerlich und toll, da zehre ich heute noch von. Mein Freund pflegte ja immer etwas außergewöhnlich zu reisen. Wir buchten nur einen Flug und schlugen uns dann im Land durch, egal wie. Da haben wir ganz schöne Dinger erlebt. In Uganda hätten sie uns beinahe erschossen, weil wir nicht mitgekriegt hatten, daß Ausgangssperre herrschte.

Dreizehn Jahre war ich mit meinem Freund zusammen. Es war eigentlich eine richtige freundschaftliche Beziehung zum Schluß, so, als wenn Bruder und Schwester zusammen wohnen. Aber ich wollte schon noch etwas mehr, ich war ja nicht 80, sondern 30. Sexuell lief da schon lange nichts mehr. Er hatte sich noch nie viel aus Sex gemacht. Einmal war ich schwanger, da wollte er mich auch gleich heiraten, so daß alles seine Ordnung hat. Aber ich habe das Kind verloren. Schade, es wäre bestimmt witzig gewesen. Aber mit diesem Mann kann man auf Dauer eigentlich nicht zusammenleben. Unordentlich ist nicht der richtige Ausdruck, er ist chaotisch.

Nach dem Studium habe ich zwei Jahre als Assistenzärztin gearbeitet, ich wollte eigentlich nie eine eigene Praxis haben. Diese Verantwortung, dieser Papierkram lagen mir überhaupt nicht. Als Angestellter kannst du die Tür zumachen und hast Feierabend. Als selbständiger Arzt hast du den ganzen Papierkrieg mit der Zahnärztekammer, mit den Kassen, das wurde ja nach der Gesundheitsreform noch viel schlimmer. Und ich bin nun mal kein Unternehmer, ich bin eine wirtschaftliche Niete. In dieser Beziehung bin ich ein richtiges Ostkind geblieben. Aber als die Zulassung für die Assistentenstelle gesperrt wurde, mußte ich mich selbständig machen. Es war aber wohl von vornherein der falsche Beruf für mich. Ich habe ihn nie geliebt, es war einfach Broterwerb. Manche Sachen machte ich gern, aber die meisten nicht. Zum Schluß war es schon so, daß ich mit Widerwillen aufgestanden und in die Praxis gegangen bin, und das ist schon ein schlechtes Gefühl. Das sollte man nicht haben. Ich habe auch eigentlich immer zuwenig geschafft, denn ich war so ein Beichtpapst. Erstens hatte ich alle Feiglinge aus der Gegend bei mir versammelt und zweitens Leute, die mal eine Ansprache brauchten. Ich hörte mir das dann auch immer an. Ich hatte zwar einen guten Zulauf an Patienten, aber die langen Gespräche nahmen natürlich Zeit weg. Ich habe schon darauf hingearbeitet, die Praxis aufzugeben, weil ich schon früh merkte, daß ich so nicht richtig leben kann. Aber ich hätte es noch früher machen sollen. Erst habe ich eine zweite Ärztin mit zu mir reingenommen, da konnten wir uns gut abwechseln. Sie hat die Praxis dann auch übernommen.

Wenn ich es mir heute überlege, wäre eher ein Beruf mit Reisen und Sprachen für mich geeignet gewesen. Ich habe fast mein ganzes Geld in Reisen gesteckt. Mir ging es gut, na klar. Aber trotzdem war es nicht das richtige Leben für mich. Jemanden, mit dem ich darüber reden konnte, gab es nicht. Bei meinem letzten Freund durfte ich mir auch nur anhören, wie schlecht es ihm ging, da konnte ich meine Probleme nicht noch draufpacken. Ich bin so ein Typ, der alles reinschluckt. Instinktiv weiß man ja, wo man was abladen kann. Aber den Platz habe ich nicht gefunden zum Abladen, ich habe mir eher noch etwas aufgeladen. Ich denke auch, daß das ein Grund für meine Krankheit ist.

Wenn ich mir das alles so überlege, war es schon ein richtiges Abenteuer, mein Leben. Nur ein bißchen kurz. Ich hätte gern noch viele Reisen gemacht. Noch mal nach Grönland und Island beispielsweise oder Australien, das kenne ich alles noch gar nicht. Am liebsten hätte ich drei Kinder, Mann und Häuschen gehabt, so richtig scheißbürgerlich. Auf der einen Seite wäre das mit meinem ersten Freund auch gut gegangen, auf der anderen Seite auch wieder nicht. Das waren diese Kleinigkeiten, die mich aufgerieben und die unsere Beziehung letztendlich zerstört haben. Wie oft habe ich in der Küche gestanden und geheult. Er sagte, seine Toleranzgrenze sei höher als meine und ihn störe es nicht, wenn das Geschirr da rumsteht und der Dreck zentimeterhoch liegt. Aber ich will mich nicht beschweren über mein Leben. Trotzdem bereue ich heute sehr, daß ich zu bequem war, es zu ändern. Ich hätte mich nicht selbständig machen dürfen, aber du hast ja nur die eine Sache gelernt im Leben, um deine Brötchen zu verdienen. Dann legt man sich selber die Fesseln an. Ich weiß auch heute nicht genau, was ich hätte machen sollen, aber ich hätte wirklich was anderes versuchen sollen. Ich habe oft darüber nachgedacht, auch schon Jahre vorher. Es war natürlich auch bequem. Als ich meine Praxis abgegeben hatte, machte ich bei anderen Zahnärzten Vertretung. Das war eine riesige Erleichterung für mich, da machte der Beruf wieder Spaß. Ich hatte nicht mehr diese Verantwortung.

Irgendwie schließt sich jetzt der Kreis. Ich bin wieder in der Gegend, aus der ich komme. Natürlich bin ich froh und dankbar, daß ich bei meiner Schwester sein darf. Aber ich habe auch immer ein schlechtes Gewissen, wenn ich hier bin und ihr auf den Geist gehe. Das ist kein gutes Gefühl, wenn man so abhängig ist von anderen. Ich kann mit meiner Schwester auch über viele Dinge sprechen, zum Beispiel über das Sterben. Aber nur bis zu einem gewissen Grad. Es ist ja doch was anderes, wenn es die eigene Schwester ist. Das steckt man nicht so weg. Wir werden jetzt auch meine Wohnung auflösen müssen und alles irgendwo verstauen. Das ist schon ein blödes Gefühl, wenn man selber nichts machen kann. Daß ich die Wohnung aufgebe, stört mich nicht, da bin ich flexibel. Bei meiner Flucht habe ich ja auch fast alles stehen und liegen lassen. Einige Sachen hatte ich verteilt, weil sie die Stasi nicht haben sollte. Daß du das alles eigentlich nicht brauchst, merkst du erst, wenn du drei Wochen im Krankenhaus liegst.

Ich hab bloß manchmal solche Heultouren. Das ist ganz normal, das kann ich nicht unterdrücken. Meine Freundin, die sich vorher viel um mich gekümmert hat, kann das gar nicht haben. Sie fragt dann: Tut dir was weh? Na, dann brauchst du auch nicht zu heulen. Mit Gefühlen darf man ihr nicht kommen. Auch mit meiner Mutter kann ich nicht über Sterben und Tod reden, ich hatte mal einen Versuch gemacht, aber sie hat es gleich abgebogen. Sie verdrängt wohl auch viel und rennt in die Kirche, weil sie Angst hat. Ich denke, das ist auch noch ein großes Tabuthema. Das war auch so, als meine Eltern mich damals im Westen besuchten. Mein Vater hatte vorher einen Schlaganfall und sagte: Ich dachte, ich muß den Löffel abgeben. Ich habe da genauso beschissen reagiert, wie es die meisten tun: Ach, was soll das, so ein Quatsch, Papa. Anstatt zu fragen, ob er Angst hatte oder wie es ihm ging, bin ich einfach so drüber weggegangen. Vielleicht wollte er drüber sprechen. Also, das bereue ich sehr, daß ich damals nicht richtig reagiert habe. Natürlich wissen viele Leute auch nicht, wie sie mit mir umgehen sollen. Ein Bekannter hat mich direkt gefragt, das fand ich okay.

Über meine Beerdigung habe ich auch schon nachgedacht, aber das ändert sich vielleicht noch. Ich habe mir gewünscht, daß da ganz viele Luftballons sind, so eine richtige Traube, die hoch in den Himmel fliegt. Früher habe ich mir vorgestellt, daß eine Negerkapelle Jazz spielt. Aber wo willst du hier Neger hernehmen?

Doch, vor dem Sterben habe ich auch Angst. Daß ich ersticken könnte, das ist kein schöner Tod. Ich habe schon ein paarmal Erstickungsanfälle gehabt, das ist unheimlich fies, so will ich nicht abtreten. Vielleicht sollte ich schon mal Tabletten sammeln. Ich möchte die Wahl haben. ■

unserer Familie
iess es stets me
aette eine Affe
ur gehabt. Wied
eit bis zur Sch
och in den ins
reizehn Jahre
ei ihm lebte, ha
avon viel gesp
eute weiss ich,
ich liebte es a
r nicht zeigen
war meist. Th
rde schnell ja
Hause war je
war ein Stram
nosse und spb
slandskader
elanschauliche
iferte ich ihm k
ach. Ich wollte
tolz auf mich s
icht immer nur
on zu allem zu

KINDHEITSMUSTER

Kulturwissenschaftlerin, 38 Jahre, ein Kind, geschieden

Meine Eltern hatten ein kleines Häuschen in einem Dorf nahe Berlin, wo ich auch geboren wurde. So gesehen bin ich eigentlich ein Landei, obwohl ich seit über 30 Jahren in Berlin lebe. Meine Mutter war Verkäuferin in einem Strumpfladen, mein Vater Elektriker. Ich hab mir oft vorgestellt, wie es wohl war, als sie sich kennengelernt haben. Aber eigentlich weiß ich darüber nichts. Auf Fotos von damals wirkt sie auf mich zwar verführerisch, aber doch irgendwie kalt. Sie war gerade mal 18, als sie schwanger wurde. Damals sah man die Dinge wohl noch anders als heute, denn es mußte noch vor Ankunft des Kindes schnell geheiratet werden. Eine Liebesheirat war es jedenfalls nicht. Nicht von ihrer Seite aus. Mein Vater hat sie geliebt. Ich glaube, sie hat meinen Vater eher als eine Art Bruder oder Kumpel betrachtet. Daß man mit ihm Pferde stehlen kann, hat sie mir gegenüber oft genug betont.

Schon eineinhalb Jahre nach meiner Geburt kam mein Bruder auf die Welt, aber da war ihre Ehe bereits kaputt. Gewollt hat sie meinen Bruder nicht. Sie erzählte öfter von einem Baum, von dem sie herunter sprang oder von heißen Bädern, die sie nahm, bei denen sie Unmengen Rotwein trank und so weiter. Das hat sie ihm auch öfter gesagt. Mein Bruder war dann auch ein entsprechend schwieriges Kind. Er war oft krank und lernte erst spät laufen und sprechen. Wir beide aber waren damals eine eingeschworene Gemeinschaft. Ich war ja seine große Schwester und er hing an mir wie eine Klette. Wir waren – erst ich und kurze Zeit später auch mein Bruder - die Woche über in einem Wochenheim untergebracht. Das hieß, unser Zuhause war von Montag fünf Uhr bis Samstag nachmittag dieses Heim. Damals war ja der Samstag noch Arbeitstag. Ich habe nur schreckliche Erinnerungen an diese Zeit. Die Monate, die auch mein Bruder dort war, waren besonders schlimm. Er sprach mit keinem, saß nur kauernd und Daumen lutschend in der Ecke, konnte sich die Schuhe nicht zubinden und verweigerte jeden Kontakt und nicht selten das Essen.

Daß plötzlich etwas anders war, bemerkte ich daran, daß zuerst mein Bruder nicht mehr im Kinderheim war und ich dann einen langen Sommer bei irgendeiner Tante, die ich nicht kannte, lebte. Keine Spur von meinen Eltern und meinem Bruder. Und dann wohnten wir von einem auf den anderen Tag in Berlin, in einer winzig kleinen, miesen Wohnung – allerdings ohne meinen Vater. Aber auch das nicht für lange. Meine Mutter bereitete die Aufteilung des Hausrates vor – und die der Kinder. Plötzlich war ich irgendwie zum roten Tuch für sie geworden. Ich kann mich noch an Sätze wie Geh doch zu deinem blöden Papa erinnern. Sie saß mir gegenüber auf dem Sofa und preßte meinen Bruder an sich, der noch weniger verstand als ich, und hatte kein liebes Wort mehr für mich übrig. Letztlich fand ich mich mit meinem Vater in einer heruntergekommenen Hinterhof-Wohnung wieder. Mein Zimmer hatte nicht mal ein Fenster. Ich war fünf Jahre alt und mein Bruder, meine Mutter, alle waren plötzlich weg. Irgend jemand sagte mir, das heißt Scheidung. Mein Vater erhielt nach gegenseitiger Einigung das alleinige Erziehungsrecht für mich.

In unserer Familiensage hieß es stets, mein Vater hätte eine Affenliebe zu mir gehabt. Weder in der Zeit bis zur Scheidung noch in den insgesamt dreizehn Jahren, die ich bei ihm lebte, habe ich davon viel gespürt. Heute weiß ich, daß er mich liebte, es aber wohl nur nicht zeigen konnte. Er war meist streng und wurde schnell jähzornig. Zu Hause war er selten. Er war ein strammer Genosse und später sogar Auslandskader. In weltanschaulichen Dinge eiferte ich ihm kräftig nach. Ich wollte ja, daß er stolz auf mich ist und nicht immer nur sagt, ich bin zu allem zu dämlich. Nach außen hin haben wir aber ein gutes Paar abgegeben. Ich war ja voll auf ihn fixiert.

Als ich in der ersten Klasse war, heiratete mein Vater wieder. Sie war Pionierleiterin und hatte bereits ein kleines Baby. Sie konnte mich nicht sonderlich leiden, das merkte ich sofort. Ihre erste

Maßnahme war das Abschneiden meiner langen Haare. Eines Tages ging sie wie wild auf mich los und schlug auf mich ein. Ich hatte sie nur gefragt, ob ich auch mal dem Baby die Flasche geben darf, da drehte sie plötzlich durch. Ihre Ehe dauerte nicht mal ein Jahr. Mein zweites Schuljahr verlebte ich bei alten Leuten, die ich in meinem Leben vorher nie gesehen hatte, in einem kleinen Häuschen bei Berlin. Den Ort kannte ich aber von Besuchen, denn die Schwester meines Vater wohnte in der gleichen Straße. Warum ich dort plötzlich lebte, weiß ich bis heute nicht genau. Ich glaube, es war wohl wegen des Ingenieurstudiums meines Vaters. Dieses alte Ehepaar gab sich alle Mühe mit mir, doch ich glaube heute, daß sie hoffnungslos überfordert waren, denn beide waren schon über siebzig Jahre alt. Mein Vater kam anfangs jedes Wochenende, um nach mir zu schauen. Dann wurden die Abstände immer größer. Doch bald wünschte ich mir, er käme gar nicht mehr. Er blieb zwar nur für ein paar Stunden, aber meistens schimpfte er nur mit mir wegen meiner schlechten Noten in der Schule. Ich hatte den Schulwechsel nur schwer verkraftet und in der Klasse keinen richtigen Anschluß gefunden. Als das Schuljahr zu Ende war, holte mich mein Vater wieder nach Berlin und ich kam in meine alte Klasse zurück. Bald danach hatten wir in unserer alten Straße, nur ein paar Häuser weiter, eine größere und schönere Wohnung bekommen.

In diesem Mietshaus hatte ich dann auch mal ein furchtbares Erlebnis mit einem Sexualtäter. Ich muß zehn Jahre gewesen sein und hatte Glück. Bevor er mich umbringen konnte, bin ich ihm entwischt. Das alles spielte sich im Keller ab. Er verfolgte mich wohl schon auf der Straße. Ich sollte Bier für meinen Vater kaufen und war schon in meinem Haus angekommen, als er mich im Hausflur bei den Briefkästen überholte, packte und eine Tür weiter in den Keller schleppte. Er drückte mir ständig die Kehle zu und sagte dabei hastig, daß er mich gehen läßt, wenn ich mich ausziehe. Obwohl ich noch mit Puppen spielte, wußte ich sofort, was los war und was er für einer ist. Ich stand da, nackt, im dunklen Keller und dachte: Das war's, er wird dich nicht gehen lassen, da kannst du betteln, so viel du willst. Ich sehe ihn noch immer vor mir: einen großen, ungepflegten und verpickelten

Mann, der unglaublich stank. Er fing an, schwer zu atmen und bohrte seinen Finger in mich hinein. Dann zerrte er mich auf seinen Schoß. Wahrscheinlich war es nur ein Reflex, aber ich schaute dabei auf den dreckigen Boden des Kellers und sah, daß er auf meinem rot-grün karierten Faltenrock stand. Er schaute daraufhin auch auf den Boden und hielt für eine Sekunde mein Handgelenk nur ein wenig lockerer. Diese Sekunde nutzte ich, wandte mich aus der Umklammerung los und rannte so schnell ich konnte die Kellertreppe hoch. Obwohl das alles sehr schnell ging, kam mir diese Treppe endlos lang vor, es war wie eine Zeitlupenaufnahme. Aus dem Keller heraus rannte ich wie betäubt noch drei Stockwerke weiter, bis zu meiner Wohnungstür. Ich drückte wie wild auf den Klingelknopf, doch mein Vater war nicht da. Jetzt kriegte ich richtig Angst. Ich war fest davon überzeugt, daß dieser Kerl aus dem Keller mir nachgerannt kommt und mich nun in aller Ruhe umbringt. Wir wohnten ganz oben, über uns war nur noch der Dachboden. Atemlos und in Todesangst lauschte ich jedem kleinsten Geräusch nach, aber es war alles still im Haus. Ich weiß nicht mehr, wie lange ich da nackt und wie angewurzelt stand. Nach einer Weile ging ich vorsichtig eine Etage tiefer und klingelte bei der alten Frau unter uns. Ich weiß auch nicht mehr, was ich zu ihr sagte, aber ich glaube, sie hat gleich verstanden, um was es ging. Sie gab mir eine Decke und legte mich aufs Sofa, wo ich sofort einschlief. Ich wachte erst auf, als eine Unzahl Kriminalbeamter und mein Vater mich weckten. Der Rest des Tages bestand aus meiner ersten gynäkologischen Untersuchung, dem Anschauen viel zu vieler Fotos und umständlichen Fragen von Männern im Anzug, ob er was in mich hineingesteckt hätte. Sie dachten alle, ich traue mir das nicht zu sagen. Einige Wochen später holte man mich zu einer Gegenüberstellung ab. Obwohl ich wohl auf den Richtigen zeigte, war ich mir viele Jahre nicht sicher, ob er es auch wirklich war. Denn er sah ihm zwar ähnlich, aber in dem Raum war alles ganz anders. Ich dachte, er würde sich an mir rächen – so oder so. Ich hatte lange Angst, alleine zu Hause zu sein. Ich bat meinen Vater oft, mich doch abends nicht alleine zu lassen, aber er tat das nur ab.

Von den Frauengeschichten meines Vater habe ich nie viel mitbekommen. Ab und an hörte ich Frauenstimmen aus dem Wohnzimmer oder sah einen fremden Mantel an der Garderobe. Zu meinem sechsten Schuljahr hin wurde es aber wieder mal ernst. Wir zogen in einen Ort bei Berlin, ich wurde wieder umgeschult und wohnte im Haus einer Frau, zu der ich plötzlich Mutti sagen sollte. Sie hatte einen Sohn, der drei Jahre jünger war als ich und von ihr absolut verwöhnt wurde. Er brauchte sich nicht mal selbst zu waschen: er stand nur am Waschbecken und sie seifte ihn ab. Auch die Zähne putzte sie ihm, er machte nur den Mund auf. Auch bei dieser Frau waren die Fronten schnell klar. Eigenartigerweise hat sie sofort die gleiche Maßnahme ergriffen wie die zweite Ehefrau meines Vaters: Ich mußte zum Friseur – und ab waren sie, meine schönen langen Locken. Ich weiß noch, wie ich meinen Vater heimlich anbettelte, nicht zum Friseur zu müssen, aber es half nichts. Ich gab mir Mühe, mit dieser Frau klarzukommen, aber ich spürte immer wieder, daß da kein Weg hinführte. Sie hetzte ständig meinen Vater gegen mich auf. Am liebsten war es ihr, wenn er mich für irgendeine Kleinigkeit mit Schlägen bestrafte. In dieser Zeit begann ich, manchmal tagelang mit niemandem zu reden. Ich fühlte mich von mir selbst abgeschnitten, irgendwie tot. Manchmal, wenn mein Vater und ich alleine waren, sagte er mir oft, daß sie eigentlich ganz schön blöd sei. Er erzählte mir, daß sie nicht mal wisse, daß die Indianer nicht in Indien leben und ähnliche Kalauer. Waren wir alle zusammen, gab es diese Nähe zu ihm nicht. Die Beziehung zu dieser Frau dauerte ebenfalls nur ein Jahr.

Pünktlich zum Schuljahresende stand dann wieder mal ein Möbelwagen vor dem Haus. Wir zogen wieder nach Berlin, in unsere alte Wohnung, die mein Vater nie aufgegeben hatte. Inzwischen war ich in der Pubertät und es gab zwischen mir und meinem Vater immer mehr Probleme. So richtigen Kontakt zueinander hatten wir nie, ich meine auch körperlichen. Wir stritten viel, und ich glaube, ich habe nie so viel geheult – was er haßte – wie in dieser Zeit. Nur nach einem Streit nahm er mich mal in den Arm und drückte mich, ansonsten lief alles eher unpersönlich ab. Ach ja, wenn er betrunken war, was nicht selten vorkam, war es anders: dann legte er Jazzplatten auf und erzählte mir von seiner Jugendzeit oder weihte mich kumpelhaft in seine Frauengeschichten ein. An solchen Abenden konnte ich ihm ohne Bedenken auch mal eine schlechte Zensur vorlegen oder ein kleines Malheur gestehen. Auf einmal war das alles nur halb so schlimm. Ich glaube, er wollte immer, daß ich mal etwas ganz Besonderes werde, irgendwie ein strahlender Stern an seinem Himmel. Ich hab mich diesbezüglich von ihm immer überschätzt gefühlt. Ich hatte ja kein bißchen Selbstvertrauen. Aber er nahm das gar nicht wahr, sondern redete ständig begeistert davon, daß ich eine richtige Führernatur sei - weil ich unten auf unserem Hof immer alle Kinder anführte. Ich war aber nur die Älteste, das war das ganze Geheimnis. Irgendwie lebten wir in zwei verschiedenen Welten. Vom Kummer des einen hatte der andere keine Ahnung.

So war es auch mit meinen schulischen Problemen. Ich war nie schlecht in der Schule, alles Zweien, aber meine Probleme lagen eher im menschlichen Bereich. Durch das ewige Raus und Rein in meine Klasse konnte ich nur schwer Freundschaften schließen. Bei der Verteilung der Freundinnen war ich entweder nicht oder zu spät da. Sicher habe ich mich deshalb schon immer besser mit Jungen verstanden, was wiederum den Neid der Mädchenfraktion hervorrief. Eine richtige Freundin hatte ich in der gesamten Schulzeit nie. Ich fühlte mich irgendwie isoliert von allen anderen und eckte nur überall an. Um überhaupt jemanden zu haben, habe ich mich früh mit Jungen eingelassen. Ich hatte diesbezüglich eine große Klappe, war wortgewandt und verstand es, aus den abgelegten Sachen meiner Cousins was zu machen. Aber eigentlich war das alles nur Fassade, denn wenn ich dann einen Freund hatte, war ich eher schüchtern und ängstlich. Bis ich mit fünfzehn das erste Mal mit einem Mann schlief, habe ich mich selbst oft in brenzlige Situationen gebracht, aus denen ich nur mit Mühe wieder herauskam. Kein Wunder, denn meine Wahl fiel stets auf entweder ebenso laute und aufschneidende oder überreife, ältere Jungen. Mein selbstbewußtes Auftreten verstanden sie als eine Art Herausforderung, mit mir schon andere Sachen zu machen. Meine diesbezügliche Abwehr endete nicht selten in unschönen Szenen, in denen mir Prüderie vorgeworfen wurde. Ich wußte nicht mal, was das hieß.

Als ich so um die 15 war, bekam mein Vater Torschlußpanik. Er annoncierte heftig und traf sich fast jeden Abend mit einer anderen Frau. Das ging eine ganze Weile so, bis eines Tages dann eine Frau vor der Tür stand, die dann nur kurze Zeit später Ehefrau Nummer drei wurde. Nun wurden auch Nägel mit Köpfen gemacht: er gab unsere Wohnung auf und wir zogen alle zusammen in einen anderen Stadtbezirk. Da ich jetzt schon in der 10. Klasse war, wurde ich nicht mehr umgeschult. Na ja, leider ging diese Geschichte auch nicht anders aus, wenngleich auch nur für mich. Sie war eine kinderlose Lehrerin und anfangs ganz nett. Leider wurde ich das Gefühl nicht los, daß ich irgendwie ihrem trauten Glück im Wege stehe. Ich finde bis heute, daß ich ihr offen entgegengegangen bin. Aber irgendwie hat sie das nie kapiert. Sicher war ich in dieser Lebensphase auch nicht einfach, aber es gab einfach keinen Draht zwischen uns und das, obwohl sie doch Berufsschullehrerin war, also mit Jugendlichen tagtäglich Umgang hatte. Ich machte so gut wie alles falsch. Es gibt so ein paar Kleinigkeiten, an denen man merkt, ob man jemanden mag oder eben nicht. Diese Frau hat zum Beispiel jedes Mal einen Tobsuchtsanfall bekommen, wenn ich meine schmutzige Wäsche links herum in die Waschmaschine zum Waschen reinlegte. Ich erinnere mich manchmal daran, wenn ich die Sachen meiner Tochter zum Waschen sortiere: Es macht mir einfach nichts aus! Auch daran erkennt man, ob einem jemand lieb ist oder nicht. So einfach ist das manchmal.

Wenn sie ihre Tage hatte und sich dann für Stunden im Bad einschloß, kam mein Vater oft heimlich zu mir ins Zimmer und machte wieder auf ‚wir beide sind doch ein Team'. Hatte sie sich wieder beruhigt, war ich wieder der Stein auf ihrem Weg. Das ging dann alles mehr schlecht als recht bis ich achtzehn wurde. Da kam es dann zum letztendlichen Vorfall. An einem Sonntag aß ich das Mittagessen nicht auf. Als ich abends von einer Freundin wieder nach Hause kam, stand derselbe Teller mit den inzwischen angetrockneten Essensresten in meinem Zimmer. Ich spürte gleich, daß das eine oder überhaupt die Provokation war.

Ich stellte den Teller nachts wieder in die Küche zurück, packte aber gleichzeitig alle meine Sachen, die mir wichtig waren. Ich schlief diese Nacht nicht, sondern wartete mit klopfendem Herzen bis zum Morgen. Ich hörte dann ihren Schrei in der Küche. Ich ging hinaus und schon hatte sie mich bei den Haaren mit diesem typischen Lehrergriff. Ich wehrte mich, so gut ich konnte. Das ging nicht ohne eine Schramme in ihrem Gesicht ab. Mein Vater zerrte uns auseinander. Sie brüllte, sie halte das nicht mehr aus. Ich hörte, wie mein Vater ihr zustimmte. Er sagte, es sei wohl das Beste, wenn ich zu meiner Mutter ziehe. Ich konnte nichts mehr sagen, denn das war das Ende. Ich fuhr noch in meinen Betrieb, denn ich hatte inzwischen eine Lehre als Facharbeiter für Schreibtechnik begonnen, und saß zwei Stunden ohne ein Wort am Schreibtisch. Als mich dann endlich eine Kollegin ansprach, konnte ich mich nicht mehr zusammenreißen und hatte einen, wie man so sagt, Nervenzusammenbruch. Ich rief noch zitternd meine Mutter an, die aber schon fröhlich am Telefon trällerte und guter Dinge war. Sie wußte bereits über alles Bescheid. Der Umzug zu meiner Mutter fand noch am späten Abend des gleichen Tages statt.

Leider war das eine Jahr, das ich bei ihr verlebte, auch nicht besser als alles andere vorher. Kein Wunder, wir kannten uns ja kaum und machten uns ständig gegenseitig Vorwürfe. Sie kämpfte immer nur gegen mich an. Egal was ich tat. Dabei wollte ich sie zurückgewinnen und hatte dabei eine Art kleinkindliche Verehrung für sie. Ich bin ständig zwischen die Front zwischen ihr und ihrem neuen Mann geraten. Ihre Vorwürfe gegen mich hat sie mir gegenüber nie offen ausgesprochen, sondern schickte als Boten stets ihren Mann vor. Und der teilte mir dann immer das gleiche mit: Deine Mutter hat wieder die ganze letzte Nacht geweint wegen dir. Was ich konkret getan hatte, war mir nie klar gesagt geworden.

Dann geschah etwas, was uns auf Jahre hinderte, wirklich mal offen miteinander zu sprechen: Bei einer regulären Untersuchung wurde bei ihr Brustkrebs festgestellt. Das veränderte plötzlich unser Leben. Man nahm ihr eine Brust ab und es stand lange Zeit sehr schlecht um sie. Ihr Tod schien unmittelbar bevorzustehen. Ich erinnere mich noch genau, daß ich bei dieser Nachricht nichts in mir fühlte. Ich gab mir Mühe, zu weinen oder traurig zu sein, aber es gelang mir einfach nicht. Ich fand das zwar alles schlimm, aber es berührte mich nicht mehr, als wäre eine entfernte Verwandte davon betroffen. Das hat mich damals ziemlich beschämt und ich dachte von mir, ich sei ein total gefühlloser Mensch geworden. Ihr Zustand besserte sich wieder, wenn auch nur langsam. Sie mußte sich einer Chemotherapie unterziehen. Damit begann eine schreckliche Zeit. Sie lag zu Hause, total abgemagert, auf dem Sofa und dämmerte nur vor sich hin. In dieser Zeit regelte ich, so gut ich konnte, den Haushalt. Ich begleitete sie zu ihren Untersuchungen und tat auch ansonsten alles, was gut für sie war, besorgte ihr Bücher von Maxi Wander und versuchte, eine verständige Freundin zu sein. Vielleicht hat sie ja geahnt, wie es hätte sein können, mit einer richtigen Tochter über dieses ausgesprochen weibliche Problem zu sprechen, oder sie hat sich da nur etwas vorgemacht. Auf jeden Fall stürzte sie sich geradezu auf mich und riß immerfort ihre Bluse auf, um mir diese schrecklich lange Narbe quer über ihrem Brustkorb zu präsentieren. Bei diesem Anblick war ich völlig schockiert und brachte nicht ein Wort heraus. Ich war absolut hilflos. Als es ihr besser ging, sie wieder aufstehen konnte, ging alles wieder von vorne los, aber eigentlich wurde es dann erst so richtig schlimm zwischen uns: Vorwürfe, Unterstellungen, Schuldzuweisungen, Mißverständnisse und viele Tränen. Irgendwie fühlte ich, dort auch nicht länger bleiben zu können. Wahrscheinlich deshalb bin ich meine erste Ehe so schnell und überstürzt eingegangen.

Im September haben wir uns kennengelernt und schon im Dezember wurde geheiratet; ich war gerade 19 Jahre alt geworden. Anfangs habe ich diese Beziehung gar nicht so ernst genommen. Torsten war zwar zwei Jahre älter als ich, aber eigentlich noch ein Junge, der eine Frau suchte, an der er sich festhalten konnte. Sicher, er war ein ausgesprochen gutaussehender Mann: groß, schlank und dunkelhaarig. Aber so richtig getraut habe ich ihm eigentlich nie. Er war ein kleiner Aufschneider, der die Bekanntschaft einiger Größen aus dem äußeren Rand des

Dissidentenkreises der DDR gemacht hat. Das waren zumeist Bandsänger, Liedermacher und Fotografen, in deren Schlepptau er sich in großen Reden üben und so ein bißchen wichtig machen konnte. Die Berührungspunkte mit diesen Leuten waren aber weniger politische. Man soff zusammen und nicht selten ging es dabei nur um den Wettbewerb, Frauen zu gewinnen, die sie sich dann meistens gegenseitig wieder ausspannten. Nachdem wir uns vier Wochen kannten, verließ ich eine dieser vielen sinnlosen Kneipenabende mit ihm und seinen Bekannten mit der Bemerkung, daß das hier alles nichts für mich ist. Er blieb sitzen und ich dachte beim Gehen ohne großes Bedauern, daß es das wohl gewesen ist. Nach ein paar Minuten holte er mich atemlos ein, riß mich herum und sagte: Du sollst meine Frau werden. Obwohl ich zuerst gar nicht glauben konnte, daß ausgerechnet mich ein so schöner Mann heiraten will, war ich doch geschmeichelt von seinem Antrag.

Als ich meiner Mutter – mehr amüsiert – davon erzählte, war sie wie von Sinnen. Sie brach in eine Art sentimentale Hysterie aus, indem sie mich unter Tränen bat, diesem Antrag nachzukommen, weil sie mich doch vor ihrem Tod noch so gerne verheiratet sehen möchte. Schon entzückt von diesem Gedanken sah sie mich schon ganz in Weiß dastehen und sicherte mir zu, auch für alle Kosten des Aufgebotes aufzukommen. Und so war es dann auch: Der Bräutigam tauschte seine zerschlissenen Jeans gegen einen schlecht sitzenden, braunen Anzug ein, und ich wurde tatsächlich in ein mit Spitzen überladenes, langes, weißes Kleid gesteckt.

Ich hatte inzwischen meine Lehre als Sekretärin beendet und danach sofort als Hilfsschwester in einem großen Krankenhaus für Psychiatrie angefangen. Diese Arbeit war für mich damals die Erfüllung all meiner beruflichen Träume. Ich hatte das Gefühl, wirklich gebraucht zu werden und am richtigen Ort zu arbeiten. Irgendwie war das Helfen und das im weitesten Sinne gut und nützlich sein die Füllung für meine innere Leere. Die Oberin dieser Einrichtung wurde bald auf mich aufmerksam und riet mir zu einer richtigen Fachschulausbildung als Krankenschwester. Sie setzte sich sehr für mich ein und schaffte es, mir noch einen Ausbildungsplatz zu besorgen. Da ich die Älteste in meiner Klasse war, wurde mir von Anfang an mehr Verantwortung und Vertrauen entgegengebracht als meinen Kommilitonen. Das hat mir gutgetan, mich aber auch auf eine Position gesetzt, die ich jeden Tag erneut unter Beweis stellen mußte.

Bei meinem Mann weckte dieses berufliches Engagement eher Unbehagen. Da ich - sozusagen ganz klassisch – in der Hochzeitsnacht schwanger wurde, waren seine vorher so lautstark proklamierten Ansichten zu einem ausdrücklich unspießigen DDR-Leben plötzlich verpufft. Er mokierte sich über meine häufigen Spät- und Nachtdienste und war auch ansonsten eher skeptisch, was meine berufliche Entwicklung anging. Daß ich mich oft für den Nachtdienst eintragen ließ, war schon eine bewußte Entscheidung von mir, denn irgendwie wollte ich ersten Eheunstimmigkeiten entfliehen. Denn leider hatte mein Mann die Arbeit nicht gerade erfunden. Er blieb morgens oft einfach im Bett liegen und hatte so etliche Fehltage. Nicht selten mußte ich in seinem Betrieb anrufen und irgendeine Krankengeschichte erfinden, damit sie ihn nicht entlassen. Trotz alledem war meine Freude auf das Kind groß, ja fast schon kindlich, mit schon deutlichen Tendenzen ins Unnormale. Hier freute sich ein Kind auf ein Kind. Im vierten Monat hatte ich dann eine Fehlgeburt.

Mit diesem Verlust konnte ich mich lange nicht abfinden. Ich schmiß meine Ausbildung hin und verkroch mich ein halbes Jahr in der Wohnung. Sah ich schwangere Frauen auf der Straße, brach ich in Tränen aus und verfiel in Depressionen. Ich war in einer Art Dauerlethargie gefangen. Da man mich im Krankenhaus auch noch falsch behandelte, stand es um die Aussicht auf eine erneute Schwangerschaft schlecht. Aber daß ich nicht mehr schwanger wurde, war letztlich nur gut. Zwischen meinem Mann und mir gab es mehr und mehr häßliche Szenen. Zuerst waren es laute Diskussionen, dann kamen Tätlichkeiten hinzu. Nicht nur einmal traf ich ihn mit einer Frau in unserem Bett an. Arbeiten ging er immer seltener. Seine Gewaltausbrüche traten immer dann auf, wenn er Alkohol getrunken hatte, er verlor einfach die

Kontrolle über sich. Am nächsten Tag tat es ihm dann immer leid und er warf sich wie ein Kind vor meine Füße und bat um Verzeihung. Ich hatte inzwischen gut gelernt, mit Make up blaue Augen zu kaschieren und trug trotz Hitze im Hochsommer langärmlige T-Shirts. Da ich wegen der abgebrochenen Ausbildung wieder auf Arbeitssuche war, hat mich so manche Kaderleiterin gefragt, ob ich Probleme habe. Aber ich wich nur allen Fragen aus. Nachdem mein Mann mich dann eines Tages fast einmal aus unserer Wohnung im dritten Stock geworfen hatte und selbst die von mir alarmierte Polizei nichts unternahm, wurde mir klar: ich muß hier raus. Nach diesem letzten, schrecklichen Ereignis glaubte ich, er sei ernstlich wahnsinnig. Mit einem übel zugerichteten Gesicht und nervlich völlig am Ende reichte ich, nach nicht einmal zwei Jahren Ehe, die Scheidung ein. Mein Mann spürte wohl auch, daß eine Grenze überschritten war, denn er unterließ jeden Versöhnungsversuch und zog sofort aus.

Ich hatte noch während der Ehe Arbeit in einem Verlag gefunden, die mir erstmal half, mich in meinem neuen Alltag zurechtzufinden. Ich fing an, Tagebuch zu schreiben und nahm eine akribische Planung meiner Freizeit vor. Ich hatte mich in meinem bisherigen Leben zwar stets allein gefühlt, doch allein gelebt hatte ich bis dahin nicht. Daß ich Angst hatte, gestand ich mir gerade noch so ein, doch vor was, wußte ich selbst nicht so genau. Zum ersten Mal auf mich selbst gestellt, fühlte ich diese große Leere in mir, die ich – unbewußt – schnell wieder füllen wollte. Heute weiß ich, daß ich mich damals hätte durchbeißen müssen.

Ein halbes Jahr nach meiner Scheidung klopfte es eines Morgens an meiner Tür: Zwei Herren von der Staatssicherheit forderten mich auf, mich unverzüglich anzuziehen und mitzukommen. Ich wußte nicht sofort, was eigentlich los war, doch bald schon ahnte ich, daß mich – ein letztes Mal – meine Ehe einholte. Ich wurde ganze 17 Stunden in einem gefängnisähnlichen, fensterlosen Trakt der Stasi-Hauptzentrale festgehalten, in dem sich auch mein Mann und alle anderen aufhielten. Zuvor wurden mir Ausweis und Wohnungsschlüssel abgenommen. Manchmal ist ja Angst der eigentliche Retter. Ursächlich hatte ich die nämlich vor meinem Vater, der, zusammen mit seiner dritten Frau, schon seit einigen Jahren als Auslandskader in Afrika arbeitete. Und die Angst bewahrte mich auch davor, von der Plakat-Aktion, die mein Mann und seine Freunde noch in Ehezeiten geplant hatten, etwas wissen zu wollen. Ich sagte damals zu meinem Mann und seinen Freunden, daß, wenn das schief geht, mein Vater seine Stellung und damit ich ihn verlieren würde – obwohl ich nicht wußte, wovor ich eigentlich mehr Angst hatte: vor seinem Zorn oder seiner Abkehr von mir. Nun, der gutgemeinte „Aufruf an die Arbeiterklasse", sich gegen die Staatsführung zu erheben, wurde also als staatsfeindlich entlarvt – und alle, die damit im weitesten Sinne zu tun haben könnten, wurden in Einzelzellen verhört. Daß meine Wohnung damals ohne richterliche Bestätigung durchsucht und vieles beschlagnahmt wurde, wurde mir erst später klar. Einige Monate vorher hatte ich nämlich einen Jurastudenten kennengelernt, der wenig später mein zweiter Ehemann werden sollte. Der gesamte Vorgang bei der Stasi endete genauso abrupt, wie er begonnen hatte. Da ich wirklich nichts wußte, entließ man mich wieder in die Freiheit. Mit einer durchwühlten Wohnung, der Beschlagnahme einiger sehr persönlicher Dinge, dem beschämenden Bewußtsein, daß meine Tagebücher gelesen wurden und einem unentschuldigten Fehltag – dem einzigen in meinem Leben – war die Sache ausgestanden. So hätte mein erstmalig selbständiges Leben eigentlich richtig beginnen können.

Obwohl - das war es sicher nicht allein, warum ich mich gleich wieder in eine neue Beziehung einließ. Helmuth war zwar äußerlich nicht gerade mein Traumbild von einem Mann, dafür war er überdurchschnittlich intelligent und vor allem verläßlich. Kurzum, er war das genaue Gegenbild zu meinem ersten Ehemann. Auch kam es mir damals so vor, als würde er aus einer Art Gegenwelt, sozusagen von der anderen Straßenseite, zu mir herüber gekommen sein. Er hatte ein völlig intaktes und zudem privilegiertes Elternhaus, in dem er wohlbehütet aufwuchs, es ihm an nichts fehlte und niemand an ihm zweifelte. Obwohl er ein mehr rationaler Mensch war, ging er geradezu leidenschaftlich daran, seine Pläne und Vorstellungen umzusetzen. Später dann vor allem die, die er mit mir hatte. Obwohl eigentlich recht schnell klar wurde, daß wir aus doch sehr unterschiedlichen Welten kamen, machte er sich wie ein Beziehungs-Architekt daran, unsere – insbesondere meine – Zukunft zu planen. Anfangs fühlte ich mich bei ihm gut aufgehoben und vor allem sicher, denn endlich kümmerte sich jemand um mich. Aber das taten auch seine Eltern, insbesondere seine Mutter. Sie nahm mit zielsicherem Gespür die Position meiner Mutter ein, die ich ihr auch ohne Widerstand überließ. Mir wurden sogleich alle nur erdenklichen Annehmlichkeiten der DDR-High Society zuteil: Winterurlaub im Grenzgebiet, mit dem richtigen Geld im Intershop einkaufen, das Tragen hochwertiger Exportklamotten, das Speisen exotischer Gerichte und vieles mehr. Geld spielte in dieser Familie keine Rolle. Das alles war wie eine wohlige Decke, die sich über mich zu legen schien. Daß ich unter ihr jedoch zu ersticken drohte, merkte ich schon bald. Als sich dann wenig später mein lang ersehnter Wunsch, schwanger zu werden, erfüllte, schnappte die Falle auch schon zu: Ich war gefangen in diesem eigenartigen Konstrukt aus Abhängigkeit und einem zögernd in mir aufsteigenden Emanzipationssdrang. Der war mir zwar damals noch nicht bewußt, arbeitete aber wie eine langsam tickende Bombe in mir.

Die Ausrichtung der Hochzeit nahm natürlich überdimensionale Ausmaße an. Staatsnahe Lyriker, DDR-Philosophen, namhafte Ärzte sowie ehemalige Staatssekretäre waren die Hochzeitsgäste. Alles Menschen, mit denen ich nie vorher etwas im Leben zu tun hatte. Unter ihnen gab es einige, die bescheiden und ehrlich geblieben waren. Die meisten sonnten sich aber in ihren von der Parteiführung zugeschanzten Privilegien. Fast alle waren im Nationalsozialismus Kommunisten gewesen und hatten im Widerstand gekämpft oder waren in westliche Länder emigriert. Daß ihnen in der Anfangszeit der DDR als Westemigranten großes Mißtrauen von den Genossen entgegengebracht wurde, hatten sie schnell vergessen. Sie rissen zwar politische Witze über Honecker & Co., genossen aber währenddessen ihre Freiräume und warteten ansonsten gebannt auf das, was aus der Sowjetunion kommen sollte: es war ja Gorbatschow-Zeit. Mein Vater, der bei der Hochzeit etwas verloren zwischen ihnen saß, schaute auf meinen sechsmonatigen Schwangerschaftsbauch und sagte: Das haste alles schon richtig gemacht. Er sah meine Entscheidung wohl als eine von mir ganz bewußt getroffene an. Aber so war es nicht. Ich sah zwar, daß ich in dieses Haus zwar auch nicht gehörte, aber froh war, überhaupt eins gefunden zu haben. Ich wollte bei jemandem angekommen sein und endlich leben wie alle anderen auch: mit Mann, Kind, Wohnung, Beruf.

Wir haben die ersten Jahre eine äußerlich stimmige Ehe geführt, ich hatte ja gelernt, mich anzupassen. Keiner hätte geglaubt, daß ich im Inneren unglücklich war. Warum auch, ich hatte doch alles und sogar mehr als viele andere. Ich hatte nicht die geringste Ahnung, daß mein Unglücklichsein einmal in mir selbst, aber vor allem wohl im Mangel eines wirklichen Gefühls für meinen Mann – neben Achtung und Dankbarkeit - begründet lag. Wir verstanden uns zwar, doch leider eben nur auf der Ebene des Verstandes. Ich kämpfte wie ein bockiges Kind gegen seine klaren, wenn auch wenig einfühlenden Ansichten, wie ich mir das Leben anschauen sollte. Ich fühlte mich mehr und mehr von ihm und seiner Familie eingeengt und fremdbestimmt. Wir verbrachten so gut wie jedes Wochenende bei seinen Eltern, feierten alle Feste und verbrachten Urlaube zusammen. Daß mein Mann ein mehr als enges Verhältnis zu seiner Mutter hatte, machte es mir noch schwerer, mich gegen den allgegenwärtigen Einfluß seiner Familie auf unser Leben zu wehren. Ich glaube, wir sind, statt wie Mann und Frau mehr wie Bruder und Schwester miteinander umgegangen.

Helmuth trieb mich voran wie ein Pferd: er hat aus mir herausgeholt, was herauszuholen war. Ich holte das Abitur auf der Abendschule nach, lernte Auto fahren und absolvierte ein fünfjähriges Hochschulstudium. Alles ganz nach seinen Vorstellungen. Heute, viele Jahre nach unserer Scheidung, bin ich ihm für den Verlauf meiner Entwicklung dankbar und ich weiß, daß uns immer eine tiefe Freundschaft verbindet. Vielleicht gerade durch das Fehlen großer gegenseitiger Leidenschaften.

Kurz vor der Geburt unserer Tochter zogen wir in das größte Neubaugebiet der DDR. Daß wir ausgerechnet dort eine Wohnung bekamen, haben – wie immer - seine Eltern arrangiert. Sie schauten sich die Wohnung als erste an und waren begeistert. Meinem Mann war es egal. Daß ich dort auf keinen Fall leben wollte, spielte keine Rolle: der Mietvertrag wurde unterschrieben und ich mußte mich fügen. Nach dem gleichen Schema verliefen dann auch Kauf und Auswahl der Wohnungseinrichtung. Sicher war das alles nur gut gemeint, doch daß ich die Sachen seiner Mutter trug und auch umgeben war von Dingen, die von den Schwiegereltern kamen, hatte schon Züge einer Metamorphose.

Ein Jahr nach der Geburt meiner Tochter fing ich an, Kulturwissenschaften zu studieren. Die ersten drei Jahre des Studiums waren nicht nur wegen der langen Fahrzeiten zwischen Universität, Wohnung und Kinderkrippe hart. Auch das Studieren selbst fiel mir anfangs schwer. Als Helmuths Vater unerwartet starb, forderte seine Mutter sozusagen ihren Sohn zurück. Mit Kind und unserem gesamten Haushalt zogen wir für fast ein halbes Jahr zu meiner Schwiegermutter. Ihre Trauer, aber vor allem die damit verbundene noch stärkere Anlehnung an ihren Sohn einschließlich meinem – wie es hieß - kapriziösen Unwillen, mich einzufügen, brachte unsere Ehe auf ihren absoluten Tiefpunkt. Auch die neue Wohnung, die wir kurz vor dem Ende der DDR – noch auf nichtsozialistischem Wege – erhielten, konnte daran nichts mehr ändern. Sie war sowieso nur dazu gedacht, mehr in ihrer Nähe zu wohnen. Trotzdem erleichterte mir natürlich der neue Wohnort die Bewältigung meines Alltags: Universität und Kindergarten waren zu Fuß erreichbar und ich war von meinen Freunden und Kommilitonen nicht mehr abgeschnitten. Aber auch in mir selbst begann sich etwas zu ändern. Ich hatte mich im dritten Studienjahr zweimal verliebt, einmal nur rein platonisch, das andere Mal war es eine nur flüchtige Schwärmerei. Da mein Kind nun schon fünf Jahre alt war, wurde auch mein persönlicher Freiraum etwas größer: Ich war inzwischen 30 Jahre alt und entdeckte sozusagen erst jetzt so richtig das eigentliche Studentenleben. Ich besuchte Konzerte, ging ins Kino und diskutierte nachts in Kneipen über die

Chancen eines föderalistischen Bundes einer neuen DDR mit der Bundesrepublik: es war 1989. Zwei Jahre später, als wir alle unser Staatsexamen hinter uns gebracht hatten, luden wir uns abwechselnd zum feierlichen Ausgehen ein. An einem dieser Abende begegnete ich dann dem Mann, in den ich mich auf der Stelle verliebte. Diesmal war es weder platonisch noch flüchtig, sondern die wirkliche Liebe. Daß ich bei meiner Wahl aber auch wieder nur den Falschen erwischte, hat mich aber nie daran zweifeln lassen, daß die Scheidung richtig war. Selbst Helmuth stimmte mir – wenn auch etwas später – darin zu.

Die Beziehung zu Gabor war von Anfang an schwierig. Das hatte viel mit seiner unbürgerlichen Lebensweise als Künstler zu tun. Als gebürtiger Ungar war er innerlich zerrissen, obwohl er schon 30 Jahre lang in Deutschland lebte. Daß mit ihm etwas nicht stimmt, sagte mir eigentlich gleich meine Nase, doch ich war so verliebt, daß ich dem Satz ‚Liebe macht blind' alle Ehre machte. Ich war ja im tiefsten Inneren davon überzeugt, nie von jemandem wirklich gemocht oder gar geliebt zu werden, und sollte nun in Gabor meinen Meister gefunden haben. Sein Mißtrauen übertraf selbst meinen Glaubenssatz. Daß ich ihn im Laufe meines achtjährigen Leidensweges mehr und mehr selbst abbauen konnte, habe ich auch dem wundervollen und vor allem lang anhaltenden Gefühl der Liebe zu ihm zu verdanken. Leider konnte bei ihm die Liebe als Heilmittel weniger ausrichten, im Gegenteil. Er steigerte sich in eine fast hybride Eifersucht auf alles und jeden in meinem gesamten persönlichen Umfeld. War mein Ex-Mann der Hauptfeind Nummer eins – und sollte es auch bis zum Schluß bleiben - kamen schon bald weitere hinzu: Kommilitonen, entfernte oder nahe Freunde, meine Tochter, meine jeweiligen Vorgesetzten, Arbeitskollegen. Nach der Wende wechselten bei mir Arbeitslosigkeit, Weiterbildungen und ABM-Stellen ab, gegenwärtig arbeite ich in einem Kulturprojekt.

Daß ich schon drei Monate nach unserem Kennenlernen die Scheidung von meinem Mann einreichte, hat Gabor nicht sonderlich beeindruckt. Natürlich strebte ich zu meinem Ex-Mann ein einvernehmliches Verhältnis an, schon allein, weil wir ein gemeinsames Sorgerecht für unsere Tochter haben. Zu unterscheiden, daß ich zu Helmuth ein zwar gutes, aber wie ehedem völlig unerotisches Verhältnis hatte, war Gabor nicht möglich. Da ich ja selbst aus einem geschiedenen Elternhaus kam, wußte ich: Ein gutes elterliches Einvernehmen war für das gemeinsame Kind die einzig verbleibende Möglichkeit zu einer Schadensbegrenzung. Für Gabor grenzte das jedoch an Verrat, sowohl an unserer Liebe als auch – und das in erster Linie – an seiner Person. Er forderte statt dessen einen absoluten Bruch nicht nur mit Helmuth, sondern so gut wie mit jedem männlichen Bekannten aus meinem Leben. Obwohl ich manchmal schon nah daran war, ihm als Liebesbeweis darin zu folgen, bin ich heute froh, daß ich es nicht tat. In stundenlangen flehentlichen Beteuerungen stellte ich mich seinen ewig gleichlautenden und immer wiederkehrenden Unterstellungen und Mutmaßungen entgegen. Aber es nützte nicht. Es wurde dadurch sogar nur schlimmer. Denn schon bald wurden meine Versuche der Richtigstellung als schuldbewußte Rechtfertigungen interpretiert. Und wieder ging alles von vorn los.

Seine Ängste spiegelten sich von Anfang an auch in unserer Sexualität wider. Wir hatten uns schon recht schnell gegenseitig unsere Liebe eingestanden, doch es dauerte über zwei Monate, bis wir – endlich – ins Bett gingen. Ich hatte in unserer achtjährigen Beziehung von der ersten Begegnung an Herzflattern und stets die besagten weichen Knie. Für mich war der Sex mit ihm der Inbegriff der Erotik. Ich fand es sprichwörtlich auf- und anregend, mit ihm zu schlafen, und konnte gar nicht genug davon bekommen. Durch ihn habe ich überhaupt die Sexualität erst entdeckt und bin zur Frau geworden. Er hingegen tat sich stets schwer damit. Er umging diesen Akt lieber oder zögerte ihn unter Vorgabe völlig abwegiger Gründe hinaus. Ich brauchte viele Jahre, um sein sexuelles Verhalten mir gegenüber in gerader Linie zu seinen grundlegenden Ängsten zu sehen und sie eben nicht als persönliche Ablehnung zu werten.

Da seine Unterstellungen schon bald unerträglich für mich wurden, habe ich ihn schon nach einem halben Jahr das erste Mal verlassen. Kurz danach wurde ich krank. Ich litt an einer allergischen Überreaktion: meine Augen quollen zu und ich konnte kaum noch atmen. Ich glaubte damals, ich hätte mir mit diesem ersten Weggehen selbst Gewalt angetan. Ich liebte ihn ja. Ich ging also wieder zurück zu ihm und wir versuchten es von neuem. Dieses Hin und Her kennzeichnete unsere gesamte Beziehung. Sein größtes Schlagwort war das fehlende Vertrauen zu mir, das er in meinem Kommen und Gehen ursächlich begründet sah. Daß er von Anbeginn keines zu mir hatte, wollte oder konnte er nicht begreifen. Für mich lag der Grund, ihn zu verlassen, stets nur in ihm selbst, genauso wie der Entschluß, zurückzukehren. Aus seiner Sicht ging ich angeblich nur, weil ich einen anderen im Auge hatte und kam nur zurück, weil es dann doch nichts mit ihm wurde. Er sah sich nur als Notnagel. Und doch ließ auch er sich wieder und wieder auf einen Neuanfang ein. Das Bemühen, unsere Beziehung weiterzuführen oder wieder aufzunehmen, ging aber stets nur von mir aus. Ich schrieb ihm unzählige Briefe, rief ihn an, suchte ihn in seiner Wohnung auf oder tauchte in seinem Stamm-Café auf.

Es war wie ein eingeübtes Spiel, ja fast schon wie ein fester ritueller Ablauf. Er brauchte nur zu warten, ich kam dann schon von selbst. Ich kämpfte dann immer wie eine Löwin, um ihn meiner Liebe zu versichern und bat flehentlich um Aufnahme. Solchen Zuspruch brauchte er sicher, aber geändert hat das nichts. Er blieb mißtrauisch, traute meinen Gefühle nie so recht über den Weg und überließ sich seinen mehr und mehr ausufernden und immer absurder werdenden Betrugsphantasien, die mit wüsten Anschuldigungen und zum Teil schon schmutzigen Beschimpfungen einhergingen. Ich als Atheistin betete inzwischen schon zu Gott, daß er mir die Liebe zu diesem Mann wieder nehmen möge, damit der Schmerz endlich aufhört. Ich sah zwar, daß es nicht miteinander ging, doch selbst lassen konnte ich von diesem Mann auch nicht. Ich litt so sehr darunter, daß er in mir den scheinbar schlechtesten Menschen auf der Welt sah, daß ich alles daran setzte, gerade vom ihm rehabilitiert zu werden. Doch mit den Jahren glaubte ich mehr und mehr schon selbst, daß er in allen Punkten recht hatte. Ich wurde depressiv und ging kaum noch aus dem Haus und wenn, dann buchstäblich nur noch mit gesenktem Kopf und verzeichnete dabei teilnahmslos die Vielfalt an Form und Farbe der Bürgersteigpflasterung. Ich glaubte wirklich, daß er mir einen Spiegel vorhielt, in dem ich alle meine Fehler wiedererkannte: Ich sah darin, daß ich eitel, verlogen, hinterhältig, oberflächlich, bestätigungssüchtig und sogar nymphomanisch war und dabei auch noch froh war, daß mir das endlich mal jemand gesagt hat.

Dafür, daß er mir in einem besonders heftigen Eifersuchtsanfall sogar einmal fünf Zähne lockerte, hatte ich schnell selbstbezichtigende Argumente gefunden. Auch daß er mich sogar in zwei kurz aufeinander folgenden Schwangerschaften im Stich ließ, die ich aber nicht austragen konnte, hat mich nicht von diesem Mann abbringen können. Ich war schon lange nicht mehr Herr meiner selbst. Ich guckte in den Spiegel und sah ein Ungeheuer, und fand dann endlich den Weg in eine psychische Beratungsstelle. Mit Hilfe einer verständnisvollen und professionellen Therapeutin habe ich dann in dreijähriger zäher Arbeit langsam begonnen, zu mir selbst zu finden. Das war ein harter Weg, mit vielen Rückschlägen, schmerzhaften Erkenntnissen aber auch dem Gewinn völlig neuer Erfahrungen mit mir. An erster Stelle steht, daß ich es gelernt habe, mir selbst und damit meiner ganz gut entwickelten Nase zu vertrauen. Ich habe also erstmalig mit 38 Jahren sozusagen Kontakt zu mir aufgenommen. Ich kann jetzt meinen eigenen Wert erkennen und vor allem Grenzen zwischen mir und anderen ziehen, damit ich mich nicht mehr in ihnen aufzulösen drohe. Anfangs dachte ich, mein allwöchentlicher Weg in die Beratungsstelle dient nur dazu, mich von diesem Mann zu lösen. Daß dabei der eigentliche dunkle Fleck meiner Biographie zum Vorschein kam, hat mich zuerst verwundert, dann geschmerzt und am Ende erleichtert. Denn es war gar nicht Gabor, der mich aus der Bahn geworfen hat, sondern mein fester Glaubenssatz, kein guter Mensch zu sein und deshalb von niemandem wirklich geliebt zu werden. Und genau das habe ich mir dann auch von diesem Mann abgeholt und somit bestätigen lassen.

Kurz vor dem Ende meiner Therapie habe ich mir Gabor noch mal angeschaut. Das Ergebnis war verblüffend und ernüchternd. Der ganze Zauber und damit auch die Macht, die er auf mich ausübte, ist verraucht. Zuerst konnte ich es gar nicht glauben, daß ich dem alten Zwang nicht mehr erlegen war. Als ich mich dann selbst sagen hörte, daß er mich gar nicht verdient hat, war ich wirklich wieder frei.

Aber eigentlich hätte ich meinen Defekt auch schon viel früher bemerken müssen, nämlich im Umgang mit meiner Tochter. Die Fähigkeit, eine liebevolle und zärtliche Mutter sein zu können, ohne diese je selbst erfahren zu haben, war für mich immer selbstverständlich. Trotzdem erfaßte mich stets eine schier bodenlose Traurigkeit, wenn mir das meine Tochter in ihrer kindlichen Offenheit auch sagte oder es mir mit zärtlichen Gesten zu verstehen gab. Legte sie ihre kleinen Ärmchen beim Gute-Nacht-Sagen um meinen Hals oder nahm sie angstvoll beim Märchenvorlesen meine Hand, schnürte es mir die Kehle zu und ich hatte Mühe, mich nicht von ihr loszureißen und das Zimmer zu verlassen. Ich habe all die Jahre diesen depressionsartigen Überfällen nie sonderliche Beachtung geschenkt. Heute weiß ich, daß sich darin des Pudels Kern verbirgt. Als meine Tochter zehn Jahre alt war, hatte ich die ersten vagen Vorstellungen von einem Gespräch zwischen mir und meiner Mutter. Wenig später suchte ich sie wirklich auf und machte – wenn auch nur kleine – Andeutungen bezüglich unserer zerrütteten Beziehung. Ich frage sie eher leise und schüchtern, warum sie eigentlich nach der Scheidung auf mich verzichtete und erhielt die um so lautere Antwort, daß ich selbst schuld daran sei, denn ich hatte es schließlich selbst so gewollt. Ich konnte gerade noch zurückfragen, ob sie da nicht ihre Verantwortung auf ein damals fünfjähriges Kind übertragen hat, da war das Gespräch auch schon zu Ende. Ich verließ ihre Wohnung, nicht ohne ihr in Aussicht zu stellen, darüber gemeinsam in aller Ruhe noch einmal zu reden. Von diesem Tag an zog sie sich schlagartig von mir zurück und hat seither jeden Kontakt mit mir gemieden. Das ist drei Jahre her. Ich weiß jetzt, was ich als nächstes zu tun habe. ■

nen Gemein

nhänger und i

Gespann Pf

nen Gemei

efahren ist di

ie unseres

termeisters mi

ZUERST IMMER DIE ANDEREN

Rentnerin, 73 Jahre, vier Kinder, verheiratet

Wir hatten einen schönen Bauernhof in einem kleinen Dorf mit 280 Einwohnern in Sachsen. Ich bin als Kind sehr, sehr krank gewesen, vom ersten Lebensjahr an mit Bronchialkatarrh und Lungenentzündung, Asthma, Ausschlägen im Gesicht. Ich durfte keine Apfelsinen, keine Renekloden, keine Erdbeeren essen. Damals gab's ja solche Allergien noch fast nicht, da wußte man ja gar nichts damit anzufangen. Man hat mich dann zu Kuren geschickt. Erst zur Ostsee mit meiner Mutter und meinem Bruder, das hat eine Tante bezahlt, weil meine Eltern ja auch nicht so viel Geld hatten. Dann kam ich drei Jahre nacheinander in den Sommerferien in ein Solebad, das hat pro Tag drei Mark gekostet. Das war sehr viel Geld, die Eltern haben sehr sparen müssen. Aber es hat genützt, so daß ich mit 14 Jahren in die landwirtschaftliche Lehre gehen konnte. Vorher hatte niemals jemand geglaubt, daß ich je in meinem Leben mein Geld selbst verdienen könnte.

Mein Großvater hat im Alter von 17 Jahren den elterlichen Hof übernommen und hat ihn in seinem 66. Lebensjahr meinem Vater übergeben. Am offenen Grab vom Großvater hat Vater meinen Bruder und mich verpflichtet, gute Bauern zu werden, da war ich 13 Jahre. Und das Versprechen haben wir beide gegeben. Das war für uns selbstverständlich. Der Bauernhof war seit 1574 in Familienbesitz, von Generation zu Generation weitervererbt. Daß mein Bruder ihn übernehmen sollte, das war selbstverständlich. Und daß ich mal einen Bauern heiraten würde, daran gab's gar nichts zu rütteln. Das wollt ich auch und habe dann die landwirtschaftliche Lehre angetreten. Früh um fünf in den Kuhstall. Das erste Jahr zu Hause, meine Mutter war auch Lehrfrau. Sie befolgte bei der Bewirtschaftung immer ein Prinzip: Erst das Feld, dann das Vieh, dann die Leute, dann der Mann, dann die Kinder, dann eine Weile nichts und dann sie. Das gut bestellte

Feld war die Voraussetzung, daß Futter reinkam und daß aus dem Viehstall was rauskam. Wenn aus dem Viehstall nichts rauskommt, kannste nichts einnehmen und die Leute nicht bezahlen. Wenn du die Leute nicht gut bezahlst und gut versorgst und gut zu ihnen bist, bringen sie keine Leistung für Feld und Vieh. Dann erst kommen Mann und Kinder. Ähnlich hab ich das auch immer gehalten. Ich bin heute früh auch erst mal raus in den Garten und hab den Vögeln was zu futtern gegeben. Dann gab's erst Frühstück.

Ich mußte also in der Lehrzeit früh raus und meine drei Kühe melken. Dann ging's raus aufs Feld und in den Garten. Ein Jahr habe ich zu Hause gelernt, dann bin ich in die Landwirtschaftsschule gegangen und dann ein Jahr in die Fremdlehre. Danach habe ich im Sudetenland in fünf Monaten die mittlere Reife nachgeholt und dann bin ich zur Fachschule gegangen. Die Oberstufe habe ich 44/45 besucht. Das Kriegsende war ja immer näher zu erwarten. Mein Vater war ehrenamtlich tätig in der Landesbauernschaft und hatte Einfluß darauf, daß die Prüfungszeit vorverlegt werden konnte. Ende März sollten die Prüfungen sein, wir konnten sie schon Anfang Februar machen. Einige kamen schon nicht mehr nach den Winterferien, weil der Krieg so weit fortgeschritten war. Die Eltern meiner einen Zimmerkollegin waren schon auf dem Treck. Jeden Abend hat sie die Bibel aufgeschlagen, Kerzen angezündet und gelesen und an ihre Eltern gedacht. Wir haben dann am 8. Februar unsere Prüfungen gemacht, am 10. sind wir dort weg, die Schule wurde praktisch aufgelöst. Ich bin zu meinem Vater nach Dresden, der arbeitete ja in der Landesbauernschaft. In Dresden hab ich noch meine Filme zum Fotografen gebracht und war im Theater gewesen. Wir sind viel ins Theater gegangen, muß ich sagen. Immer im Winter, wenn nicht so viel Arbeit auf dem Hof war, jeden Monat wenigstens einmal. Wir wohnten ja nur 50 Kilometer von Dresden weg. Jedenfalls bin ich abends nach Hause gefahren und am nächsten Tag war dann der große Angriff. Wir haben den Feuerschein über Dresden gesehen. Das Gebäude der Landesbauernschaft war der erste Stahlbetonbau in Dresden und ist deswegen auch stehen geblieben. Vater ist fast blind durch die Trümmer bis nach Radebeul rausgelaufen und rief von da aus an.

Unser Wirtschafter war inzwischen im Krieg, da habe ich unseren Hof bewirtschaftet. Und außerdem noch zwei andere Höfe der Familien, wo die Männer im Krieg waren. Drillmaschinen eingestellt, Klee gesät, Düngermischung hergestellt, ich hatte das ja alles gelernt. 19 Jahre war ich da. Kannst du alles. Wenn du davorgestellt wirst, dann kannst du es. Ich war landwirtschaftliche Hauswirtschaftspflegerin mit Staatsexamen. Das heißt, ich konnte einen frauenlosen Haushalt führen, ich durfte Lehrlinge ausbilden, ich konnte Wirtschaftsleiter eines großen Betriebes sein. Um Lehrerin der landwirtschaftlichen Haushaltungskunde zu werden, fehlten mir noch zwei Semester Pädagogik. Dafür hatte ich schon die Zulassung, es sollte im April in Dresden losgehen, das war natürlich nicht mehr möglich. Die Front rückte immer näher. Am 20. April kam die SS, weil unser Dorf östlich der Elbe evakuiert werden sollte. Ich sollte schon einen Tag vorher weg, damit ich nicht den Russen in die Hände fiel.

Wir sind dann getreckt mit einem Lanz Bulldog, mit zwei Gummiwagen als Anhänger und mit einem Gespann Pferde und einem Gummiwagen. Mitgefahren ist die Familie unseres Melkermeisters mit zwei Kindern, die Familie unseres Wirtschafters mit zwei Kindern, eine ausgebombte Cousine von mir mit drei Kindern, meine Mutter und unsere beiden ukrainischen Zivilarbeiter. Die waren schon 1941 zu uns als zivile Arbeiter aus der Ukraine gekommen. Mein Bruder ist dageblieben, er wollte den Hof nicht verlassen. Den haben sie dann in der nächsten Nacht rausgejagt, die SS. Er sagte, die haben da gehaust wie die Vandalen.

Wir sind mit dem Treck zum Hof meines Onkels, den meine Tante bewirtschaftete. Sie hatte Pflanzen in einer Gärtnerei bestellt und das Gebiet war schon besetzt von den Russen. Die Russen waren aber zurückgetrieben worden, und da schickte meine Tante mich mit den Pferden los, um die Pflanzen zu holen. Da bin ich durch das Gebiet gefahren, im Tal unten lang, auf dem Hang stürmten die deutschen Infanteristen hoch, im

Straßengraben lagen die gefallenen Soldaten. Die Gärtnerei war Hauptverbandsplatz inzwischen, ich hab die Pflanzen geholt und bin durch dieses Geschehen wieder mit Pferd und Wagen zurück. Als ich auf dem Rückweg war, fuhr ein Bauer mit dem Leiterwagen und sammelte die gefallenen Soldaten auf, die schon steif waren. Ich bin viel später mit meinem Mann und meiner Tante noch mal in das Dorf gefahren und hab mir die Gräber der Soldaten angeguckt. Also das hat mich ganz schwer getroffen. Ans Umkehren hab ich aber damals nicht eine Sekunde lang gedacht. Ich hatte einen Auftrag. Wir waren doch froh, daß wir ein Dach hatten. Übrigens, meine Mutter hat am letzten Tag noch, bevor es auf den Treck ging, im Garten Gurken gesät, Ende April. An sich viel zu früh, aber ob die Samen nun in der Kiste liegen oder in der Erde, meinte sie, ist doch egal. Was wächst, das wächst. Die nach uns kommen, wollen auch was essen.

Dann bin ich mit dem Treck immer vor den Russen her über das Erzgebirge bis zum Amerikaner. Dort konnten wir in einen Bauernhof einziehen, der noch keine Einquartierung hatte. Meine Cousine und die Wirtschafterin mit den Kindern konnten wir zwischendurch bei Verwandten absetzen. Unterwegs stieß Vater zu uns, der war mit dem Dienstwagen noch übers Sudetenland gefahren. Den Wagen hat er dann einem Tierarzt gegeben. Ich hab auf einem großen Rittergut eine Stelle gefunden und für unsere beiden Ukrainer mit Pferden und dem Lanz Bulldog auch, damit wir Lohn und Brot hatten. Dann hörte ich, daß das Gebiet ausgetauscht werden sollte. Die Russen kamen, die Amerikaner gingen. Ich hin zu den Eltern. Vater, hab ich gesagt, in drei Tagen kommen die Russen. Du warst in der Landesbauernschaft, hier ist mein Rat. Ich besorg noch was zu essen, und dann fährst du vorweg mit meinem Fahrrad und ich komm mit dem Treck hinterher. Wir haben zwei Fässer Rohöl drauf, wir können also noch fahren. Wir haben einen Trecker, wir haben ein Pferdegespann, dann machen wir irgendwo ein Fuhrgeschäft auf. Das war so meine Idee mit 19 Jahren. Dann kriegte meine Mutter einen Nervenzusammenbruch und mein Vater sagte: Ich laß meine Kreisbauernführer nicht alleine, wenn es hier Verantwortung zu übernehmen gibt. Ich kann für das, was ich gemacht hab, gerade stehen. Ich hab immer dafür gesorgt, daß die Leute auf ihre Lebensmittelkarten auch Lebensmittel kriegten.

Wir sind also nicht gegangen. Was soll's. Wenn wir schon in der russischen Zone bleiben, dann können wir auch nach Hause fahren, sagte ich mir. Dann sind wir mit dem Treck auf die Autobahn rauf in Richtung Osten und kurz vor dem großelterlichen Hof runter, da haben sie uns mächtig ausgeraubt. Alles, was wir hatten, Uhren und Schmuck, Fahrrad, alles weg. Wir Frauen wurden allerdings in Ruhe gelassen. Meine Tante, die auf ihrem Hof geblieben war, hatte nicht so viel Glück. Sie hatte sich schützend vor die jungen Mädchen gestellt, als die Russen zu ihnen kamen, und da wurde sie vergewaltigt.

Am 27. Juni haben sie meinen Vater abgeholt. Ich stand vorn am Birnbaum und hab mich von Vati verabschiedet. Eigentlich hatte ich in dem ganzen Chaos vor, auszuwandern, ich wollte nach Brasilien. Und da sagte Vater beim Abschied: Eins mußt du mir versprechen. Kämpfe um den Hof und verlaß die Mutter nicht. Und wenn du dich jemals politisch betätigen willst, dann tu was für die Bauern. Weil er sich ja auch mit seiner politischen Arbeit für die Bauern eingesetzt hat. Und das hab ich Vater in die Hand versprochen und hab's auch gehalten. Um den Hof haben wir nach der Wende gekämpft und haben jetzt endlich eine Entschädigung zugesprochen bekommen. Ich hab meine Mutter bis zu ihrem Tode hier gehabt, immer in der Familie. Mein Mann hat nicht bloß mich geheiratet, er hat auch die Schwiegermutter mit aufgenommen. Das rechne ich ihm ganz hoch an. Und als die Bauernpartei gegründet wurde 1948 in Meißen, da war ich dabei. Ich hab als Mitglied der Bauernpartei auf Rügen für den ersten Kreistag kandidiert, hab vor den Wahlen Ortsgruppen gegründet, damit wir in jedem Dorf Vertreter in die Ortsparlamente kriegten. Viel, viel gelaufen bin ich.

Als Vati verhaftet wurde, war ich ja nun mit Mutti allein auf dem großelterlichen Hof. Unsere Ukrainer durften dann nicht mehr bei uns bleiben. Die sind schweren Herzens von uns weg, wir haben nie wieder etwas von ihnen gehört. Wir durften erst nicht weiter, die Trecks sollten dort bleiben, wo sie sind, um die

Frühjahrsbestellung zu sichern. Dann holten sie uns zurück ins Heimatdorf. Als wir daheim waren, hieß es: Schön, daß Sie da sind, aber hier dürfen Sie nicht rein. Gehen sie hin, wo Sie hergekommen sind. Die wollten nur unsere Pferde und Maschinen haben. Und da hat meine Mutter den stellvertretenden Bürgermeister beim Schlips gekriegt und hat zu ihm gesagt: Sie haben seit 1923 gesehen, wie wir hier geschuftet haben, und wenn Sie mich jetzt hier nicht reinlassen, dann mach ich aus Ihnen Appelmus. Dann ging er zur Seite und wir kamen doch rein.

Das ehemalige Elternschlafzimmer, die Vorratskammer und noch ein Zimmer haben sie uns genehmigt zum Wohnen. Da war kein Herd und kein Ofen und nichts, ein paar Möbel hatte ich noch zusammengesucht. Wir haben beide gearbeitet für 16 Pfennig Stundenlohn auf dem eigenen Hof, den ganzen Sommer, die Ernte reingebracht, die Herbstbestellung gemacht, die Rüben rausgeholt. Wir haben Holz gemacht im Wald, ich hab eingeweckt für den Winter, anstatt das zu essen! Naja, jedenfalls haben wir uns recht und schlecht durchgeschlagen. Die Russen schlachteten Kühe und die Pansen haben wir uns geholt, die hab ich durchgedreht und was zu essen draus gekocht. Am 15. Oktober kam die Bodenreform, wir wurden enteignet, weil Vater ehrenamtlich politisch tätig war. Dann konnte man sich melden für eine Neubauernstelle. Das hat meine Mutter auch gemacht.

Der Winter stand vor Tür, ich hab uns einen kleinen Ofen besorgt, so einen transportablen. Es war Sonnabend abend, ich sag noch: So Mutti, nun können wir endlich mal ausschlafen, morgen ist Sonntag. Die Ernte ist fertig, alles ist drin, wir können auch heizen. Sonntag früh um vier klopft es an die Tür: Aufstehen, fertigmachen mit Handgepäck zum Abtransport. Wir kamen in ein Sammellager, alle enteigneten Bauern der Umgebung wurden zusammengeholt. Im Saal lag Stroh auf dem Tanzparkett. Dort haben wir die Nacht verbracht, am nächsten Morgen meldete ich mich gleich für die Verpflegung. Ich hab in der Waschküche für die ganzen Leute gekocht. Meine Mutter hat Kartoffeln geschält, junge Mädchen in meinem Alter haben geholfen. Zwei, drei Wochen waren wir dort, dann ging's weiter ins nächste Lager, da war alles verwanzt und verlaust und kaum was zu essen da. Und wir wußten ja überhaupt nicht, was mit uns passieren würde. Dort hätte ich abhauen können. Ich bin unterm Zaun durch und hab von nebenan vom Acker Wasserrüben geholt. Aber dann hätte ich Mutti allein lassen müssen, und ich hatte ja Vati versprochen, daß ich die Mutter nicht verlasse, deswegen bin ich geblieben. Von da aus sind wir weitertransportiert worden. Morgens mußten wir raustreten und standen bis abends auf der Straße, ohne was zu essen. Da hätte ich wieder abhauen können, aber ich hätte alles Gepäck und Mutter zurücklassen müssen, das ging nicht. Dann sind wir verladen worden in Viehwaggons. Vierzig Mann in einen Waggon mit dem Gepäck. Du hattest gerade so viel Platz, daß du auf deinem Gepäck sitzen konntest. Mit kleinen Kindern, Alten und Kranken. Sieben Tage sind wir unterwegs gewesen. Mit Polizeibewachung mit Maschinenpistolen. Keiner hat gesagt wohin es geht. Ein Kübel im Waggon, wo du dann die Notdurft drauf verrichten konntest. Einmal am Tag wurde immer nur ein Waggon rausgelassen. Die Polizisten standen alle rundum und dann hieß es: So, nun zieh die Hose runter und mach was. Nachts haben wir Choräle gesungen. Die Fenster waren vergittert, aber wir kriegten mit, daß wir Richtung Norden fahren. In Stralsund haben sie uns nicht gleich ausgeladen, wir sahen den Hafen. Und dann ging es von Waggon zu Waggon, da haben wir das niederländische Dankgebet gesungen. Es war ergreifend. Als es dunkel wurde, haben sie uns dann rausgelassen aus den Waggons, dann mußten wir zu Fuß weiter. Alle durften nur das mitnehmen, was sie tragen konnten. Ich hatte die Daunendecken zusammengerollt in die Chaiselonguedecke, die trugen wir beide in der Mitte. Dann hatte ich noch einen kleinen Reisekorb und Mutter eine Reisetasche. In Altefähr mußten wir wieder in einen Waggon rein und wie durch Zufall waren nicht so viele in dem Waggon, und da hatten wir das erste Mal Platz, unsere Betten hinzulegen und uns beide raufzulegen. Da sagte Mutter: Kind, es wird besser, wir können schon wieder liegen. Von da an ging's aufwärts.

In Prora kriegten wir zum ersten Mal warmes Essen. Die sieben Tage im Waggon haben wir einmal 200 Gramm Brot gekriegt und einmal mit 40 Mann einen Eimer Wasser. In sieben Tagen. Das haben auch nicht alle überlebt. Eine Frau hatte einen Säugling dabei, die hat die Windeln am Leib getrocknet. Sie hat sich die nassen Windeln in die Trainingshose und den Schlüpfer gesteckt, damit sie einigermaßen trocknen und das Kind sie wieder tragen kann. Es war einfach furchtbar.

Wir wurden auf Rügen auf die Dörfer verteilt, durften die Insel aber nicht verlassen. Mutter und ich haben bei einem Bauern gearbeitet. Es war mehr schlecht als recht, aber wieder ein Dach überm Kopf. Von dort aus ist meine Mutter dann im Februar zurück in ihr Heimatdorf, der Sohn des Bauern hat sie schwarz von Rügen aus mitgenommen als seine Schwiegermutter. Du konntest ja keine Fahrkarte lösen ohne Registrierkarte und Entlausungsschein. Ich bin im Frühjahr auf die gleiche Tour runtergefahren und hab mich in Dresden gemeldet, weil ich ja mein Studium beenden wollte. Ich hab's einfach versucht. Mehr als einsperren können sie dich ja nicht, hab ich mir gedacht. Als man meinen Namen hörte, sagte man: Vater eingesperrt, enteignet - Studium ist nicht. Gehen Sie nach Brandenburg oder Mecklenburg, hier in Sachsen können Sie nichts werden. Dann bin ich also nach Rügen zurück und hab den Leuten die Ernte noch mit reingebracht. Die uns den Winter durchgefüttert hatten, konnte ich ja im Sommer nicht allein sitzen lassen. Meine Mutter hatte sich inzwischen mit Hilfe meines Bruders registrieren lassen, auch nur unterderhand und hat Arbeit auf einer Bauernstelle gekriegt. Ich konnte dort dann auch mitarbeiten, weil die Frau ein zweites Kind kriegte und in die Klinik mußte. Da hab ich das ältere Kind betreut und die Hauswirtschaft gemacht. Von da aus bin ich nach Meißen und habe einen Obst- und Gemüseversorgungsbetrieb aufgebaut. In der Zeit wurde ich angesprochen, ob ich nicht junge Leute für die Facharbeiterprüfung vorbereiten könnte. Da bin ich jede Woche zweimal sieben Kilometer nach Meißen reingelaufen und habe dort Lehrgänge gemacht bei der Vereinigung der gegenseitigen Bauernhilfe. Bin von Dorf zu Dorf gefahren, mein Spinnrad im Rucksack und hab den Mädchen das Spinnen beigebracht. Sie wollten ja ihre Schafwolle verwerten und wollten Strümpfe stricken für ihre Brüder und Väter. Man fragte mich, ob ich nicht Lehrerin werden wollte. Wegen des Studiums, was mir ja noch fehlte, hat sich dann die FDJ für mich eingesetzt, obwohl ich nicht Mitglied war. Ich wollte eigentlich nie politisch tätig sein. Aber 1948 bin ich in die FDJ und die Bauernpartei eingetreten. Ich hab an Vater gedacht. Er hatte gesagt: Tu was für die Bauern.

Im Dezember konnte ich in Leipzig noch ins Semester einsteigen, das eigentlich schon im September begonnen hatte. Am ersten Juli 1949 waren wir Lehrer. Ich bewarb mich für Rügen, wo ich laut Registrierkarte ja auch hingehörte und wo ich Land und Leute kannte. Ich ging von Dorf zu Dorf, stellte mich vor, und nach 14 Tagen hatte ich meine Klassen zusammen. Meine Mutter und meinen Bruder habe ich nachgeholt, ich wollte ihm ja eine gute Ausbildung zukommen lassen. Er konnte sein Staatsexamen machen. Sein Pferd hatte drei Fohlen gebracht, die wurden verkauft, davon hat er sein Studium finanziert. Mein Bruder wurde dann Fachschuldozent, hatte Frau und drei Kinder. Aber er hatte nervlich sehr viele Probleme, weil er sehr an unserem Hof hing und den Verlust nie verwinden konnte. Und als Mutti dann tot war, hat er sich das Leben genommen.

Mein Vater ist erst in Nossen, dann in Bautzen im Gelben Elend gewesen, dann nach Jamlitz gekommen. Dann wurde sortiert. Die Arbeitsfähigen nach Rußland, die anderen nach Buchenwald. Vom Frühjahr 47 an ist Vater dann in Buchenwald gewesen. Ich bin Mitglied im Buchenwaldkomitee 45-50. Wir haben's nun endlich erreicht, daß es eine Gedenkstätte in Buchenwald auch für unsere Toten gibt. Ich bin früher nie in ein Konzentrationslager mitgefahren, wenn unsere Schulklassen hinfuhren. Jetzt erst, 50 Jahre nach dem Tod meines Vaters, habe ich eine Sterbeurkunde gekriegt, und zwar über unsere Arbeit im Buchenwaldkomitee. In Moskau wurden die Unterlagen gefunden. Vati ist am 13. März 1949 in Buchenwald gestorben. Wir wußten das aber schon seit 1950 von einem anderen Insassen, der das Lager überlebt hatte.

Da saß ich dann also alleine auf Rügen mit allem. Mein Verlobter, der aus einem Nachbardorf in meiner Heimat kam, hatte mich nicht heiraten wollen, weil er glaubte, wenn er mich heiratet, wird er seinen Hof auch noch los. 1948 hat er die Verlobung aufgelöst. Mein späterer Mann war nach zehn Jahren Kriegsgefangenschaft aus Rußland gekommen und hatte sich auf Rügen als Lehrer gemeldet. 14 Tage lang hatte er zusammen mit den anderen eine pädagogische Einweisung bekommen. Dann haben wir auf Rügen das landwirtschaftliche Berufsschulwesen aufgebaut und 1951 geheiratet. 1952 ist unsere erste Tochter leider tot geboren worden, im gleichen Jahr kam dann die zweite. Als die dritte geboren wurde, hab ich die Schulleitung meinem Mann übergeben. Meine Mutter war damals für die Kinder zuständig, denn es gab damals noch keine Kindereinrichtungen. Wenn mein Mann gefragt wurde, ob es denn mit der Schwiegermutter in einer Wohnung gehe, da hat er immer gesagt: Meine Schwiegermutter ist mir mehr wert als ein Sechser im Lotto.

Es gab zwischen meiner Mutter und uns nie Diskrepanzen in punkto Kindererziehung oder in anderen Fragen. Das ist ganz tadellos gelaufen. Jeder hat akzeptiert, was der andere an Anweisungen gegeben hat. Was gesagt ist, ist gesagt, und da konnte sich auch kein Kind hinter dem anderen verstecken. Erziehungsprinzipien waren bei mir immer Liebe, Vorbild und Konsequenz. Wenn ich die Menschen nicht lieb hab, wenn ich ihnen nicht Vorbild bin und wenn ich die Forderungen nicht mit Konsequenz durchzusetzen verstehe, dann kann ich einpacken. Das hat meine Mutter auch so gehandhabt. Ich meine, ich hab manchmal zwischen Mutter und meinem Mann ausgleichen müssen, wenn Mutter abends ewig saß und ferngesehen hat, da mußte man schon mal vermitteln. Aber es gab nie richtigen Streit.

1956 sind wir umgezogen und haben in einem Dorf in Mecklenburg die Betriebsberufsschule aufgebaut. Ich hab nebenbei die Kulturarbeit gemacht, zum Beispiel eine Laienspielgruppe betreut. Mein Mann schrieb die Stücke, ich hab gespielt mit den Lehrlingen und die Kostüme genäht. Meine Kinder fragten mal: Du Mutti, wieviel sind wir eigentlich in der Familie, wenn wir die Lehrlinge nicht mitzählen?

Ich bin immer für andere dagewesen. Für mich selber blieb leider wenig Zeit. Ich lese sehr gerne und hab mir viele Jahre lang selbst verboten, ein Buch anzufassen. Weil ich wußte, daß ich dann süchtig bin und das Buch nicht mehr aus der Hand lege und dann bleibt die andere Arbeit liegen. Aber ich lese jetzt viel, zur Zeit gerade „Die Reise nach Mekka". Dann will ich das Buch von der Frau von Sadat lesen.

Ich bin Abgeordnete im Kreistag gewesen auf Rügen, ich hab von der Bauernpartei die Jugendarbeit gemacht fürs ganze Land Mecklenburg, ich habe damals gekämpft im Zentralrat der FDJ für die Erhaltung meines wirklichen Fachs „Landwirtschaftliche Hauswirtschaftskunde". Diesen Kampf hab ich verloren. Die Funktionäre legten mir das als Existenzkampf aus. Ich sagte: Ihr werdet euch noch wundern, wenn eure Frauen und Kinder und Enkelkinder nicht wirtschaften können. Ihre Antwort war: Bei uns werden alle nur noch in Kindereinrichtungen sein, die Menschen werden in Betriebsküchen essen.

Ich bin dann jahrelang Bezirkstagsabgeordnete von der Bauernpartei gewesen in Rostock, bis meine Mutter schwerkrank wurde. 1959 sind wir umgezogen, weil mein Mann eine Entscheidung seines Vorgesetzten nicht mittragen konnte. Seitdem wohnen wir hier in der Stadt und in dieser Wohnung. Drei große und ein kleines Zimmer mit vier Kindern und meiner Mutter. Geht alles. Wir haben hier den polytechnischen Unterricht aufgebaut und den Schulgarten angelegt und auch den Schulgarten auf der Agra, der landwirtschaftlichen Ausstellung der DDR in Markkleeberg. Wir hatten den Schulgarten dort kritisiert, und dann wurde gesagt: Dann macht es doch besser. Und dann sind mein Mann und unsere zwölfjährige Tochter runtergefahren und haben einen Schulgarten für vier Klassenstufen dort angelegt.

Ich bin sieben Jahre, ehe mein Mann Rentner wurde, schon Invalidenrentnerin gewesen und habe Zeit für die zehn Enkelkinder gehabt. Meine älteste Tochter hat in Moskau geheiratet, ihr Sohn ist in Moskau geboren. Als er sechs Wochen alt war, hat unsere dritte Tochter ihn von Moskau hierher geholt, denn die älteste mußte ja in Moskau ihre Prüfung noch machen. Ihr Mann war schon als Arzt in Sibirien. Als die dritte Tochter im Studium ein Kind kriegte, hab ich es auch mit sechs Wochen bei mir gehabt. Sie und ihr Mann fingen im Sommer als Notar und Richter in einer anderen Stadt an und hatten keine Wohnung. Sie schliefen auf dem Flur im Notariat auf einer Klappcouch und auf dem Schreibtisch haben sie gegessen. Sie kamen Freitag abends hierher und fuhren montags wieder. Ihr Kind war in der Woche bei uns. Und wenn die Enkel krank waren, dann hatte ich sie auch hier.

Wir haben eigentlich immer alle am gleichen Strang gezogen in der Familie, das hat mir immer die Kraft gegeben. Ich bin auch nie an Herzdrücken gestorben. Ich habe im Bezirkstag oft den Mund aufgemacht, mich nahm man im Bus nicht mehr mit, weil ich zu offen geredet hab. Wenn wir über Land fuhren, sagte ich: Entweder sind die da oben dumm oder sie werden belogen. Die müssen doch wissen, was im Lande los ist. Das haben wir natürlich im Bus diskutiert, und da ließ man mich dann nicht mehr mitfahren. Also, ich hab immer meinen Mund aufgemacht. Einmal im Bezirkstag hab ich bei der Rede des Vorsitzenden meine Zigarettenschachtel genommen, ein paar Notizen drauf gemacht und hab dann eine Viertelstunde geredet. Ich hab mit dem Bezirksvorsitzenden eine Debatte geführt, er im Podium und ich in der ersten Reihe, aber wie. Aber man hat mich und meinen Mann gewähren lassen, denn man brauchte uns als Fachleute. Wir sind beide, ohne Übertreibung, gute Fachleute. Den Schulgartenunterricht für die DDR habe ich ja konzipiert. Auf Fröbel aufgebaut habe ich zusammen mit meinem Mann und fünf anderen den ersten Lehrplan ausgearbeitet. Hochschwanger montags nach Berlin mit dem Zug, dort in der Gruppe etwas ausgearbeitet, am Wochenende mit meinem Mann diskutiert. In sechs Wochen war das Konzept fertig.

Als Mitglied des Bezirksausschusses der Nationalen Front hab ich zur Wendezeit noch auf den ganz großen Massenversammlungen in unserer Stadt diskutiert. Das ging ja hart her. Dann kam der Runde Tisch, da hab ich für die Bauernpartei gesessen. 1990 dann die ersten Kommunalwahlen. Ich hatte ja schon zu DDR-Zeiten im Wahllokal gesessen, jetzt hab ich mich wieder engagiert. So, nun macht mal, hieß es, die Verwaltung hielt sich da raus. Und dann hab ich drei Wahlen organisiert 1990. So bin ich nie aus den Klauen rausgelassen worden. Als die Bauernpartei aufgelöst wurde, hieß es, wir sollen alle in die CDU eintreten. Da sind wir zu unserer CDU-Ortsgruppe gegangen und wollten wissen, wie sie dazu stehen. Ja, wenn jeder zwei Bürgen bringt, hieß es da. Dankeschön, auf Wiedersehen, haben wir nur gesagt und sind gegangen. Dann haben mein Mann und ich unsere Bauernpartei aufgelöst und haben uns kurze Zeit später beim Bund der Ruhestandsbeamten und Hinterbliebenen engagiert. Mit sieben Mann haben wir 1990 den Kreisverband gegründet, später den Landesverband und unsere Ortsgruppe. Und ich bin immer noch Vorsitzende. Ich wollt nun wirklich nicht mehr an der Spitze stehen mit 73 Jahren, aber es findet sich kein anderer. Wir haben die Aufgaben jetzt besser verteilt, ich habe nicht mehr so viel Verantwortung. Ach ja, und als die CDU in der ersten Legislaturperiode viel heruntergewirtschaftet hatte in der Stadt, haben wir zusammen mit anderen die Unabhängige Wählergemeinschaft gegründet, da sind wir auch noch drin. Ehrenamtliche Richter beim Sozialgericht sind mein Mann und ich auch immer noch. Ich sag ja, die Wende hat mich voll erwischt, indem sie mich voll gefordert hat.

Insgesamt bin ich sehr froh, daß das Regime ausgedient hat, in dem wir vierzig Jahre lang gelebt haben. Aber es gibt auch vieles, was mir heute fehlt. Manches im Gesundheitswesen, oder im Bildungswesen beispielsweise. Das Bildungsprivileg war abgeschafft. Wenn ich heute in der Zeitung lese, wie wenige Arbeiter- und Bauernkinder das Gymnasium besuchen oder studieren, das macht mich schon stutzig. Es sind doch viel weniger als früher. Damals war es andererseits beispielsweise für Kinder von Pfarrern und Intellektuellen hart, auf die Oberschule oder an die Universität zu kommen. Wir haben mit unseren Kindern keine Schwierigkeiten gehabt, sie haben alle vier studiert. Vielleicht weil wir beide so engagiert gearbeitet haben und auch hohe Auszeichnungen erhielten. Ich bin 1963 Verdienter Lehrer des Volkes geworden. Ich kann nicht sagen, daß ich bereue, was ich gemacht habe. Gar nicht. Und wenn ich heute durch die Stadt gehe, dann guckt mich keiner schief an.

Es gibt ein Buch: Die Deutschen, das Volk für andere. Bei mir müßte man sagen: Die Frau für andere. Wenn ich noch helfen kann, dann helfe ich. Ich habe so schlimme Zeiten hinter mir, und mir haben wildfremde Menschen geholfen, die schlimmsten Situationen zu überstehen. Und wenn ich heute Menschen sehe, die Hilfe brauchen, da kann ich nicht die Hände in den Schoß legen. Und ich denke mir, wenn ich mal alt bin und vielleicht krank und nicht mehr kann, vielleicht ist dann auch jemand da, der mir hilft. Und dann brauch ich kein schlechtes Gewissen zu haben, daß ich sagen muß, du hast bloß auf Kosten anderer gelebt. Für mich gibt's kein Oben und Unten oder Arm und Reich. Das gibt es natürlich, aber nicht, daß ich deswegen die Menschen höher oder niedriger einstufe. Meine Mutti hat mir immer beigebracht: Wenn es dir mal ganz schlecht geht, dann guck nach unten. Es gibt bestimmt Menschen, denen geht es noch schlechter. Nicht nach oben gucken. Das muß man machen. Jeder Situation das Beste abgewinnen. Dann kommst du vorwärts.

Ich habe mich immer behaupten und durchsetzen müssen. Immer Augen und Ohren auf. Meinen Lehrlingen hab ich immer gesagt: Ihr müßt stehlen, soviel ihr könnt. Aber nicht mit den Händen. Ich habe selbst auch immer Anregungen in jeder Form aufgenommen. Als ich das eine Jahr in der fremden Lehre war, hatte ich eine Lehrfrau, die taugte nicht viel. Da wollte ich abhauen. Aber Mutter sagte: Du bleibst. Unter einem Jahr verläßt man keine Stelle. Man kann auch lernen, wie man's nicht machen soll, sagte sie. Meine Entwicklung in der DDR ist eigentlich gut verlaufen. Denn in so kurzer Zeit so viel gelernt zu haben, trotz der drei Jahre, die ich aussetzen mußte, das ist schon etwas. Wenn mein Mann und ich in der richtigen Partei gewesen wären, hätten wir noch mehr erreicht, aber wir wollten das ja gar nicht. Wir wollten fachlich etwas können. Unser Ziel war immer, die Menschen zu erziehen zur Liebe zur Natur, zum Land, zum Leben auf dem Lande. Heute vielleicht verkehrt, aber wir haben viele Menschen dazu gewonnen, den landwirtschaftlichen Beruf zu ergreifen. Zwei von unseren eigenen Kindern auch. Unsere Töchter hatten noch keine Wohnung, da hatten sie aber schon einen Garten. Sie sind alle tüchtige Menschen, aber durch die Arbeit groß geworden. Ich habe alle Kinder schon von klein auf in die Wirtschaft einbezogen. Wir hatten einen Stundenplan, da standen für jeden an jedem Tag die Aufgaben drauf. Abwasch, Einkauf, Gartenarbeit, Saubermachen. Jeder hatte seine Pflichten, da gab es keine Schwierigkeiten. Heute haben mein Mann und ich auch noch unsere Aufgaben. Er bringt mir zum Beispiel alles Gemüse geputzt und geschnitten vom Garten in die Küche, ich koche dann. Abwasch ist seine Domäne. Er macht das Frühstück, wenn ich noch im Bad bin, danach mach ich weiter. Es gibt natürlich auch Situationen, wo man sich mal quersteht. Wo gibt's das nicht? Es wär ja schlimm, wenn es nicht so wäre. Aber dann diskutiert man und redet drüber, tolerant sein muß man. Man muß auch viele Dinge akzeptieren, die man gar nicht so mag. Wenn ich bloß an mich denken würde, dann wäre ich ja ein Egoist. Er hat ja auch ganz schlimme Jahre hinter sich. Mit 19 Jahren als Soldat in den Krieg, mit 29 aus Gefangenschaft zurückgekommen.

Ich kann nicht sagen, daß ich etwas vermißt habe. Eine große Reise würde ich gern mal machen mit so einem Traumschiff. Ich liebe das Wasser noch und noch. Früher hab ich immer gesagt: Wenn ich mal alt bin, möchte ich wieder nach Rügen zurück. Rügen ist meine große Liebe. Deswegen will ich wenigstens, wenn ich mal tot bin, bei Rügen ins Wasser geschmissen werden. Eine Urne aus Lehm und Salz und dann zwischen Saßnitz und Königsstuhl rein ins Wasser. Und das war's dann.

■

Wir sind a
mit dem ne
Lebensgefä
in den Wes
gezogen un
nach zwei
Monaten da
schon in d
nächste St
Das war da
so unsiche
dann bin i
wieder zu

FREIHEIT IST EIN RICHTIG SCHÖNER BEGRIFF

Schülerin, 18 Jahre

Ich glaube, meine Geschichte wird etwas rausstechen aus dem Buch. Sie ist sehr extrem und wenn ich sie nahestehenden Personen erzähle, fühlen sich manche überfordert. Ich kann jetzt ganz locker damit umgehen, vielleicht ein bißchen zu lokker. Ich erzähl das auch nur, wenn ich merke, daß sich eine Freundschaft anbahnt. Wenn ich meine, die Person müßte besser verstehen können, warum ich so bin, wie ich jetzt bin. Viele sagen ja, ich bin total ausgeflippt und verrückt.

Meine Mam war Postangestellte und mein Dady war irgendwie im Heizhaus tätig. Es war alles sehr behütet, bis ich sechs war, da haben sich halt meine Eltern scheiden lassen. Das hab ich auch ganz extrem mitbekommen. Mein Vater war bei der Armee. Und da kam ein anderer Mann zu uns nach Hause. Und da hab ich mir aus Trotz die Haare geschnitten, so zickzack, weil ich so wütend auf meine Mam war. Einmal kam mein Vater nach Haus und da hab ich ihm alles gebeichtet. Meine Mutter hat dann die Scheidung eingereicht. Es kam zu einem großen Krach, mit Vase zerschmeißen und so. Nachdem meine Mutter mit dem anderen Typen gegangen war, saß mein Vater dann ganz zerbrochen im Sessel, so an der Lehne, und hat total geweint. Und ich hab ihn getröstet. Ich habe bei dem Streit meinem Vater beigestanden, weil ich das von meiner Mutter total ungerecht fand. Vorher hatte ich eigentlich nichts von Konflikten mitgekriegt. Ich schätze, meine Mutter ist nicht damit klargekommen, daß mein Vater so lange weg war bei der Armee. Sonst war es immer sehr behütet alles. Wir hatten auch immer total viel unternommen, Radtouren stundenlang mit Schneckensammeln und anderen Spielen. Richtig toll.

Nach der Scheidung ist mein Vater ausgezogen und der andere eingezogen. Ich brauchte sechs Jahre, bis ich zu ihm ein normales Verhältnis hatte. Er war mir einfach vom Wesen her zu primitiv, das hab ich schon als Kind gemerkt. Vor allem war ich der Meinung, er ist nicht der Richtige für meine Mam. Bis zur dritten Klasse war ich im Nachbarort in der Schule, danach habe ich bei meinen Großeltern gewohnt und ging dort zur Schule. Meine Mam und ihr Lebensgefährte waren in der Zeit auf Wohnungssuche. Sofort nach der Wende gingen sie in den Westen, meine Mam hatte immer geschwärmt vom goldenen Westen. Als wir umzogen, war meine Mutter schwanger, mein Bruder ist neun Jahre jünger als ich. Ich war damals tierisch eifersüchtig. Er durfte alles, das weiß ich noch, das war ganz schlimm. Ich wurde dann bockig, ließ mir nichts sagen. Aber das war eben nur früher so extrem, jetzt hab ich ihn total lieb. Ich habe mich immer für meinen kleinen Bruder verantwortlich gefühlt und wollte ihn beschützen und ihn von allem fernhalten, aber ich fürchte, es ist trotzdem etwas hängen geblieben.

Ich hab jetzt auch totale Angst um meinen Bruder. Er lebt jetzt bei meiner Großmutter und kriegt alles, was er nur will. Er braucht nur einen Wunsch zu äußern, und er bekommt ihn erfüllt. Wenn ich etwas dagegen sage, ist meine Großmutter gekränkt. Ich meine, ich würde mir auch nichts von einem jungen Hüpfer wie mir sagen lassen. Aber bei ihren Kindern hat sie es doch auch schon falsch gemacht. Ich weiß ganz genau, solche verwöhnten und verpimpelten Menschen werden abstürzen. Und meine Großmutter ist auch nicht mehr die jüngste mit 57. Ich versteh's nicht. Mein Bruder kriegt Videospiele, sitzt mit seinen Kumpels im Zimmer, sie daddeln da rum, und dann heißt es plötzlich am Sonntag um acht Uhr: Kannst du nicht mal Hausaufgaben mit mir machen? Ich glaube, meine Großmutter will meinem Bruder jetzt, wo unsere Mam tot ist, eine heile und mit materiellen Dingen erfüllte Welt bieten. Daß er alles hat und ihm nichts fehlt. Anders kann ich's mir nicht erklären. Ich hab versucht, das meiner Großmutter im freundlichen Ton zu sagen, aber sie fühlt sich dann verletzt und angegriffen. Sie ändert ja nichts dran. Mein Bruder ist beispielsweise der einzige, der die Mahlzeiten nicht am Tisch einnehmen braucht. Er kann oben in seinem Zimmer essen. Ich habe kein Verständnis dafür. Ich meine, ich bin so erzogen worden, daß ich weiß, was sich gehört.

Ich bringe ihm ein schönes Supergeschenk mit zu Weihnachten, und er kann nicht mal Danke sagen. Dann hab ich gedacht, ich schenk ihm nichts mehr, aber dann weiß ich auch, daß die Beziehung zu meinem Bruder darunter leiden würde. Im Endeffekt kann ich nichts ausrichten als Schwester, dann müßte ich ihn wirklich täglich um mich haben. Ich versuche immer, ihm zu sagen, was ich denke und was ich nicht gut finde.

Wir sind also mit dem neuen Lebensgefährten in den Westen gezogen und nach zwei Monaten dann schon in die nächste Stadt. Das war da aber so unsicher und dann bin ich wieder zu meiner Großmutter und dort zur Schule gegangen. Meine Großmutter war immer für mich da, in allen Lebenslagen. Danach sind wir dann noch zweimal umgezogen. Zu Anfang waren diese vielen Schulwechsel total nervend, aber später war ich Profi und fand es ganz toll. Ich war halt nur total traurig, wenn ich meine Freunde im Stich lassen mußte und wieder neue suchen, aber ich seh das als Lebenserfahrung an und werte es heute positiv. Dadurch bin so auch offen geworden und zugänglich für viele.

Die erste richtige Festanstellung hatten meine Mam und ihr Lebensgefährte auf einem großen Gut mit Gestüt. Da haben wir lange gewohnt, zweieinhalb Jahre. Das kam mir unheimlich lange vor. Das war meine schönste Zeit, allein wegen der Pferde. Das Familienleben war allerdings nicht so wie vorher. Von zuhause hatte ich noch in Erinnerung, daß wir diese langen Radtouren zusammen gemacht hatten und daß wir auch die Mahlzeiten zusammen eingenommen haben. Der neue Lebensgefährte war immer irgendwo draußen bei den Tieren oder angeln. Auch in den Nächten war er an den Teichen. Was ich ganz negativ empfunden hab, weil er dort getrunken hat mit seinen Angelkumpanen, und seitdem lehne ich Alkohol ab. Da kam er mir immer richtig eklig vor. Ich mag es überhaupt nicht, wenn Bier irgendwo getrunken wird. Das merkt man ja auch als Kind, wenn jemand so lallt. Ich trinke selbst überhaupt keinen Alkohol. Höchstens mal ein Glas Wein zum Essen, aber sonst nicht. Das schmeckt mir auch gar nicht.

Aggressiv ist der Lebensgefährte meiner Mutter nie geworden. Aber meine Mam war nachher ziemlich unzufrieden, wenn er nächtelang an den Teichen saß. Dann hat er auch meinen kleinen Bruder mitgenommen, mit zwei und drei Jahren saß er dann schon mit am Teich nachts und solche Scherze. Ich weiß noch, einmal ist mein Bruder ins Wasser gefallen, dann war er nur in eine Decke eingewickelt. Es war tierisch kalt, es muß schon Herbst gewesen sein. Ich bin zufällig da lang geritten und hab die beiden sitzen sehen und dachte: Was ist das denn? Ich bin dann wie eine Wilde nach Haus und hab erstmal frische Sachen geholt zum Anziehen. Man kann nicht ein Kind, wenn's ins Wasser gefallen ist, einfach in eine Decke wickeln. Meine Mam war auch total erbost darüber, aber mein Bruder hat sich zum Glück nichts weggeholt außer einer kleinen Erkältung. Ich habe nie begriffen, wie man als Erwachsener so sein kann seinem eigenen Kind gegenüber, das fand ich sehr merkwürdig.

Dieser Lebensgefährte war auch keine Vaterfigur für mich. Mein Vater ist ein ganz schmaler, schmächtiger Mensch und der andere war korpulent. Was hab ich immer gesagt: robbenmäßig. Auf jeden Fall war er aufgequollen, unsympathisch. Zum Schluß haben Mam und er sich ganz bös gestritten. Ich weiß auch, daß die sich immer so gegenseitig bearbeitet haben mit Schlägen.

Meine Mutter neigte sehr dazu, hysterisch zu werden. Sie war sehr leicht aus der Ruhe zu bringen und eigentlich auch so ein Nervenbündel, denn sie war unzufrieden. Sie wollte eigentlich immer die große Karrierefrau werden, und das konnte sie nicht. Sie hatte vielleicht auch irgendwo Höhenflüge, da hat mein Vater schon recht. Mit ihr konnte ich aber sehr gut reden. Vor allem, als wir allein lebten, weil sie sich von dem Lebensgefährten getrennt hatte. Sie war dann oft ganz traurig und betrübt. Da habe ich sie in den Arm genommen und gesagt, es geht schon weiter. Ich habe sie auch beraten, als sie auf Männersuche war und annonciert hat. Manche fand ich total furchtbar. Aber das konnte ich ja nicht sagen, wenn sie meinte, sie liebt den Menschen. Dann hab ich gesagt: Ja Mama, wenn du ihn liebst, dann mag ich ihn auch. In einem Jahr hatte sie wohl sechs

Männer kennengelernt. Der eine meinte so zu mir: Ach, bist du ein nettes, hübsches Mädchen. Also überhaupt nicht väterlich hat er das gesagt, sondern eher in Richtung Grabschen. Ich war einmal mit ihm einkaufen, dann kam ich heulend nach Hause, und da meinte er zu meiner Mutter: Deine Tochter spinnt. Aber meine Mutter hat mir zum Glück geglaubt und den Typen abserviert. Wir waren zum Baumarkt gefahren, und er hatte immer seine Hand auf meinem Knie. Er meinte, er müßte mich irgendwie befummeln oder betatschen. Ich fand das sehr unangenehm und furchtbar. Die anderen waren eigentlich ganz lieb. Meine Mam konnte nicht allein leben, brauchte irgendwo Halt.

Per Annonce hat Mam vor fünf Jahren dann *den* Mann kennengelernt. Das war so einer mit Goldkettchen und Goldringen. Ich meine, er sah irgendwo niedlich aus. Gut und gepflegt, also ganz anders als der Vater von meinem Bruder. Er war aber auch jünger als meine Mutter, sie war damals 33. Meine Großmutter sagte gleich zu meiner Mutter, der wäre nichts. Ich fand ihn ganz nett. Er hat mir gleich ein Goldkettchen geschenkt, von ihm hab ich auch meine erste Levis bekommen. Dann hieß es gleich einen Monat später, wir ziehen zu ihm ins Haus. Er wollte, daß Mam ihren Job aufgibt und für ihn arbeitet, er war angeblich Auslandsingenieur. Angeblich.

Es war ein weißes großes Haus mit Zaun drumherum, mit Swimmingpool, Fitneßraum. Das war für meine Mam halt so dieser Traum. Alles haben, diese Absicherung, wovon sie immer geträumt hatte. Total geblendet. Ich war auch hin und weg. Vor allem von dem Pool, ich fand's wunderschön. Wir hatten ja vorher auch eine schöne Drei-Zimmer-Wohnung mit Holzbalken, aber gegen das Riesenhaus war sie lächerlich. Es war Wahnsinn. Ich fand den Mann auch wirklich nett, das muß ich sagen. Dann hieß es plötzlich ein paar Monate später, daß wir zusammen in den Urlaub fahren. Es stellte sich aber heraus, daß meine Mam zu Hause bleibt, weil sie noch arbeiten muß und am Telefon zu erreichen sein muß. Ich sollte mit dem Mann allein nach Rumänien fahren. Da war ich 13.

Es sollten nur zwei Wochen sein, nachher waren es fast vier. Wir haben im Vier-Sterne-Hotel direkt am Schwarzen Meer gewohnt. Er meinte, er müßte aus beruflichen Gründen dorthin fahren. Ich hatte mich auf der Fahrt schon gewundert, daß er gar keine Arbeitsuntensilien mit hatte. Als wir unterwegs waren, fing er an: Du bist ja viel reifer als deine Mam, mit dir kann man viel besser reden. Den Satz weiß ich noch. Das fand ich schon sehr merkwürdig. Das Schlimmste war, daß wir ein Zimmer zusammen hatten, also sein Bett stand am Fenster und meins an der anderen Wand. Zuerst fand ich's auch ganz schön in Rumänien. Hitze, der blaue Himmel, das Meer. Dann kam so nach anderthalb Wochen: Ja, du bist ja schon ziemlich weiblich und wunderschön. Er hat auch versucht, mich anzufassen. Er wollte mich eincremen am Strand. Da hab ich gesagt, lieber verbrenne ich, als daß du mich anfaßt. Klar hatte ich nachher auch Angst vor ihm. Ich hab nicht mehr im Zimmer geschlafen, sondern im Badezimmer, ich hab mich eingeschlossen. Ich durfte nur im Beisein von ihm mit meiner Mam sprechen. Dann meinte er, wenn ich meine Mutter allein sprechen will, dann sollte ich arbeiten gehen und mir das Geld verdienen zum Telefonieren. Meine Mam hatte ihm gedroht, er sollte mich ja nicht anfassen, aber sie hätte eh nichts machen können. Ich war ihm total ausgeliefert. Ich habe später das Essen verweigert. Das Essen war überhaupt so komisch. Er meinte, da wären überall Bakterien drin. Deswegen sollte ich viel Wein trinken, um die Bakterien abzutöten. Ich weiß heute gar nicht mehr, wie man so primitiv sein kann und das glauben, aber irgendwo fand ich das logisch. Dann hab ich täglich eine halbe oder ganze Flasche Wein getrunken. Und das bei der Hitze. In der zweiten Woche, als ich dann merkte, wir fahren noch nicht nach Hause, sagte er: Wenn du jetzt nicht ißt, kommst du ins Hospital. Da kommst du so schnell vielleicht nicht wieder raus, und die medizinische Versorgung ist miserabel. So was hat er mir alles angedroht. Dann würde er mich hier lassen und allein nach Hause fahren. Was sollte ich machen? Es hat mich ja auch keiner verstanden. Nicht mal Englisch haben die gesprochen. Ich war 13 Jahre und konnte gerade mal so ein bißchen Englisch. Ich hatte mit ihm aber nachher nicht mehr viel zu tun gehabt. Ich war oft auf dem Zimmer und hatte so ein Buch mit Tausend Witzen. Das hab ich immer gelesen um mich abzulenken. Mit ihm hab ich überhaupt nicht mehr geredet. Ich weiß nicht, das ist wie ein Filmriß. Das ist alles so verschleiert in meiner Erinnerung. Mir wurde schon mal gesagt, ob ich es damit nicht versuche, zu unterdrücken und zu verdrängen. Das ist ja auch schon wieder fünf Jahre her. Ich find's ja selbst absurd, aber ich weiß nur noch Bruchstücke.

Er hatte zwei Frauen kennengelernt, da war ich ganz froh, das war etwa drei Tage nachdem er versucht hatte, mich anzumachen. Ich wußte nur, ich wollte weg von dem Typen, aber ich wußte nicht, wie ich's anstellen sollte. Ich dachte nur, ich muß die Zeit irgendwie durchstehen. In der letzten Nacht im Hotel kam er total spät ins Zimmer. Ich hab mich gewundert, warum er so unruhig war. Auch während der Autofahrt war er total nervös, aber ich freute mich nur, daß es nach Hause ging. Er fuhr die ganze Strecke durch, und als wir abends ankamen, fragte meine Mam mich als erstes, ob's mir gut geht und ob nichts passiert ist. Nach dem Abendbrot ist sie gleich mit ihm nach oben. Da hab ich wirklich Wut empfunden, weil ich es unmöglich fand. Also, was mir alles hätte passieren können, und sie kann dem Mann auf einmal wieder so untergeben sein und ihn lieben. Das war für mich einfach zu viel. Dann bin ich mit meinem Bruder baden gegangen gegen 19 Uhr und habe aus Ekel oder aus Angst das Bad abgeschlossen. Mein kleiner Bruder war damals vier. Wir haben ein richtig schönes Schaumbad gemacht, geplanscht, und er hat sich tierisch gefreut, mich wiederzusehen. Zu meinem Bruder hatte ich da schon ein gutes Verhältnis, weil ich ihn immer umsorgt hab. Dann hab ich ein Klingeln vernommen, kurze Zeit später wurde die Badtür aufgebrochen. Dann stand ein maskierter Mann vor mir mit einer Pistole. Mein Bruder hat wie am Spieß geschrien, und hinten hab ich gehört, wie meine Mutter in Heulkrämpfe ausgebrochen ist. Ihr Freund wurde gleich abgeführt.

Das war so ein Sondereinsatzkommando von der Polizei, die haben das ganze Haus auf den Kopf gestellt. Die Deckenplatten abmontiert, die ganze Isolierwolle unterm Dach haben sie auseinandergerollt. Es ging um Drogen. Die haben mich zuerst behandelt wie eine Mittäterin, weil ich ja mit ihm unterwegs war und waren zuerst auch ziemlich grantig. Erstmal kam dann eine Dame zu mir und sie meinte, sie müßte diese Untersuchung machen, ob ich irgendwo Drogen bei mir hab. Ich war sowieso schon splitterfasernackt. Drogentests haben sie aber nicht gemacht. Meine Mam hat nur geheult, ich wollte sie trösten, aber das durfte ich nicht. Zu dem Zeitpunkt wußte ich überhaupt noch nichts, da stand mir der Kopf total quer. Erst viel später wurde mir gesagt, daß mehrere Kilo Heroin im Auto versteckt waren. Ich habe später auch erfahren, daß meine Mam unter Drogen stand, schon über längere Zeit, und daß auch so ein Zeug gefunden wurde, ich weiß jetzt nicht, wie es heißt. Das träufelt man auf die Heizung und wenn Wärme entsteht, wird man davon betäubt. Viele haben gesagt, daß sie Kopfschmerzen hatten, wenn sie bei uns waren. Irgendwie hatte ich auch gemerkt, daß meine Mam sich in den letzte Monaten verändert hatte, vor allen Dingen ihre Sprache. So langsam und schwerfällig, dieses äh, äh. Dieses Monotone, Langgezogene, Abgehackte. Sie hatte ihre Selbständigkeit aufgegeben und sich total abhängig gemacht.

Mein Bruder war völlig durcheinander. Ich hatte ihn die ganze Zeit auf dem Arm, weil er mit keinem reden wollte. Wir haben ihm erklärt, sie suchen einen bösen Mann. Mein Betreuer war wirklich ganz nett. Ich mußte ihm alles erzählen, aber ich konnte ja nicht viel sagen. Es stellte sich heraus, daß die beiden Damen in Rumänien auch was damit zu tun hatten. Und meine Mam mußte zuhause bleiben, um für den anderen Mittelsmann erreichbar zu sein. Ich weiß bis heute nicht, ob meine Mutter wirklich Mitwisserin war.

Gleich am nächsten Morgen kam ich mit meinem Bruder zu meiner Großmutter, meine Mutter war aus der U-Haft entlassen worden. Ich mußte erstmal Abstand gewinnen von ihr und wollte zu meinem Vater. Ich war total durcheinander und wußte nicht, was ich von meiner Mutter denken sollte. Ich weiß nicht, ob es Haß war, aber ich war total verbittert und enttäuscht.

Als ich bei meinem Vater war, kam sie öfter an mit Sturmklingeln, sie hat auch dreimal täglich angerufen, aber ich wollte sie zu der Zeit nicht sprechen. Sie hatte mich dann mal abgeholt und mich immer bearbeitet. Sie würde meinen Vater anzeigen, er hatte ja nicht das Sorgerecht, und er würde sich strafbar machen. Bei meinen Großeltern hat sie mich die ganze Nacht nur ausgefragt, was ich mir dabei denke, es war ganz komisch. Sie war total verändert und hysterisch. Und diese komische Sprechweise, daran kann ich mich erinnern. Und dann ganz komische Fragen. Ob ich sie nicht mehr liebe und warum ich sie verlassen will. Ich hätte ihr doch immer Schutz gegeben und war doch ihre beste Freundin. Dann hat sie aber wieder rumgeschrien, das wäre ihr alles zuviel, weil ich nicht mehr bei ihr bin, das wäre kein Leben mehr für sie. Meine Großmutter war nicht da, versteh ich auch nicht. Sie war schon oben und hat nur geweint, glaub ich. Mein Großvater hat mit mir geredet, daß ich doch hierbleiben sollte, bei meiner Mutter. Da war er aber auch angeschwipst. Wir saßen bis nachts um zwei in der Küche, aber ich wollte eigentlich nicht mit ihr reden, weil ich so verbittert war. Für mich war das gelaufen. So wie sie mich einfach ausgeliefert hatte an den fremden Mann, ich war einfach nur total sauer und habe nicht verstanden, wie man so was mit dem eigenen Kind machen kann.

Ich bin nachts abgehauen und zu meinem Vater gelaufen. Es waren nur noch ein paar Tage bis zu meinem 14. Geburtstag, und ich wußte, daß ich dann selbst entscheiden kann, zu wem ich will. Die paar Tage wollte ich mich im Moor verstecken, daß mein Vater nicht straffällig wird. Ich weiß noch, ich hatte eine Regenjacke mit und Zahnbürste und Zahnpaste. Ich mußte an dem Wohnhaus meines Vaters vorbei, und da hat mich der Sohn von seiner damaligen Lebensgefährtin entdeckt, und die haben mich total nett aufgenommen. Meine Mam kam noch am selben Tag mit der Polizei, ich durfte aber bei meinem Vater bleiben. Dann ging dieser Kampf um mich los. Nach vielem Hin und Her erhielt mein Vater das Sorgerecht. Bei Familienfeiern sah ich meine Mutter noch zweimal, da war sie ganz ruhig, nicht mehr so hysterisch, eigentlich ganz lieb. Ich habe versucht, es ihr zu erklären, obwohl sie immer ziemlich viel geweint hat. Ich war ja immer der Halt für sie gewesen.

Ein paar Tage später ist meine Mam aufgehängt gefunden worden. Bei der Obduktion wurde Gewaltanwendung festgestellt. Es war wenige Tage vor der Verhandlung, meine Mam sollte als Kronzeugin aussagen. Sie hatte auch immer noch engen Kontakt zu diesem Mann im Gefängnis und hatte sich noch mit ihm verlobt. Wahrscheinlich nur, um aus dem Schneider zu kommen und noch mehr rauszukriegen. Ich weiß nur, daß er dieses oder nächstes Jahr rauskommt. Ein bißchen Angst hab ich schon.

Ich glaub, ich hab ein Jahr gebraucht, um das zu verdauen mit meiner Mam. Im Sommer fingen meine Eßstörungen an. Ich wollte überhaupt nichts mehr zu mir nehmen, mußte aber was essen, mein Vater und seine Lebensgefährtin haben sich natürlich Sorgen gemacht. Dann bin ich nach den Mahlzeiten in den Keller gegangen, dort war noch eine Toilette und hab mir den Finger in den Hals gesteckt. Ich habe immer vorgeschoben, daß ich Probleme mit mir selbst, also mit meiner Figur habe. Ich sagte, ich habe keinen Hunger, und es schmeckt mir nicht, dabei war ich noch nie mäklig. Aber jetzt esse ich schon wieder normal, eigentlich seit dem letzten Jahr. Damals war auch meine bockige Zeit, wo ich mit keinem reden wollte und ich mich 24 Stunden nonstop eingeschlossen habe und extrem laut Musik gehört oder geschlafen. Ich habe nichts gegessen, getrunken, mit keinem geredet, keine Telefonate entgegengenommen.

Mit meinem Vater und seiner Lebensgefährtin ist es vor zwei Jahren auseinandergegangen, er hat mir die Schuld dafür gegeben. Ich war, sagen wir mal, schwer erziehbar und problematischer als andere Kinder in der Zeit, weil ich so viel rumgebockt habe, aber auch so eigenständig war. Als ich zu meinem Vater kam, durfte ich zuerst alles, er hat mir gar keine Grenzen gesetzt. Je älter ich wurde, um so mehr Regeln hat er aufgestellt. Das hab ich nicht verstanden. Ich dachte: Die anderen dürfen immer mehr, je älter sie werden, und ich immer weniger. Da kam halt diese Bockphase, und das war ziemlich stressig für alle. Aber mein Vater hat das nur so als Spinnerei gedeutet. Seine Lebensgefährtin hat versucht, es ihm zu erklären, aber er hat das überhaupt nicht verstanden. Bockig war ich eigentlich schon immer, auch als kleines Kind. Aber dann hatte ich von Papa einen Klaps auf den Hintern gekriegt und bin in die Ecke gegangen und habe ausgebockt.

Das Problem ist, daß mein Vater überhaupt kein Feingefühl hat. Mit kleinen Kindern geht das wunderbar. Aber mit großen, die ihre eigene Meinung haben und nicht alles so machen, wie er will, hat er totale Probleme. Man konnte sich gar nicht richtig mit ihm unterhalten. Wenn er von der Arbeit kam, hat er sich mit seinen Tieren beschäftigt und nicht mit uns Kindern. Die widersprechen wenigstens nicht, hat er gesagt. Er konnte auch immer nur Kritik üben, aber keine konstruktive, sondern nur negative. Er hat uns nie gelobt, wenn irgendwas gut war. Bei einer Eins hat er nie gesagt: super. Nur bei einer Drei hat er geschimpft. Das war nachher auch für seine Lebensgefährtin der Anstoß zur Trennung. Warum soll sie mit einem Mann zusammenleben, bei dem ihre Kinder sich nicht wohl fühlen? Ich hab immer noch zu ihr Kontakt, sie ist wie eine Freundin. Mein Vater hat, wie soll ich sagen, so was bauarbeitermäßiges. Dieses Plumpe. Nicht das Gefühlvolle. Er kann nicht so mit Menschen umgehen, was ich besser kann, weil ich immer viele kennengelernt habe. Ich hatte auch immer einen Freund, darum kam ich nie dazu, richtig nachzudenken, weil ich immer jemanden um mich hatte, um den ich mich dann auch kümmern mußte.

Seit meinem 15. Lebensjahr bin ich eigentlich nur auf Achse. Das ging mit den Techno-Events los. Damals bin ich schon ganz alleine losgeturnt in die nächste große Stadt und kam am nächsten Morgen erst um neun Uhr nach Hause. Da waren diese Schocktherapien ziemlich heftig bei mir. Im Nachhinein find ich das auch unverantwortlich, daß ich die Familie so verletzt habe. Aber das war einfach nur Trotz. Ich wollte irgendwie weg und raus, es war mir alles zu langweilig. Ich hab dann eine zeitlang einen Freund gehabt, der wohnte ganz weit weg, und wir haben uns dann an den Wochenenden in Berlin oder Hamburg oder sonstwo getroffen. Das war schon ganz schön happig. Bei meiner

Mutter durfte ich alles, da war ich keine Einschränkungen gewöhnt. Ich konnte alles machen, hatte Verantwortung. Sie hat mir sogar erklärt, wie man Überweisungen tätigen kann. Ich war auch immer für sie da. Sie war total verzweifelt, was Männer angeht. Sie war sich ihrer Gefühle nie sicher. So bin ich überhaupt nicht. Vielleicht ist es auch, weil ich nicht so sein will wie meine Mam. Ich bin dann ja auch bei meinem Vater ausgezogen, weil er mich immer mit ihr verglichen hat. Ich fand das total unmöglich, weil ich finde, jeder ist ein Individuum und hat ein Recht darauf, so behandelt zu werden. Der andere Grund für meinen Auszug bei meinem Vater war, daß er nie Zeit für mich hatte. Wir haben nie was zusammen unternommen, nachdem wir beide allein waren. Er hat mich auch nie gefragt, wie mein Tag war, wie's in der Schule geht. Da hab ich mir gesagt, bevor ich da bleibe und einsam bin, kann ich auch woanders wohnen. Seit einigen Monaten hab ich eine eigene kleine Wohnung. Ein Zimmer, Küche, Bad.

Meinen ersten Freund hatte ich mit 12, das war ein Italiener. Durch das viele Umziehen habe ich auch immer viele Freunde gehabt. Aber geschlafen hatte ich erst mit 17 mit einem. Ich hatte mich vorher auch gar nicht reif gefühlt, obwohl Andeutungen auch schon vorher kamen. Aber so, daß die Jungs mir das immer freigestellt haben. Ich hatte immer ganz, ganz liebe Freunde. Wenn ich mit einem von ihnen ins Bett gewollt hätte, dann hätte ich sie fragen müssen und nicht sie mich. Ich glaub, beziehungsgeschädigt bin ich irgendwo, das Wort Beziehung kann ich im Moment nicht hören. Irgendwo mach ich mir auch so extrem Gedanken, wenn es um Kinder geht. Viele in meiner Altersgruppe wollen nach dem Abi gleich studieren und dann am besten Kind und Familie und so. Ich frag mich, ob man überhaupt die Verantwortung tragen kann in der heutigen Welt. Gut, wenn jeder so krank denken würde, dann würd's keine Kinder mehr geben. Aber wenn man sich nur mal überlegt, wie viele beispielsweise mit Hautkrankheiten zur Welt kommen. Oder wo die Technik hingeht. Ich möchte nicht, daß mein Kind groß wird in einer Welt, in der das Kommunizieren so eingeschränkt ist, daß es nur noch Computer gibt. Ich will nicht dem ganzen Fortschritt die Schuld geben an den psychischen Leiden der Menschheit, aber ich finde, das ist ein Faktor.

Ich habe von der Lebensgefährtin meines Vaters ganz viele Werte mitbekommen. Dort habe ich zum ersten Mal eine richtige Familie kennengelernt. Das war für mich aber irgendwie auch fremd, weil ich dieses Aufgewühlte gewohnt war. Das war mir auf einmal zu ruhig. Es war zu gleichförmig, zu monoton, zu gemütlich, zu liebevoll, zu behütet alles. Alle wollten nur das Beste. Sonst war ich nur gewohnt, immer schnell zu wechseln: neue Freunde, Streß, selbständig, Bruder, Mam trösten. Ich kannte nie Regeln, ich hab immer alles selbst eingeschätzt und habe trotzdem nie Dummheiten gemacht. Die Dummheiten kamen erst, als die Regeln kamen. Das ist absurd, aber da bin ich richtig rebellisch geworden. Und was ich ganz schlimm finde, seit zwei Jahren bin ich so, wie soll ich sagen, ich hab nur meine eigene Meinung und lasse mir nichts sagen. Und das Schlimme ist, viele in meinem Alter denken nicht so wie ich, was Familie, Kinder, Zukunft, Sinn des Lebens angeht. Die meisten Mädchen halten sich an ihrem Freund fest und wollen den heiraten und dann Kinder kriegen. Diese ewige Planerei kann ich nicht ab. Also bei mir muß immer alles spontan kommen.

Was ich richtig schlimm finde, ist der Alltag. Normalität ist für mich irgendwie abnormal. Weil ich ja immer dieses aufgewühlte Leben gewohnt war. Ich brauche action, was immer man darunter verstehen will. Ich muß auffallen. Aber das war vor ein paar Jahren viel schlimmer. Damals hatte ich ja auch so extreme Tanzphasen bei Technopartys zum Beispiel. Da hat man mich auch schon gefragt, ob ich Drogen nehme, weil ich bis zum Morgen total durchgetanzt habe. Auch andere extreme Sachen hab ich gemacht, zum Beispiel Autosurfen. Also sich aufs Dach legen oder sich ganz weit aus dem Fenster lehnen und dann über die Autobahn jagen. Aber das hat sich ja alles schon gegeben. Ich habe gerade jemanden kennengelernt bei einer Disko. Er war total lieb und überhaupt nicht arrogant, ich habe mich auch lange mit ihm unterhalten, und dann kam gleich von ihm: Ich hab mich verguckt in dich und verliebt und bla. Und das kann ich nicht ab. Wenn mich jemand gleich einengen will, bin ich sofort weg.

Frauen wird ja nachgesagt, daß sie viel aus dem Bauch heraus tun. Aber ich denke sehr viel nach und grübele. Manchmal kriege ich Depressionen, vor allem, wenn schlechtes Wetter ist, dann bin ich ganz weit unten. Ich hab mir für dieses Jahr vorgenommen: Ich laß zwar meine schlechten Tage zu, aber ich versuch dann, mich selbst wieder hochzuarbeiten. Sonst brauchte ich eigentlich meinen Freund oftmals dazu. Das ist ja auch irgendwie positiv, aber für mich bedeutet das dann wieder so eine Schwäche, weil ich dann abhängig bin. Meine Therapeutin sagt, ich soll's positiv sehen, weil mir dann jemand helfen kann. Aber irgendwo ist bei mir da so ein Schutz. Ich will soweit kommen, daß ich mich selbst regenerieren kann. Das Schlimme ist nur, daß ich soviel nachdenke. Ich will rausfinden, warum ich manche extremen Dinge mache. Zum Beispiel, als ich für ein Wochenende einfach nach Berlin gefahren bin ohne meinem damaligen Freund oder irgend jemandem etwas zu sagen. Einfach Sachen gepackt und weg, das macht man auch wohl normalerweise nicht. Aber ich brauchte einfach Abstand, es war mir alles zu eng, zu normal.

Ich lasse eigentlich alles so auf mich zukommen. Aber was den Beruf anbetrifft, da hab ich schon meine Vorstellungen. Nach dem Abi würde ich am liebsten Psychologie studieren. Medienwissenschaft würde mich auch interessieren. Auf jeden Fall will ich nach Berlin, die Stadt fasziniert mich. Ich hab gesehen, daß die Menschen dort irgendwie krank sind, so gestreßt, so grau, so genervt, so mitgenommen. Die kommen mir alle farblos vor. Ich hab mir gesagt, daß ich halt noch anders bin. Für mich ist das so ein Test oder eine Prüfung, daß ich nicht so abstumpfe. Irgendwo sehe ich auch Parallelen zwischen Berlin und mir. Das ist so eine Umbruchstadt, und ich bin ja auch total im Umbruch und im Aufbau. Ich meine, den Abbau habe ich hinter mir.

Momentan ohne Freund fühle ich mich pudelwohl. Bloß Abstand halten. Ich habe Angst, Nähe zuzulassen. Das ist irgendwie absurd, denn wenn man keine Nähe zuläßt, kann man auch keine Liebe bekommen, aber ich brauche einfach Zeit für mich selbst, bevor ich mich wieder jemandem öffnen kann. Für mich ist Freiheit so ein richtig schöner Begriff. Ich komme ja trotzdem mit meinem ehemaligen Freund noch gut klar, wir treffen uns, unternehmen was zusammen. Wir haben uns noch total gern, Begrüßungskuß ist auch immer Pflicht, das ist total drollig. Ich war ein Jahr lang mit ihm zusammen, er und seine Familie haben mir ganz viel gegeben, ich habe dort ein wirkliches Zuhause gefunden. Aber es war nachher alles so alltäglich, so selbstverständlich. Alles als Normalität ansehen, kann ich nicht. Dann ist es Alltag, und dagegen sträub ich mich. Zur Zeit bin ich wohl auch noch nicht reif für eine lange Beziehung, ich habe einfach nur mit mir zu tun.

■

GENAU, ICH WI
EINEM JAHR W
ARBEITEN. ICH
DAS AUCH BEI
FRAUEN, DIE I
BETREUE. WENN
ZUHAUSE MIT
KINDERERZIEHU
BESCH FTIGT
DEM HAUSHALT,
EINEM OFT DI
H HEPUNKTE. D
BEST TIGUNG,
ANERKENNUNG.

NEIN, ICH MISSE NICHTS

Hebamme, 46 Jahre, zwei Kinder, verheiratet

Viele denken ja, Hebamme ist so ein Traumberuf, aber das war es bei mir nicht. Nachdem ich das Abitur gemacht hatte, wollte ich ursprünglich Medizin studieren. Mein Vater war freischaffender Künstler, das war in der DDR suspekt, und er hatte nie ein Hehl aus seiner Meinung über den Staat gemacht. In der zwölften Klasse wurde mir durch die Blume gesagt, daß ein Medizinstudium für mich nicht in Frage käme. Ich hatte zunächst keine andere Idee, dann wollte ich Physiotherapeutin werden. Von der medizinischen Fachschule bekam ich eine Absage. Mit der Begründung, diese Berufe seien nur für Zehnklassenabgänger. Da kriegte mein Vater einen kleinen Tobsuchtsanfall an entsprechender Stelle, und der Mensch war wohl ein bißchen geschockt, war auf der anderen Seite aber auch sehr nett und wollte sich kümmern. Der rief ein paar Tage später bei uns an und fragte, ob ich nicht Hebamme werden wollte. Es gab eine Ausbildung nur für Frauen, die ursprünglich studieren wollten und aus ähnlichen Gründen wie ich nicht durften. Ich fand, das sei ein Beruf, in dem ich relativ selbständig arbeiten konnte. Das war mir sehr wichtig. Selbständige Arbeit und selbst Verantwortung übernehmen.

Ich hab dann 1974 mein Examen gemacht, es bestand zu dieser Zeit in der ganzen DDR chronischer Hebammenmangel. Ich bin an eine mittelgroße Klinik mit zirka 900 Geburten im Jahr gegangen mit ziemlich guter Ausstattung, und es hat mir eigentlich gleich gefallen. Ich habe zwei Jahre dort gearbeitet und sehr viel gelernt, weil ich sozusagen ins Wasser geworfen wurde und schwimmen mußte. Es gab wahnsinnig viele Geburten, ich war alleinstehend und immer, wenn irgendwo Mangel war, hieß es: mach mal. Nach zwei Jahren war ich dann recht ausgepowert. Es gab Zeiten mit zwölf bis fünfzehn Nachtdiensten am Stück, das ist natürlich irgendwann ganz schön hart. Ich wollte an eine größere Klinik, wo mehr Hebammen sind, und wo nicht immer nur die jungen die Dienste schieben mußten. Ich bewarb mich im Norden und hätte auch sofort eine Stelle bekommen. Das war im Dezember 76, zum 1. Januar 77 sollte ich anfangen. Ich hatte aber schon im Oktober meinen späteren Mann kennengelernt, er fuhr zur See. Wir schrieben uns, und bei seinem nächsten Landgang lernten wir uns näher kennen. Ich besuchte ihn auch zuhause bei seinen Eltern in einer Kleinstadt. Seine Mutter hatte dem Chefarzt der dortigen Frauenklinik erzählt, daß ich Hebamme bin und eine neue Stelle suche, und er meinte: Wenn sie bei mir anfängt, sorge ich dafür, daß sie sofort eine Wohnung bekommt. Und das war ja zu der damaligen Zeit ein Zugmittel. Ja, und so bin ich hierher gekommen. Da war ich 23.

Ich hatte schon immer die Idee, einen Seemann zu heiraten. Aus dem einfachen Grund, er ist nicht immer da. Ich war immer sehr selbständig und hätte mir nicht vorstellen können, daß mich einer permanent fragt: Wo gehst du hin? Wo kommst du her? Was machst du heute? Was machen wir morgen? Was machen wir übermorgen? Ich wollte eine gewisse Selbständigkeit behalten. Jedenfalls erstmal. Vier Monate nach meinem Umzug haben wir dann schon geheiratet, er mußte gleich danach wieder auf See. Mein Mann war bei der Hochseefischerei und das bedeutete, daß er immer so vier Monate auf See war. Wir haben uns geschrieben und ab und zu über Rügenradio telefoniert, aber relativ selten. Mit der Treue hatte ich überhaupt kein Problem. Erstmal war unser Sohn damals schon unterwegs. Zum zweiten: Ich hab ihn geliebt. Ich bin recht gradlinig. Also hier dies sagen und dort jenes, das kommt für mich nicht in Frage. Entweder weiß oder schwarz, grau gibt's nicht. So war ich eigentlich immer und ich denke, das hat sich auch ganz gut bewährt. Deswegen hätte ich auch meinen Mann nie hintergehen können.

Es war schön, als er zur See fuhr. Wenn er nach Hause kam, war es immer etwas ganz Besonderes. Unser Sohn ist im Oktober geboren, ich bin ein Dreivierteljahr zuhause geblieben. Mein Mann hat schon darunter gelitten, daß unser Sohn wahnsinnige

Sprünge gemacht hatte, wenn er ihn sah. Er wollte gern ein zweites Kind. Das sollte aber erst kommen, wenn er eine Arbeit an Land gefunden hatte. Nach vier Jahren Seefahrt war es dann soweit, und als unsere Tochter 1980 geboren war, hat er so richtig nachgeholt, was er beim Großen nicht erlebt hat. Wenn er von der Arbeit kam, war ich abgeschrieben. Er hat gewindelt und Brei gekocht und gebadet, das war für ihn ganz toll. Das ging sogar soweit, daß unsere Tochter eine zeitlang, als sie klein war, zu ihm ein engeres Verhältnis hatte als zu mir. Wenn wir abends Besuch hatten und sie irgendwas wollte, dann rief sie nicht Mama, sondern Papa. Und dann fragten mich manchmal Freunde, ob ich nicht eifersüchtig wäre. Mich hat das überhaupt nicht gestört.

Ein drittes Kind wollten wir nicht. Ich habe nach einem Jahr wieder im Kreißsaal gearbeitet in Schichten und das bedeutete auch: viele Wochenenddienste, Arbeit an den Feiertagen. Mein Mann ist mit den beiden Kindern sehr gut klargekommen, auch wenn ich nicht da war. Dann hat er geguckt, wo was los ist, und ist mit den Kindern losgefahren. Er hat sich nie hingesetzt und gewartet, daß ich irgendwann von Arbeit komme. Davon kenne ich aber viele, die Männer von meinen Kolleginnen waren zum Teil so. Die Kinder wurden sich selbst überlassen, und die Männer haben dagesessen und gemault. Das hatte ich nie, aber ich denke, mit den beiden Kindern war mein Mann dann auch wirklich ausgelastet. Ich muß ganz ehrlich sagen, ich bin bei beiden Kindern im ersten Jahr gern zuhause geblieben und hab mich auch sehr viel mit den Kindern beschäftigt. Aber ich wußte ganz genau, ich will nach einem Jahr wieder arbeiten. Ich erlebe das auch bei den Frauen, die ich betreue. Wenn man zuhause mit der Kindererziehung beschäftigt ist und dem Haushalt, fehlen einem oft die Höhepunkte. Die Bestätigung, die Anerkennung. Ich brauchte meine Arbeit, um ringsum auch zufrieden zu sein. Ich rede natürlich auch mit den Frauen darüber und versuche ihnen klarzumachen, daß sie zu diesen Gefühlen stehen müssen, daß sie sich nicht mies fühlen dürfen. Sie sind doch keine schlechten Mütter, nur weil sie wieder mal über den Tellerrand gucken wollen und mehr vom Leben erwarten, als Hausfrau und

Mutter zu sein. Ich denke, daß es ein ganz Teil Männer in unserer heutigen Gesellschaft gibt, die sehr gern die Frau nur zuhause wissen würden. Am Herd und bei den Kindern, und wenn der Mann von der Arbeit kommt, dann erzählt er von seinen tollen Erlebnissen, und die Frau soll das noch mit toll finden.

Manche meinen ja heute, daß die Frauen in der DDR viel bessere Bedingungen hatten, um ihr Leben gleichberechtigt zu gestalten. Für ein gewisses Klientel von Frauen waren die Bedingungen bestimmt gut und wichtig. Wir waren ja schon anders erzogen, eine gewisse Uniformität war gefragt. Ich erleb's ja auch in den Kursen in der Geburtsvorbereitung, daß viele Frauen noch unselbständig sind. Auch im Bereich der Gynäkologie müßten unsere Frauen viel selbstbewußter werden und mehr hinterfragen. Sich erklären lassen, warum das und das gemacht werden soll, ob das wirklich notwendig ist. Da ist noch ein himmelweiter Unterschied zwischen den Frauen aus den alten und den neuen Bundesländern. Es klingt jetzt zynisch, aber es gibt hier Frauen, wenn die von ihrem Arzt gesagt bekämen, sie sollen jetzt auf einem Bein nach Hause hüpfen, die würden das machen, ohne zu fragen, warum. Aber ich denke, die nächste Generation wird bereits anders sein. Meine Kinder sind es schon. Obwohl sie natürlich auch in Krippe und Kindergarten waren, aber sie sind nach der Wende von der Schule her auch schon etwas anderes gewohnt und sind freier aufgewachsen.

Ich hatte bei meinem Sohn, als er in die Krippe ging, kein schlechtes Gewissen, bei meiner Tochter ja. Mein Sohn war ein absolutes Vorzeigekrippenkind. Mit einem Dreivierteljahr kam er in die Krippe, lief schon, sprach mit anderthalb Jahren fast perfekt und war beliebt. Er ist in der Krippe aufgegangen, war nie krank. Und dann meine Tochter. Sie kam mit einem Jahr in die Krippe und konnte sich dort überhaupt nicht einfügen. Sie war in der gleichen Einrichtung und die Erzieherinnen dachten, sie bekommen noch einmal so ein Kind wie meinen Sohn. Aber meine Tochter sprach nicht, guckte auch keinen Fremden an und sie war ständig krank. Da hatte ich ein ganz schlechtes Gewissen und hatte sogar einmal vor, mich für ein halbes Jahr von der

Arbeit freistellen zu lassen, weil ich fand, ich kann es dem Kind nicht länger antun. Ich war beim Kinderarzt, aber er hat sie nicht krippenunfähig geschrieben. Obwohl sie wirklich extrem oft krank war. So, und ohne diese Krippenunfähigkeit wären meine ganzen Berufsjahre flöten gegangen, und da stand natürlich viel Geld auf dem Spiel. Wir haben uns eben weiter durch diese Krippenzeit geschleppt, muß man sagen. Und die Tochter ist in den Kindergarten gekommen und war ein anderer Mensch. Von Stund an kam sie in der Gemeinschaft klar. Sie weiß das alles und ich habe ihr gesagt, daß sie in den ersten Jahren von mir wirklich schlecht behandelt wurde, aber ich habe eben keinen anderen Ausweg gesehen. Wenn eine Frau damals sagte, daß sie mit ihrem Kind zuhause bleiben wollte und nicht arbeiten, war sie doch schon fast asozial. Ich selbst habe das ja auch so verinnerlicht. Wenn ich die Geburtspapiere geschrieben habe, und eine junge Frau sagte beim Beruf „Hausfrau", dann hab ich erstmal hochgeguckt. Das war suspekt.

Vor der Ehe haben mein Mann und ich über diese Probleme eigentlich nicht gesprochen. Wir hatten gar nicht viel Zeit zum Reden, wir haben ja so schnell geheiratet. Aber ich denke, das war in gewisser Weise auch so ein gegenseitiges Verstehen. Auch eine gewisse Toleranz gehört dazu und gegenseitiges Erziehen. Ich habe schon rechtzeitig bestimmte Dinge klargestellt, denn das krasse Gegenbeispiel ist mein Schwiegervater. Wir hatten ein sehr gutes Verhältnis, aber mein Schwiegervater war Lehrer von Beruf und dominant innerhalb der Familie. Was er sagte, wurde gemacht. Er war nie bösartig oder laut. Er brauchte nur ganz leise was zu sagen, und alle gehorchten. Und so war er zuhause auch und hat seine Frau wie eine Schülerin behandelt. Mein Mann hat anfangs so ein kleines bißchen versucht, das bei uns auch zu tun. Da hab ich immer gleich vehement gegengehalten, dadurch hat sich das relativ schnell abgeschwächt.

Mein Mann ist ein Mensch, der sich viel beschäftigt. Er hat Hobbys, und das ist eben auch wichtig. Wir hatten immer eine gute Beziehung, aber auch eine Beziehung, in der jeder Freiräume hatte. Nicht, was Partner anbelangt, das hatte ich ja schon gesagt. Ich geh zum Beispiel gern ins Konzert, und klassische Musik mag er überhaupt nicht. Dann hatte er nie ein Problem damit, wenn ich mit einer Freundin ins Konzert ging. Er hat dann auf die Kinder aufgepaßt. Und genauso war es umgekehrt, wenn er was unternommen hatte, was mich nicht interessierte. Wir haben nicht aneinander geklebt, das tun wir auch heute nicht.

Die Wende habe ich grundsätzlich positiv erlebt. Ich bin in einer Familie großgeworden, in der das, was in der DDR an der Tagesordnung war, nicht unbedingt gutgeheißen wurde. Das war für mich relativ schwierig. Ein Beispiel: In der neunten Klasse kriegten wir einen Staatsbürgerkundelehrer, der verteilte Zettel und wir sollten uns darauf verpflichten, ab diesem Tag kein Westfernsehen mehr zu gucken. Ich bin mit dem Zettel nach Hause und mein Vater hat ihn zerrissen. Das waren natürlich Situationen, die für mich in diesem Alter blöd waren, man saß zwischen zwei Stühlen.

Später hatte ich dann, als Erwachsene, eine Freundin, deren Sohn versuchte, die DDR illegal zu verlassen. Als er dann gefaßt und eingesperrt wurde, habe ich durch die Erzählungen meiner Freundin die ganzen Repressalien mitbekommen, die sie erlebte. Eine Wohnungsdurchsuchung, bei der ich als Zeugin dabeisein mußte, fand ich sowas von furchtbar, daß ich zu diesem Zeitpunkt eine sehr negative Meinung vom Staat hatte. Ich durfte dann 1986 das erste Mal in den Westen zu meiner Großmutter fahren und fühlte mich aber schon beim Stellen des Antrags fast wie eine Verbrecherin. Hatte auch das Empfinden, daß ich irgendwo Spießruten lief vom Stellen des Antrags bis zur Genehmigung. Ich hatte das Gefühl, ich werde beobachtet. Es muß gar nicht so gewesen sein, aber die Einschüchterung funktionierte. Als ich dann das erste Mal in der Bundesrepublik war, konnte ich mir gar nicht vorstellen, wie frei und locker die Leute da leben konnten. Das hat meine Meinung zur DDR dann auch nicht positiv beeinflußt. Ich war ja von jeher gern selbständig und habe mich nicht gern an die Hand nehmen lassen. Aus diesem Grund hatte ich mit der Wende überhaupt kein Problem.

Das einzige Mal hatte ich so ein bißchen flaues Gefühl im Magen, als es hieß, daß meine Klinik geschlossen werden soll. Was mach ich jetzt als Hebamme? In eine andere Klinik? Aber hier im Osten wollte ich nicht wechseln. Und im Westen? Aber da hatte ich irgendwie doch Minderwertigkeitsgefühle und dachte, daß da vielleicht doch andere Anforderungen bestehen. Ich habe viele Weiterbildungen in den alten Bundesländern besucht und bin durch die halbe Republik gefahren, aber das war mir egal. Auf diese Weise habe ich erste Kontakte geknüpft und merkte, daß sie eigentlich in den alten Bundesländern genauso mit Wasser kochen. Ich muß sagen, die Kolleginnen waren immer sehr nett, sehr offen und haben von ihrem Beruf erzählt, haben Tips gegeben, das fand ich ganz toll.

Seit 1995 arbeite ich freiberuflich. Ich bereite die Frauen auf die Geburt vor, bei Beschwerden jeglicher Art in der Schwangerschaft gebe ich Hilfestellungen, ich mache Vorsorgeuntersuchungen bei einigen Frauen, die nicht zur ärztlichen Vorsorgeuntersuchung möchten. Ein ganz Teil Frauen entbinde ich auch selbst, betreue sie hinterher im Wochenbett und im Anschluß daran, nach sechs Wochen, versuche ich ihnen zu helfen, ihre ursprüngliche Figur wiederzukriegen. Es ist sehr schön, denn man kommt mit den Frauen in eine sehr enge Beziehung, wobei ich natürlich aufpassen muß, daß nicht alles in Freundschaft ausartet. Das hab ich immer auf nette Art und Weise abgeblockt, um mich nicht zu verzetteln.

Wenn man so viele Jahre mit Babys zu tun hat und schon über 2000 auf die Welt gebracht hat, dann ist nicht mehr nur das Neugeborene wichtig, sondern auch das Ereignis selbst und die Frau. Zu DDR-Zeiten gab es sehr viele Geburten und das grenzte manchmal schon an Fließbandarbeit. Man hatte gar keine Zeit, auf die Frau einzugehn. Das tut mir im Nachhinein manchmal leid. Aber man muß auch die Hintergründe sehn. Wir hatten zu DDR-Zeiten kein Einwegmaterial. Wir haben jeden Handschuh ausgewaschen, getrocknet, gepudert, wieder eingepackt zum Sterilisieren. Wir haben Tupfer selbst gedreht, jede Spritze saubergemacht, jede Kanüle saubergemacht und neu sterilisiert. Das haben die Frauen im Kreißsaal natürlich nicht gesehn.

Zu meinem Beruf gehört viel Idealismus, denn ich hab immer das Telefon dabei und muß jederzeit abrufbar sein. Man lernt es, die ständige Bereitschaft nicht immer an sich ranzulassen. Ich denke nicht in jeder Minute: Das Telefon könnte klingeln. Und wenn es klingelt, dann klingelt es eben. Dann stehe ich nachts auf oder gehe aus einem Konzert oder ähnliches. Meine Familie kennt es nicht anders. Obwohl meine Tochter manchmal sagt: Mama, du hast für die Frauen viel mehr Zeit als für mich. Womit sie mitunter nicht unrecht hat. Und deswegen war ich jetzt sehr überrascht über ihren Berufswunsch, denn seit kurzem will sie Hebamme werden. Meine Tochter ist 18, wohnt bei ihrem Freund, macht gerade ihr Abi und wußte bisher immer nicht, was sie werden wollte. Im ersten Moment war's mehr oder weniger ein Schock für mich, ich hätte es mir nicht vorstellen können. Aber warum eigentlich nicht? Sie kann von mir viel lernen und sie weiß, worum es geht und daß dieser Beruf viel abfordert. Sie sieht, daß man rund um die Uhr für die Frauen da sein muß. Als meine Kinder noch zuhause waren, war ich auch häuslicher. Da haben wir regelmäßig gemeinsam gegessen, gekocht. Ich hab gebacken und gestrickt, gehäkelt, aber das waren auch Zeiten, in denen ich weniger gearbeitet habe. Mit meiner Häuslichkeit ist es ziemlich arg geworden. Hängt einfach mit der Arbeit zusammen. Die Kinder wohnen im Prinzip jetzt nicht mehr bei uns, kommen aber noch oft. Als sie plötzlich ihre eigenen Wege gingen, hatte ich eine gewisse Zeit lang das Gefühl, daß die Familie auseinanderbricht. Mein Sohn ist 22. Er hat nach dem Abi ein Jahr Zivildienst gemacht, wollte dann eigentlich Architektur studieren und machte bei einem Freund in der Baufirma ein Praktikum. Dabei ist ihm klargeworden, daß es viel günstiger ist, von der Pike auf zu lernen. Er hat im letzten Jahr dann, obwohl er schon eine Zusage zum Studium hatte, eine Maurerlehre angefangen. Er wird sein Ding machen, das weiß ich. Aber ein Problem ist heutzutage, wie lange es dauert, bis die Kinder irgendwann wirklich auf eigenen Füßen stehen.

Diesen Verlust und die Ängste, wenn die Kinder aus dem Haus gehen, erleben viele Frauen. Dann kommt aber wieder der Moment, wo man merkt: Das ist ja gar nicht so. Die Kinder kommen, und sie sind gerne da, wir reden miteinander. Es ist eine andere Qualität, aber die muß man erstmal kennenlernen, um sie dann zu akzeptieren. Damit hatte ich anfangs Probleme. Mit dem Älterwerden gar nicht. Bis jetzt jedenfalls nicht. Ich denke, das hängt auch damit zusammen, daß ich sehr viel mit jungen Menschen zusammen bin.

So wie jetzt würde ich gern weiterarbeiten, solange ich es kann. Wenn ich gesund bin und wenn meine Familie gesund ist. Das bedeutet für mich Glück. Irgendwann, wenn meine Tochter wirklich Hebamme ist, würde ich vielleicht weniger Geburten selbst betreuen. Was mir Schwierigkeiten macht, ist das ganze geschäftliche Drumherum. Ich bin keine Geschäftsfrau, das gebe ich offen und ehrlich zu. Ich bin auch in diesen ganzen Abrechnungsfragen äußerst säumig und mein Mann muß wirklich öfter mal mahnen, daß ich Rechnungen schreibe. Es müßte so einen Computerchip am Handgelenk geben, der automatisch an die Krankenkassen meine Leistungen übermittelt. Das wäre optimal für mich. Ansonsten könnte ich wirklich nicht sagen, daß es offene Wünsche gibt oder unerfüllte Ziele. Nein, ich misse nichts.

■

Als ich

DIESER EWIGE KAMPF

Ingenieurin, 38 Jahre, ein Kind, verheiratet

Am Anfang bist du ja blind vor Liebe. Aber ich denke, daß ich von Beginn an ziemlich realistisch war. Ich dachte, ich schaffe es. Und irgendwie schafft man's ja auch, aber man läßt ganz schön Federn in all den Jahren. Weißt du, ich brauche eigentlich nur eine gewisse Kontinuität an Wärme und an Zärtlichkeit. Man kann sich ruhig mal streiten, aber man darf mir nicht sein Gefühl entziehen. Das ist für mich das Härteste. Wenn du merkst, jemand guckt dich nicht mehr liebevoll an, sondern kalt. Ohne Herz, ohne alles.

Mein Mann mauert viel, er kann nicht reden. Jedesmal, wenn er mit mir bockt, muß ich wieder kommen und ihn aus diesem Loch herausholen. Ich frage mich, was nun härter ist: Diesen Kampf zu führen, immer wieder auf ihn zuzugehen, ihm die Hand zu geben, weil ich sehe, wie hilflos er ist, oder aufzugeben. Was bin ich ihm wert, wenn er nicht mal in der Lage ist, nach einem Streit wiederzukommen? Dabei sind die Anlässe aus meiner Sicht immer Banalitäten. Ich möchte einfach mal in den Arm genommen werden, Mitgefühl spüren. Mein Mann würde jetzt sicher sagen: Mitleid. Ich sehne mich nach Wärme und Mitgefühl. Für mich ist der Verzicht darauf insofern ganz schwer, weil ich aus so einem wohlbehüteten Haushalt komme. Meine Mutter war immer sehr besorgt um uns Kinder. Zwar auch sehr hart und kritisch in vielen Sachen, aber immer fürsorglich, eben eine Mutter. Auch wenn sie uns Kinder manchmal mit ihrer Verletzlichkeit und ihren Überreaktionen förmlich knechtete, so habe ich es zumindest oft empfunden. Aber sie machte sich eben Sorgen um uns. Und weil ich weiß, daß ich viel zu behütet aufwuchs, habe ich mich ja selbst schon umerzogen. Ich war knallhart gegen mich.

Als Kind galt ich immer schon als die Starke, die Witzige, die Redegewandte. Mit 13 Jahren ging ich für 18 weg. Aber ich wollte dazugehören zu meinen Altersgenossen. Ich fand mich außerdem häßlich und wollte natürlich gut aussehen und schlank sein. Als ich mit 15 Jahren im Krankenhaus lag, verliebte ich mich unsterblich in meinen Arzt. Als der mal irgend so eine blöde Bemerkung zu dem Speck auf meinen Rippen machte, war alles zu spät. Ich war ja nicht richtig dick, und er dachte sich sicherlich nichts dabei, aber für mich war es das Signal, jetzt mit Macht abnehmen zu müssen. Und ich hungerte, hatte massive Eßstörungen. Bei 1.77 Meter wog ich nur noch 56 Kilo. Mit 17 Jahren kam ich dann auf einen ganz neuen Dreh. Ich aß einmal etwas mehr als gewöhnlich und das Essen stand mir im wahrsten Sinne des Wortes bis zum Hals. Mein Magen hatte sich ja durch das Hungern verkleinert. Ich brach alles aus. Und da kam mir die Idee, daß diese Methode ja wirklich sehr vorteilhaft ist. Du kannst richtig gut essen, ohne dick zu werden. Und das habe ich dann auch praktiziert. Fressen, kotzen, fressen, kotzen und immer so weiter. Ein Kreislauf ohne Ende. Du kriegst plötzlich solchen Heißhunger, daß du unbedingt etwas reinstopfen mußt. Das Kuriose war ja, daß keiner was merkte.

Zum Lernen hatte ich inzwischen überhaupt keinen Bock mehr. Aber ich war ja immer gut gewesen in der Schule und schaffte auch das Abi. Hatte sogar einen guten Abschluß erreicht. Dann machte ich ein Jahr Praktikum in einem Betrieb und wäre am liebsten dort geblieben. Da fühlte ich mich aufgehoben und geborgen. Aber ich hatte schließlich die Aufnahmeprüfung fürs Studium geschafft, da mußte ich natürlich zur Uni. Es war klar, daß das in diesem Zustand nichts werden konnte.

Die Zeit war furchtbar. Ich fuhr, so oft es ging, zu meinen Eltern. Sie waren übrigens die einzigen, die etwas merkten von meiner Katastrophe. Sie machten ein furchtbares Theater und sagten, ich sollte das nicht noch einmal machen. Vor meinen Kommilitoninnen, mit denen ich auf dem Zimmer war, konnte ich die Eß- und Spuckanfälle immer irgendwie kaschieren. Aber das Schlimmste sind ja die Lügen. Du hangelst dich von einer Ausflucht zur anderen, ich habe mich so geschämt. Aber der Zwang zum Essen ist so stark, den kannst du gar nicht unterdrücken. Einmal merkten sie, daß ich einen Korb voller Äpfel an einem Wochenende verschlungen hatte. Um mir genug Essen zu besorgen, hatte ich in dieser Zeit auch mein halbes Sparbuch geplündert. Aber wem sollte man sich auch anvertrauen? Jetzt, wo es vorbei ist, kann ich darüber sprechen. Aber das tust du doch nicht, wenn du ganz tief drin steckst. Das ist wie mit jeder anderen Sucht. Und Bulimie, also die Eß-Brech-Sucht, war ja überhaupt nicht bekannt in der DDR. Wenn man im Duden oder Lexikon von damals sucht, findet man nichts unter diesem Stichwort. Die Krankheit als solche gab es offiziell gar nicht. Ich war ja sogar in psychologischer Behandlung. Aber wenn man nur den Versuch machte, über die Probleme zu sprechen, hieß es nur: Sie sind doch jung und gesund, was wollen Sie denn.

Zehn Jahre habe ich mit dieser Sucht gelebt und mich dann aus eigener Kraft aus dem Sumpf gezogen. Das glaubt mir heute kein Arzt, eigentlich ist sowas unmöglich. Für mich war der Hauptgrund, Schluß mit diesen Lügen und der Heimlichtuerei zu machen. Einen festen Freund hatte ich nicht. Ich habe mir gesagt: Mit diesen Lügen wirst du nie eine ehrliche Beziehung eingehen können. Deshalb vielleicht auch mein Drang, immer die Wahrheit sagen zu müssen. Ich kann gar nicht mehr lügen, Unehrlichkeit macht mich heute krank.

Ich habe seitdem nie wieder bewußt gekotzt. Höchstens, wenn es mir ganz schlecht ging, wenn ich Alkohol nicht vertragen habe beispielsweise. Mit meiner Figur bin ich gerade mal wieder nicht so zufrieden, zehn Kilo müßten eigentlich runter. Oft komme ich mir vor wie ein Elefant im Porzellanladen, immer vergleiche ich mich mit anderen. Aber ich bin es auch leid, immer nur Diät zu machen. Ein Schuß Sahne gehört eben ans Essen, sonst schmeckt es nicht. Dann lieber mal eine Mahlzeit ausfallen lassen. Das Problem ist ja immer das gleiche. Sich selbst so zu akzeptieren, wie man ist. Und das fällt mir so schwer, auch heute noch. Weil ich immer eingeredet bekomme, daß ich den Anforderungen nicht genüge.

Ich habe mein ganzes Leben lang versucht, mich von meiner Mutter freizuschwimmen, aber es ist mir nie gelungen. Ich habe einen falschen Maßstab in mir, nicht meinen eigenen, sondern den meiner Mutter. Das zu erkennen ist die eine Sache, aber ihn loszuwerden, die andere. Ich liebe sie ja und ich habe das ganze Leben verzweifelt nach Anerkennung gerungen in ihren Augen, bloß mehr oder weniger hat sie mir die verwehrt. Eher mehr als weniger. Und du mißt dich dann immer mit einem Maß, das nicht dein eigenes ist, und das macht unglücklich. Du kommst dir immer unvollkommen vor. Dieses Akkurate, dieses Genaue, das habe ich einfach nicht. Ist mir auch nicht wichtig. Wenn meine Mutter mich jetzt ab und zu besucht und bei uns wohnt, weil mein Mann in der Woche außerhalb arbeitet, habe ich ständig das Gefühl, daß ich es ihr nicht recht machen kann. Ich weiß, daß ich nicht ihren Vorstellungen entspreche. Sie meint immer, sie muß so gegen sich ankämpfen und sich zusammennehmen, um nichts zu sagen, aber ich sehe es ihr genau an. Und es enttäuscht mich jedes Mal. Wir sind zwar an einem gewissen Stand der Abnabelung angelangt, aber sie sagt es eben nicht ohne diesen kritischen Unterton: Naja, wir sind eben sehr verschieden.

Das macht mich fertig. Leider ist es so, daß ich sie nur hier haben kann, wenn es mir gut geht. Oder ich brauche unheimliche Nervenkraft, um ausgeglichen zu wirken, auf sie einzugehen. Natürlich haben wir beide Erwartungen, wenn sie kommt. Ich möchte in dieser Zeit gern etwas mehr Ruhe und Zeit im Betrieb haben und durcharbeiten können ohne den Streß, den Kleinen pünktlich abholen zu müssen. Ich bin ja ansonsten zeitlich gebunden an die Öffnungszeiten des Kindergartens. Andererseits ist das auch gut so, denn ich habe dadurch ein einwandfreies Alibi, Feierabend zu machen. Ich bin morgens um acht Uhr im Büro. Früh lasse ich mir mit meinem Sohn Zeit, wir frühstücken grundsätzlich gemeinsam. Ich will nicht sagen, in aller Ruhe, aber ich gewöhne mich immer mehr daran, zu sagen: Dann kommst du eben zehn Minuten später. Ich habe Gleitarbeitszeit und sowieso noch viele Überstunden. Die Arbeit schafft man eh nicht. Spätestens zehn nach fünf muß ich dann nachmittags Feierabend machen und bin kurz vor halb sechs im Kindergarten. Halb sechs macht er zu. Ich komme immer auf den letzten Drücker, unser Sohn ist auch immer das letzte Kind. Ich habe aber die Erfahrung gemacht, daß ihm diese letzte Zeit ganz gut tut, weil er ein Individualist ist und gern für sich spielt. Aber er ist immer überanstrengt, hat rote Ohren.

Wenn nun meine Mutter da ist, geht der Kleine auch in den Kindergarten. Gleich nach dem Mittagsschlaf holt sie ihn ab, und dann wartet sie auf mich. Und das ist das, was mich wieder unter Druck setzt. Eigentlich komme ich, wenn sie da ist, noch eher vom Betrieb nach Hause, weil ich genau weiß, sie möchte gern mit mir zusammen sein. Sie erwartet dann auch, daß ich den Jungen ins Bett bringe und zu Hause alles im Griff habe, wobei ich ganz gerne mal alle Fünfe gerade sein lassen und mich ein bißchen hängenlassen möchte, weil ja jemand da ist.

Weil mein Mann auf Montage arbeitet, sehen wir uns nur an den Wochenenden. Das würde die Lage entschärfen und viele Konflikte ausschalten, meinst du? Sehe ich nicht so. Man entfremdet sich ja auch. Keiner kann etwas dafür, wir wünschten beide, er würde einen Job am Ort finden. Wenn du dir vorstellst, daß sich alles am Wochenende abspielt: das ganze häusliche Leben, das ganze Sexualleben, das Leben mit dem Kind. Alles muß irgendwie bewältigt werden. Aber ich habe auch nur das Wochenende zum Ausspannen, dann kommt noch das Einkaufen, Saubermachen, ich schaffe es nicht in der Woche. Da bleibt dann nicht mehr viel Spielraum. Was wir machen, sind Radtouren oder Wanderungen in die Natur. Mindestens zwei Stunden lang draußen sein, daß wir nicht nur in der Wohnung sind. Das gibt uns meistens auch wieder Kraft und Freude, es vertreibt die mieseste Laune.

Dadurch, daß wir nur die Wochenenden haben, bin ich auch in ständiger Konkurrenz zu meinem Sohn. Der Kleine steht dann eben im Mittelpunkt, und ich komme manchmal gar nicht dazu, das Wichtigste zu erzählen. Ich muß sagen, daß unser Kleiner jetzt wieder eifersüchtig auf uns ist. Es ist eigentlich ein gutes Zeichen. Das war früher nicht so. Er merkt, da ist irgendwas zwischen Mama und Papa, was früher nicht war und fühlt sich manchmal wie das fünfte Rad, was natürlich nicht so ist.

Mein Mann hat neulich völlig aus heiterem Himmel gesagt, er liebt mich nicht mehr. Ich konnte das einfach nicht fassen. Drei Wochen lang hat er mich auf Händen getragen und war fürsorglich und jetzt auf einmal kalt wie ein Eisblock. Ich war erkältet, es ging mir nicht gut, ich war hundemüde und habe ihm erklärt, daß ich früh ins Bett möchte. Nicht unbedingt allein, wir könnten doch kuscheln. Ich hab ihn nicht mal vor den Kopf gestoßen. Aber er hat total abgekotzt. Er ist in der Richtung eigentlich eher zurückhaltend und nicht so triebig wie vielleicht andere. An dem Abend war er völlig dicht. Wir haben später lange darüber gesprochen, und er beteuerte mir, daß er mich noch liebe. Aber das tut so weh, da geht was kaputt in einem, jedes Mal ein Stückchen.

Ich brauche einfach Verläßlichkeit. Ich bin bereit, alles zu geben, wenn es jemandem nicht gut geht. Und ich möchte dann auch für den anderen da sein, ich möchte ihn meine Liebe und Fürsorge spüren lassen. Ich habe kein Problem damit, das zu zeigen. Mein Mann lehnt das ab, und das bedrückt mich. Liebe und Mitgefühl zu zeigen ist das, was ich von jemandem erwarte. Aber man darf eigentlich nichts erwarten. Von niemandem. Erwartungen kann man an sich selber stellen, und die sollten auch nicht zu hoch sein, weil man sonst auch unglücklich ist. Aber, ich frage mich immer, wie sieht denn seine Form von Liebe aus, die er mir oft beteuert? Wir sind jetzt zehn Jahre zusammen und haben schon immer viele Probleme gehabt. Ich zeige ihm auch, daß ich sehr unglücklich darüber bin. Ganz früher habe ich ihm ein Loch in den Bauch geredet, das hat nichts gebracht. Dann haben wir mal eine ganze Woche lang gar nicht miteinander gesprochen, nur nebeneinander hergelebt. Das ist Folter. Das kostet mich mehr Kraft, als immer wieder Männchen zu machen und zu betteln: Nun rede doch mit mir, was hast du denn. Ich habe meinen Mann natürlich auch unheimlich analysiert, denn ich will ihn ja verstehen. Was geht da vor? Das Verrückte ist bloß, daß er sich oft nicht die Mühe macht, über sich selber nachzudenken. Und das finde ich so ungerecht. Ich leide wie verrückt, und er ist einfach beleidigt. Das finde ich oft so oberflächlich. Ich gebe ihm schon soviel Spielraum, wenn er bösartig wird und mich kränkt, dann laß ich ihm den Tag und den halben nächsten und denke irgendwann, jetzt muß er ja drüber weg sein oder zumindest auf einer Stufe, auf der man wieder Kontakt aufnehmen kann, aber er steigert sich höchstens noch rein.

Das Bild, das andere von uns haben, ist ja ein ganz anderes. Da ist mein Mann der nette, der gutaussehende, der verständnisvolle Gatte. Da wird höchstens gesagt: Der arme Mann, seine Frau redet ihn in Grund und Boden. Aber er macht mich fertig. Er foltert mich seelisch. Und trotzdem warte ich freitags auf meinen Mann und möchte, daß er die Tür öffnet und da ist. Auch unser Sohn freut sich sehr, wenn sein Papa kommt, er ist ein Vaterkind. Im Urlaub hatte ich damit echt meine Probleme. Der Kleine hat mich völlig ignoriert. Ich stand sozusagen neben ihm. Es ist ja auch gar nicht unschön für mich, wenn ich mal Luft holen kann und meine Ruhe habe. Aber so einfach beiseite gestellt zu werden, das hat mich doch gekränkt. Ich wollte dann mit meinem Mann darüber reden. Ich machte mir Gedanken, ob ich etwas falsch gemacht hatte und wollte einfach nur meine Fragen und mein Gefühl mitteilen. Das hat er nun wieder überhaupt nicht verstanden. Er wüßte gar nicht, was das nun wieder soll, was er nun wieder ändern soll. Dabei wollte ich doch nur mal loswerden, was mich gerade bewegt. In meiner Therapie hieß es, daß man sich nicht abhängig machen darf, daß man sein Leben leben soll. Das ist ja nun sehr lustig. Wenn man sich nur an zwei Tagen sieht, wie soll man da sein Leben leben? Neulich wieder so eine Situation. Mein Mann hatte ganz miese Laune, ich wollte rausgehen, es war so schönes Wetter, aber er hatte keine Lust dazu. Ich fragte: Sind wir nun eine Familie oder nicht? Er meinte, ich solle dann alleine mit unserem Sohn gehen, aber das kann ich nicht. Ich hatte mich darauf gefreut, gemeinsam etwas zu unternehmen. Wenn er am Wochenende allein sein will, dann braucht er nicht zu uns kommen. Wir sind doch eine Familie. Es macht ihm dann ja auch Spaß, wenn er sich aufgerafft hat und wir draußen sind, nur er mag keine großen Worte darüber verlieren.

Bei der Erziehung sind mir gewisse Werte schon wichtig. Ich finde ganz schlimm den Verlust an Nähe in der heutigen Zeit, daß alles nur noch auf Brutalität und Ellenbogen hinausläuft. Wer am lautesten schreit, kriegt am meisten. Dieses brutale Durchsetzen gegen andere lehne ich ab. In dieser Beziehung bin ich eben irgendwo auch eine rote Socke geblieben. Ich war auch nicht glücklich im Sozialismus. Aber das hatte weniger mit dem Sozialismus zu tun, sondern daß ich mir Verantwortung immer sehr zu eigen gemacht habe. Ich war immer langsam vom Denken, vom Handeln, vom Umsetzen und ich bin auch heute nicht schnell, und das schafft Probleme. Heute natürlich unheimlich mehr als früher. Heute muß doch alles fix, fix gehen. Du mußt zehn Sachen parallel erledigen. Zeit ist alles, Qualität zählt nicht. Natürlich darfst du dir keinen groben Fehler erlauben, dann haben sie dich auch gleich am Arsch. Und mit dieser Art zu arbeiten komme ich schwer zurecht.

Ich arbeite in einem Ingenieurbüro. Leider ist es so, daß ich nicht viele Dinge zur gleichen Zeit erledigen kann. Ich werde fuchtig, bin sofort überlastet. Dieser Druck, nicht alles termingerecht erledigen zu können, macht mich krank. Mir wurde bestätigt, daß ich sehr gründlich bin. Aber mir fehlt die Kraft, Entscheidungen zu treffen, Dinge abzuarbeiten und den lieben Gott einen guten Mann sein zu lassen. Als mir die Probleme über den Kopf wuchsen, bin ich zu meinem Chef gegangen. Er verstand meine Situation glücklicherweise. Ich glaube, ich habe da die Machoseite in ihm angesprochen. Er ist ein Typ, der nach außen beißen kann, der auch ganz gern zynisch ist und anderen weh tut und sich daran aufbaut. Es tut ihm gut, wenn er andere Leute in die Ecke treiben kann. Er geht dann nicht bis zum bitteren Ende, aber er läßt sie sich ganz schön winden. Und dann grinst er vergnügt und läßt sie gehen. Aber er ist auch einer, der sich vor die Truppe stellt, und das ist positiv.

Jedenfalls hatte er für mich Verständnis. Ich konnte mehrere Wochen lang eine Therapie machen. Allerdings übernahm jetzt eine Mitarbeiterin meine Position, sie organisiert für uns die Arbeit, was mir leider, leider nicht so liegt. Dadurch und durch die Therapie hat sich für mich die Situation gebessert. Ich bin mir gewisser Dinge eher bewußt. Mir wurde gesagt bei der

Therapie, daß ich überdurchschnittlich gut reflektiere, was andere denken und warum sie etwas tun, das hat mich richtig stolz gemacht. Daß man jetzt um bestimmte Dinge weiß, hilft nicht unbedingt, sie zu vermeiden. Aber man erkennt sie sofort. Zum Beispiel: Was löst Antipathie gegen mich aus bei meinen Kollegen? Ich kann nicht immer etwas dagegen tun, aber ich merke sofort, wenn wieder diese aggressive Art in mir durchkommt. Nicht gegen andere, sondern gegen mich selbst. Ich habe dann so bissige Bemerkungen parat. Sehr negative, lebensverneinende Äußerungen, und das kommt eben nicht gut an. Das passiert, wenn ich gekränkt und verletzt bin und mich nicht gut fühle. Und wenn dann noch ein kleiner Angriff kommt, platzt es raus. Ich müßte es vielleicht nur ein wenig anders sagen.

Ein Fehler ist sicher meine Offenheit. Ich habe schon immer meine Meinung gesagt und bin auch jetzt noch so offen. Man muß natürlich irgendwann kapieren, daß man nicht alles erzählen darf, aber deswegen werde ich es nie abwerfen. Ich mache dann immer mal wieder einen Rückzieher von dieser Offenheit in das Beleidigte, aber das ist genau der Punkt, der nicht läuft. Da kommt so etwas Verbittertes durch.

Die jüngeren Kollegen bei uns können das Dienstliche und das Private ganz gut trennen. Ob sie das nun schon gelernt haben im neuen System? Die eine hat aber auch ein bißchen Lehrgeld bezahlt. Sie hatte zu Anfang sehr viel erzählt und merkte dann, daß es schnell weitergetratscht wurde in der Firma. Zwar nicht bösartig, aber es ging eben rum, und das ist unangenehm. Jetzt scheint sie ihr Privatleben wieder im Griff zu haben, aber nun redet sie eben nicht mehr. Sie hat sich grundsätzlich verändert. Sie hält sich zurück. Sie war sonst so lustig, hat mal Witze gemacht am Mittagstisch oder mal mit rumgedallert und gealbert, aber das fällt alles weg.

Ich habe immer noch ein schlechtes Gewissen, weil ich denke, daß ich nicht alles schaffe, was man von mir erwartet. Und das hängt alles mit dieser Kindheit zusammen. Ich kann es einfach nicht als selbstverständlich annehmen, daß ich das nicht schaffe. Es ist eben so. Ich möchte das sagen, aber dann werde ich zornig und hinterher kommen die Gewissensbisse. Mich verfolgen die Dinge auch. Manchmal bin ich froh, wenn mein Sohn mich abends so intensiv gefangennimmt, daß ich nicht drüber nachdenken muß, daß dieser Druck mal abfällt. Wenn das Kind nicht wäre, würde ich wahrscheinlich nur auf Arbeit sein. Obwohl ich ein Mensch bin, der eher soziale Kontakte und Nähe braucht, die menschliche Seite eben. Ich weiß nicht, was diese Arbeitswut in mir auslöst. Ich tue es ja nicht mal gerne, aber ich habe das Gefühl, es tun zu müssen. Wie um dann Bestätigung zu finden.

Diese Bestätigung hätte ich so gern durch meinen eigenen Mann. Wenn er mich aber schlecht behandelt, fühle ich mich wie der letzte Lump, als wäre ich nichts wert. Aber was habe ich für eine Wahl? Ich sage immer, ob man noch mal jemanden kennenlernt, mit dem man wirklich noch besser leben kann, das ist die Frage. Lohnt sich dann nicht der Kampf, die Gemeinsamkeit, die man hat, auszubauen, zu halten, zu erneuern, zu flicken, irgendwie doch was draus zu machen? Soll man sich nicht lieber mit seiner Energie auf sowas schmeißen, als einfach alles hinzuwerfen? Zack, das war's? Keine Rücksicht auf sein Kind nehmen, nur weil man meint, das hätte man nicht verdient? Und geht es dem Partner nicht genauso? Und ist man glücklicher, wenn man allein ist und auf keinen mehr wartet und keiner wartet mehr auf einen? Dann bist du wieder Freiwild und mußt dich verkaufen. Das habe ich immer so gehaßt. Ich bin früher kaum an den Wochenenden rausgegangen, weil da nur Familien waren. Ich habe mich vergraben. Ich fand, ich sah aus wie auf der Suche, und das fand ich unter Niveau, so billig.

Ich bin realistisch genug, zu sagen, jede Beziehung kommt nach spätestens drei Jahren an diesen Punkt, an dem man sich fragt, ob das alles noch Sinn hat. Zu Anfang war ich nach einem Streit manchmal total gefrustet und bin 200 Kilometer durch die Nacht gefahren, quer durch die Stadt und auf der Autobahn. Ich hätte mich sogar gefreut, wenn ich tot gewesen wäre. Aber die Verantwortung für unseren Sohn hat mich wieder nach Hause getrieben. Ich bin auch nicht leichtsinnig gefahren. Aber ich habe so ein lebensverachtendes Gefühl nach solchen Streitigkeiten, weil der Mensch, den ich liebe, für den ich alles tun würde, wenn er lieb ist, mich so behandelt. Mit welchem Recht? Bin ich wirklich so wenig wert, daß er das mit mir tun kann? Warum laß ich es mit mir machen? Und er ist dann ins Bett gegangen und hat geschlafen, als ich weg war. So ist er. Er läßt mich voll auflaufen. Er foltert mich, aber er ist sich dessen nicht unbedingt bewußt. Es gibt für sein Verhalten natürlich Ursachen in seiner Vergangenheit, seiner Kindheit, seiner Familie, was ich auch analysiert habe. Dadurch sind seine Verletzungen allerdings nicht weniger grausam für mich. Aber ich habe keine Wahl, und deswegen bleibe ich eben hier und setze mich dem aus. Ich möchte vor Wut dann immer ganz viel kaputtmachen, mein ganzes Geschirr runterschmeißen. Diese Aggression versuche ich zu unterdrücken, bewußt zu atmen, denn dieses Gefühl zerstört mich. Dann versuche ich eben damit umzugehen und zu sagen: Pah, Armleuchter. Was hast du anderes erwartet?

Dazu kommt, daß das ganze Leben um uns herum so oberflächlich geworden ist. So hart, so unromantisch. Wir waren jetzt mal wieder in einer Diskothek, es war ätzend. Gibt's überhaupt noch schöne Nachtbars? Wo man richtig schön tanzen kann? Und die Oldie-Diskos, vergiß es. Da wurde totaler Hardrock gespielt, ich kam mir vor wie 'ne stampfende Kuh. Laut, du mußtest flüchten, um dich zu unterhalten. Warum muß das alles so dröhnen, es tut weh. Man konnte kein Wort miteinander reden. Also, ich war sehr enttäuscht. Alles war tot, da war nichts, was meine Seele berührte, nichts Schönes. Ich dachte, das wird ein Abend, wo man mal wieder auf Tuchfühlung geht, mal wieder elegant verführt, ach, vergiß es. Erstmal konntest du sowieso nur allein tanzen, und um richtig zu tanzen, war überhaupt kein Platz. Alle stampften wie 'ne Rinderherde. Rate mal, wo die Frauen waren: auf dem Klo. Weil sie sich da unterhalten konnten. Warum gibt eine keine Nachtbars mehr? Mit schöner Atmosphäre, einem Musiker an der Hammondorgel, Muschibubu-Beleuchtung. Ich vermisse es. Spürst du nicht auch so eine Wehmut? Mir fehlt die Geborgenheit, die Sicherheit von früher. Das Gefühl beispielsweise, abends sicher nach Hause gehen zu können. Wenn ich an die gewalttätigen Jugendlichen denke oder an die Sexualstraftäter, die frei herumlaufen, wird mir übel. Nichts ist mehr, wie es war. Neulich war ich in meiner alten Schule. Da unterrichtet kein einziger Lehrer mehr aus meiner Zeit. In unserem Haus wohnt außer meiner Mutter keiner mehr, den ich kenne von früher. Meinen alten Kindergarten gibt es nicht mehr, alles ist verändert. Ich fühle mich fremd in dieser Gesellschaft.

Ich stelle fest, daß die allgemeine Angst wächst. Ich verdränge es, weil ich weiß, es geht jedem so. Aber ich finde es unangenehm, dieses Gefühl. Wenn ich in der DDR jemanden kennengelernt hätte, hätte ich bestimmt zwei Kinder. Es tut mir leid, daß ich nur eins habe, aber es geht nicht anders. Und dann noch einen Jungen. Ich hatte schon bei der Geburt so eine Art Verlustangst, aus egoistischen Gründen ausnahmsweise. Ich denke, ein Junge geht immer ins Haus der Frau, ein Mädchen bleibt eher zu Hause. Deswegen wollte ich lieber ein Mädchen haben. Aber jetzt noch ein zweites Kind? Erstens bin ich sowieso schon ganz schön alt, zweitens würde ich es nicht packen. Die Anforderungen sind so hoch. In der DDR wurdest du mitgetragen. Die Unterschiede zwischen arm und reich waren nicht so groß, du warst sozial abgesichert. Ich finde diesen Staat absolut familienunfreundlich. Ich habe das Gefühl, ich kann ebensogut alleine leben, bis auf das Wochenende. Früher waren doch die meisten pünktlich zu Hause, konnten sich um die Familien kümmern. Aber mein Mann hat keine Wahl, er findet hier in der Nähe keinen Job. Und dann das Gefühl: Was ist, wenn du ausfällst, wenn es einfach nicht mehr weitergeht? Es gibt keinen, der mich dann auffängt. Mein Mann kann es nicht, er verdient nicht genug. Deshalb muß ich stark sein. Aber man wächst mit seinen Aufgaben, sagte meine Freundin neulich. Da ist was Wahres dran. Ich denke, ich bin zu spät in die Selbständigkeit entlassen worden. Ohne zu wissen, was ich will. Ich wußte nur, was ich nicht will. Das ist ja auch schon was, aber diese Art der Selektion finde ich nicht besonders lukrativ fürs Leben. Es ist besser, du weißt, was du willst.

Wenn es mir ganz schlecht geht, treffe ich mich auch schon mal abends am Wochenende mit meiner Freundin. Wir kippen dann einen drauf und sagen: Männer! Meine Freundin ist ziemlich hart und nicht nur die Verständnisvolle, die Mitleid hat. Man muß auch die andere Seite sehen und mal gesagt kriegen: Na, du nun wieder. Entweder du kommst damit klar oder du trennst dich. So knallhart sagt sie es. Bei einem anderen Mann Trost zu suchen, ist für mich auch keine Alternative. Es gab da mal so eine Sache, das war sogar in der Zeit, als ich meinen Mann erst kennenlernte. Also, wir sind nicht zusammen ins Bett gegangen, aber es ging schon ziemlich weit. Ich habe es niemals erzählt, mein Herz war sowieso nicht dabei. Ich möchte es auch gar nicht wissen, wenn mein Mann einen Seitensprung hätte. Wenn es wirklich ein Ausrutscher wäre. Warum soll man sich mit so etwas verletzen? Also dann muß schon alles tot sein für meinen Mann, und das ist es nicht. Wenn man noch weinen kann um jemanden, dann ist man noch nicht tot. Es stirbt so Stück für Stück vielleicht.

■

kam ja der Krieg, dann
d verpachtet. Mein Mann
zogen worden, als der Kri
atte. Er war 28 Jahre alt
er Gendarm kam, und me
lte sofort los. Auf dem M
pelle gespielt und er war e
h haben sich gefreut, daß
Daß ich mich auch gefreut
ich eigentlich nicht behau
nn fehlte ja in der Wirtsc
s Vater hatte so viel aus d
zählt. Wir wußten, wie es
wir kannten auch schon
Sie haben ja praktisch Po
überfallen. Mein Mann
Frankreich.

HUNDERT MÖCHT ICH WERDEN

Rentnerin, 88 Jahre, ein Kind, verwitwet

Wir wohnten in einer kleinen Stadt in Pommern, Vater war Drainageschachtmeister. Hatte zwölf Mann unter sich und die Bismarckgüter bis nach Ostpreußen trockenjelegt. Er kam selten nach Hause, ich kannte ihn gar nicht. Vierzehn fing der Krieg an, da war er 38 Jahre und wurd noch einjezogen. Achtzehn kam er wieder, da war ich sieben und hatte ihn kaum jesehn. Zu meinem Großvater ham'se alle Vater jesagt, und ich hab auch Vater jesagt. Meine Eltern waren fleißige Leute, sparsam, und als mein Vater aus dem Krieg kam, ham'se sich gleich ein Haus und Stall jekauft und eine Landwirtschaft aufjebaut, aber in der Stadt. 20 Morgen Land, dann ham'se noch was zujepachtet, und zehn Morgen Wiese. Mein Vater ist um zwei Uhr morgens aufjestanden und ist mähen jegangen. Und ich hab die ganze Schulzeit durch Gänse jehütet. Immer einen Tornister aufm Rücken und einen Sack unterm Arm, damit se über Nacht was hatten, die Gänse. Mußte immer durch die Stadt. Als se klein waren, hab ich zwei Körbe jehabt, aber denn später hab ich se mit der Weidenrute jetrieben. An unserm Feldrand mußt ich immer hüten. War schönes Futter. Als ich kleiner war, hat meine Großmutter noch jeholfen. Ich bin dann nachjegangen mit ihrem Essen, denn ging se wieder nach Hause.

Als ich vierzehn war, war ich eine vollwertige Arbeitskraft. Morgens bin ich aufs Feld, abends wiederjekommen. Nachher bekam ich ein Fahrrad. Mit andern Mädchen was unternehmen, das war nich. Ich war ja anjebunden. Mein Vater hat Holz jemacht, und ich hab schon als Kind sägen müssen. Und hier an der Hand hab ich noch 'ne große Narbe, da hatt ich reinjesägt. Ich hab jeweint, ich hab 'n paar jekriegt, und er hat jesagt, ich soll besser aufpassen. Vater war sehr streng, aber fleißig. Wir hatten alles: großen Dreschkasten, Drillmaschine, Mähmaschine, Schrotmühle, Rübenschneider, Häckselmaschine. Viel Vieh und wenig Land, daher mußten wir immer im Herbst Blätter sammeln für die Streu, denn das Stroh brauchten wir. Und das hab ich denn alles mitjemacht.

Und denn kam die Hitlerzeit, 31 fing das so langsam an. Dann kriegten wir einen Landhelfer. Es waren ja sehr viel Arbeitslose, aber Hitler er hat se alle unterjebracht. Naja, der Landarbeiter kam 31 und 37 haben wir jeheiratet. Das war mein erster Freund, eine Vollwaise vom ersten Krieg. Ich war 26 Jahre damals. Viele mußten ja heiraten, aber ich brauchte nich, mein Sohn kam zwei Jahre später. Mein Mann war sehr musikalisch, aber konnt nich singen. Der hat auf Tanzvergnügen Klavier jespielt, Geige, eine Harfe, Mandoline und Ziehharmonika. Ich saß denn dabei, die andern haben jetanzt. Bevor ich meinen Mann kennenjelernt hatte, war nicht viel mit Tanzen. Als junges Mädchen durft ich auch nicht allein zum öffentlichen Schwoof. Mein Vater war in der Feuerwehr und im Kriegerverein, und wenn einmal im Jahr Tanz war, denn durft ich mitkommen. Aber ich konnt nich doll tanzen.

Mein Mann und ich wollten in der Landwirtschaft bleiben, ich hatte nie daran jedacht, was anderes zu machen. Aber dann kam ja der Krieg, dann haben wir das Land verpachtet. Mein Mann ist gleich einjezogen worden. Er war 28 Jahre, so wie ich. Der Gendarm kam, und mein Mann mußte sofort los. Auf dem Markt hat die Kapelle jespielt und es war ein Hallo. Die haben sich jefreut, daß es losgeht. Daß ich mich auch jefreut hätte, das kann ich eigentlich nicht behaupten. Mein Mann fehlte ja in der Wirtschaft. Und mein Vater hatte so viel aus dem ersten Krieg erzählt. Wir wußten, wie es im Krieg ist, und wir kannten auch schon Hitler und die SS. Sie haben ja praktisch Polen wirklich überfallen. Mein Mann kam dann nach Polen. Er war nochmal im Urlaub bei uns und sagte: Wir und die Polen schmeißen uns Zigaretten über den Fluß. Dann ist er mit nach Rußland, und nach zwei Monaten war er schon nicht mehr. Erstmal kam die Post zurück. Ach, die Post kommt zurück, dacht ich. Nächsten

Tag kam ein amtliches Schreiben, wir waren gerade beim Sirup kochen im Oktober. Ich lese: ...durch eine Granate jefahren. Ich sag: Wie kann er durch eine Granate fahren. Da sagt die Schwester: Durch eine Granate jefallen. Ich hab dann noch jahrelang jetrauert, ich hab nur schwarzes Zeug jetragen.

Am 2. Februar 45 haben wir dann die Flucht anjetreten. Der Russe war schon vor unserer Stadt, und bei uns landeten diese Schneemänner, die den Russen noch vertreiben sollten. Es lag hoher Schnee bei uns. Eigentlich war es schon zu spät, aber Vater wollte immer das Vieh nicht im Stich lassen. Mutter war schon jestorben. Vater hat einen Schlitten jebaut, einen Sitz für den Jungen und eine Kiste für Proviant. Mehl, Zucker, Schmalz, ein bißchen Speck, die Kaffeemühle mit bißchen Kaffeeschrot. Wir kommen wieder zurück, hat mein Vater jesagt. Tags haben wir irgendwo jehalten und in leeren Häusern oder Ställen oder in Wäldern Halt jemacht und nachts sind wir weiter. Man war ja aufjeregt und man dachte gar nicht ans Schlafen. Mein Vater, ich, mein Sohn und meine Schwester. Auf der Flucht haben wir den Mann von meiner Schwester jetroffen, er war verletzt. Gleich Uniform aus und alte Sachen an. Wir sind sooft in Bombenhagel jekommen bei der Flucht und haben immer Glück jehabt. Ich hab so viele sterben sehn. Der Arzt hatte mir damals jesagt, mein Mann sei gleich tot jewesen. Nein, die leben bis zum letzten Blutstropfen, das hab ich selbst jesehen. Die Soldaten lagen auf den Abhängen, aber man konnte sich da nicht einmischen. Wir hatten nur einen Gedanken: weg! Man hat so viel Elend und Leid jesehen, aber man hat auch nicht helfen können. Man hat praktisch an sich denken müssen.

Am 8. Mai war dann ja endlich Schluß. Wir wohnten vom Mai bis Juli, bis der Russe kam, in einer Scheune. Dann zogen wir in ein kleines Labor in einer Molkerei. Die Möbelfabrik hier in der Stadt hatte dann schon Einheitsmöbel verkauft. Bißchen Geld hatten wir ja mit, und davon haben wir uns zwei Betten jekauft und einen Einheitsschrank. Meine Schwester und ihr Mann sind rüberjegangen in den Westen, mein Vater ist 1956 jestorben, der war solange noch bei uns. Ich hatte eine gute Nachbarin, zu der geh ich auch jetzt noch oft hin. An einen neuen Mann hab ich nicht jedacht. Wer aus dem Krieg und Gefangenschaft nach Hause kam, hatte Familie. Und sollte ich die auseinander bringen? Ich kenn so viele Frauen, die die Ehen auseinanderjebracht haben. Und die Frauen haben ja mehr Schuld wie die Männer. Ein Jahr später kamen die letzten Gefangenen, und da hatten viele Frauen schon einen Schlafburschen. So viele kenn ich namentlich. Sowas kam für mich überhaupt nicht in Frage. Heut nimmt sich eine 50jährige einen 30jährigen, sowas gab's ja damals nicht. Wer hätt das wohl jemacht? Wo gab's denn Männer? Und es gibt ja sone und solche Frauen. Die einen brauchen 'nen Mann und andere nicht. Und ich brauchte keinen. Ich hab jelernt, mich selbst um alles zu kümmern. Man ist von keinem abhängig, wenn man alleine ist. Ich schenke gern, aber ich nehme nicht gern. Und ich bin gläubig. Ich glaube, obgleich ich nicht zur Kirche geh. Während des Krieges und auf der Flucht haben wir an den Glauben aber nicht jedacht, da hat uns nur das Weltjeschehen interessiert. Man war aufjeregt, zum Beten hatte ich gar keine Zeit, das hätte auch nicht jeholfen.

Den Jungen hab ich dann alleine großjemacht, aber das war ja normal, es waren ja so viele Kriegswitwen. 1950 hab ich beim Russen jearbeitet, die Kommandantur sauberjemacht. Zweimal in der Woche für 50 Mark. Da mußt ich auch große Öfen heizen, die hatten Telegrafenpfähle hinjelegt und 'ne Axt daneben. Und ich breitbeinig darüber und hab Holz abjeschlagen. Dann hab ich das mal in der Stadt erzählt, und dann hab ich aus der Sägerei kleine Stücken Holz jekriegt und konnt die mitnehmen. Dem Russen war das egal. Zum Schrubben hat mein Vater mir einen Besen jemacht, wir hatten doch nichts. Mit 'nem Sack hab ich aufjewischt. Nachher hab ich bei der Bahnpolizei in der Küche jearbeitet anderthalb Jahre, hab Essen jekriegt, das war eine schöne Zeit. Da waren 35 junge Bengels, die begrüßten mich immer: Hallo, lebste noch? Ich war ja denn schon in den Vierzigern. Die zogen dann um, und ich sollte mit, aber ich konnt doch den Vater nicht alleine lassen. Dann wurden Verkäuferinnen jesucht. Da hab ich die ersten zwei Jahre jearbeitet für 187 Mark den Monat, das war in den fünfziger Jahren. Dann hab ich noch den

Facharbeiter jemacht und etliche kleine Verkaufsstellen einjerichtet. Dann wurd es Selbstbedienung, und ich war zehn Jahre an der Kasse. Das war eine schöne Zeit. Ich hab so viele Kollegen kennenjelernt, junge Mädchen, Lehrlinge. Ein paar wohnen noch hier in der Stadt, wenn wir uns sehen, ist die Freude groß. Ich würd es auch immer wieder so machen, ich hab nichts bereut.

Mit 60 bin ich in Rente jegangen. Mein Sohn war zehn Jahre in der Welt und ist dann wieder hier in die Stadt jezogen. Ist ja schön, sonst hätt ich auch keinen. Als ich in Rente war, kam der zweite Enkel. Ich bin jeden Tag hinjetappelt, was vielleicht auch nicht das Richtige war bei den jungen Leuten. Aber die waren beide auf Arbeit, und ich hab die Kinder hinjebracht zum Kindergarten, hab sie nachmittags abjeholt und bin nach Hause jegangen, wenn die Eltern kamen. Später hab ich Mittag für die Kinder jekocht, daß sie nicht in der Schule essen mußten. Als sie selbständiger wurden, hab ich mich zurückjezogen.

Ich wohne jetzt in einem Haus für Senioren, schöne kleine Wohnung. Ich mach meinen Kram noch alleine, gestern hab ich Wäsche jewaschen. Ich geh jeden Tag raus in die Stadt, aber so weit kann ich auch nicht. Hier drüben ist ein Seniorenklub, da bin ich zwanzig Jahre oder noch länger hinjegangen. Aber nachmittags kam keiner mehr, und jetzt sind lauter Fremde da, nu geh ich auch nicht mehr hin. Hier im Haus vertragen wir uns gut. Ich bin so, ich sprech jeden an, und denn müssen'se auch antworten. Also, Hundert möchte ich mindestens werden. Ich bin doch noch nicht alt. Wenn ich gesund bin und meine Umgebung auch, das ist schon viel wert. Reisen muß ich nicht mehr, ich hab sehr viel jesehen. Ich lese viel, höre Radio und gucke Fernsehen und denk mir mein Teil. Was ich noch erleben möcht? Ich hab vor drei Wochen einen Urenkel jekriegt. Ich möcht sehn, wie er aufwächst. Wenn der erst kommt und auch seine Hand aufhält.

■

CH MEINEN FREUND W
R ALLE EINEN AUSREI
U WOLLTE EIGENTLICH
ACHTZEHN WAR WAS
R? ICH KONNTE IN DER
G AUF ARBEIT GEHEN
STELLEN, ZWEI KINDER KRIEGEN,
E KRIPPE BRINGEN MUSS ICH AB
R NUR VORSTELLUNGEN GEHABT
E WELT SEHEN REISEN WAR FÜR M
CHTIG GEWESEN. ICH WAR ALS KIN
T MEINEN ELTERN MIT DEM TRABI
LGARIEN. DAS ERSTE MAL ALLEIN
MIT 16 IN BULGARIEN. DA BIN IC
BEN. ICH HAB DAS ABER NIEMAN
B MICH SCHULDIG GEFÜHLT. DAS
INGERITTEN HAB. ICH WAR DAMAL
E UND IN ÜBER DAS JUGENDREISEB

JENSEITS VON AFRIKA

Selbständig, 34 Jahre, ein Kind, geschieden

Gut, es war mutig, vielleicht auch verwegen. Vor einem Jahr hab ich mir in einem alten Bauernhaus eine Lohnmosterei aufgebaut. Alles Öko, mit alten Maschinen, die ich mir zusammenkaufte. Vorher bin ich zu einigen Mostereien gefahren und hab mir angeguckt, wie die so arbeiten, aber so richtig Ahnung hatte ich halt nicht. Ich hab's einfach probiert, und es funktionierte. Irgendwie klappte die Mundpropaganda, so daß ziemlich viele Leute ihre Äpfel zu mir gebracht haben. Zum Glück kamen meine Eltern her und haben geholfen, das fand ich wirklich ganz lieb. Für ein paar Monate raus aus ihrer gemütlichen Wohnung und haben hier so primitiv bei mir im Holzhäuschen gewohnt mit Klo überm Hof. Auf dem Gehöft leben noch viele andere Leute, zwei Pärchen und einige Alleinstehende. Die haben zum Teil ihre Bauwagen hier stehen oder sich Räume ausgebaut. Inzwischen bin ich fast wie ein kleines Zentrum auf unserem Hof. Ich bin so ein Typ, der immer viele Menschen um sich herum haben kann, ich brauche für mich selbst wenig Raum. Die Mischung der Leute ist gut, manchmal ist man enger zusammen, manchmal geht man sich aus dem Weg, aber das Grundvertrauen ist da. Wir leben fast wie eine große Familie, ich habe zu jedem ein sehr privates Verhältnis. Die Kinder spielen zusammen, das ist gerade für die Alleinerziehenden ein Riesenvorteil. Es ist immer jemand auf dem Hof, zu dem die Kinder gehen können, sie wachsen nicht als Einzelkinder auf. Als ich kürzlich mal ins Krankenhaus mußte, wußte ich, daß mein Sohn versorgt ist. Wir kochen abwechselnd für alle, die tagsüber auf dem Hof sind. Halb eins gibt es Mittag, diese feste Zeit hat sich bewährt. Jeder weiß, wann er zum Essen zu kommen hat, der Tag bekommt einen festen Rhythmus. Einmal im Monat treffen wir uns und besprechen die Dinge, die gerade anliegen. Für die laufenden Kosten wie Wasser, Abwasser, Müll gibt's eine Gemeinschaftskasse. Jeder hat eine eigene Wohnung, so daß man sich zurückziehen kann, aber wenn es Probleme gibt, wird man aufgefangen. Und mein Sohn hat feste Bezugspunkte, er kennt den Hof, die Leute, den kleinen Kindergarten im Ort. Gerade weil ich selbst so eine Sicherheit in meiner Kindheit hatte und das im Nachhinein auch wirklich zu schätzen weiß, möchte ich meinem Kind das auch bieten.

Konkrete Erlebnisse aus meiner Kindheit weiß ich eigentlich nicht, vielleicht, weil sie so harmonisch war? Mit Eltern, die sich gut verstanden, die ich nie hab streiten hören. Meine Eltern waren eine feste Institution für mich, die haben mir gegenüber immer eine Meinung vertreten. Ich war ein geplantes, gewünschtes Einzelkind, aber kein Einzelgänger. Im Haus wohnten noch drei Kinder, wir haben viel zusammen gespielt. Ich hatte auch immer viele Freunde. Meine Mutti war drei Jahre zuhause mit mir, dann allerdings ist sie ganztags arbeiten gegangen. Wir wohnten im Vorort einer Stadt im Vogtland. Kindergarten und Schule waren in der Nähe, es war sehr familiär und gemütlich. An die Schulzeit hab ich eigentlich nur gute Erinnerungen. Ich war ganz gut von den Leistungen her und dann auch Gruppenratsvorsitzende, FDJ-Sekretär, da haben sie mich immer rangekriegt. Irgendjemand mußte das ja machen. Ich glaube, ich hab mich auch schnell mit den Fakten zufriedengegeben und nicht viel hinterfragt. Es war eben so, und das habe ich hingenommen.

Der erste Hammer kam dann in der achten Klasse. Von 30 Schülern durften nur zwei auf die Erweiterte Oberschule. Wir waren fünf, die gleich gut waren, also das Abitur machen wollten. Der eine hat sich als Offizier gemeldet, da war klar, daß er das Abi machen kann. Ein Mädchen war die Tochter von der stellvertretenden Direktorin, da gab's natürlich auch keine Frage. Ich hab mich aber schnell damit abgefunden, da hatte ich eben auch diese DDR-Mentalität. Es war eben so.

Ich wußte überhaupt nicht, was ich werden wollte, hatte zu nichts richtig Lust. Dann redete meine Lehrerin mir ein, daß ich Zahntechniker werden könnte. Ich hatte nur Einsen, aber ich wurde nicht mal zum Eignungstest eingeladen. Das war doch auch wieder ein linkes Ding. Dann war ich halt noch mehr gedrückt und dachte, okay, bei uns im Ort ist ein großes Chemiewerk, wo meine Eltern auch gearbeitet haben, mach ich eben Chemiefacharbeiter. Mein Vater hat die Bewerbungsunterlagen abgegeben und hat dann praktisch auch für mich entschieden. Eines Tages kam er zurück und sagte: Du wirst Plastfacharbeiter. Das war mir dann auch egal. Ich mußte ins Lehrlingswohnheim, dann kam der Bruch. Ich hab nur geheult, ich glaub, ich hab drei Jahre durchgeheult. Zuhause hatte ich so viele Freiheiten gehabt, durfte im Prinzip jeden Tag zur Disko. Mein Vater hat nur gesagt: Solange du in der Schule nicht absackst und morgens noch zeitig aufstehst, kannst du machen, was du willst. Und dann kam ich in dieses Wohnheim, wo wir halb zehn drin sein mußten, nur einmal in der Woche eventuell verlängerten Ausgang hatten, das war wie Gefängnis für mich. Und auch die Atmosphäre war grausam. Plastfacharbeiter war so in unserer Gegend der Lehrberuf für alle, die wirklich nichts anderes mehr abgekriegt hatten. Die Mädchen haben sich gegenseitig beklaut und verprügelt, ein Kulturschock für mich. Ich bin jedes Wochenende heim und hab geheult, aber meine Eltern sagten, da mußt du jetzt durch. Ich wäre auch selber nie auf die Idee gekommen, aufzuhören. Das gab's gar nicht.

Das letzte halbe Jahr war ich dann wieder zuhause bei meinen Eltern und habe im Betrieb gearbeitet, und es war klar, daß ich mich für ein Fachschulstudium bewerbe. Mit Plaste wollt ich irgendwie nichts mehr zu tun haben und hab mich für die Richtung „Technologie der anorganischen und organischen Chemie" beworben. Eigentlich nur, damit ich nicht gleich arbeiten mußte. Vor dem Studium hatte ich meinen ersten richtigen Freund bei uns im Heimatort kennengelernt. Ich mußte nach Magdeburg zum Studium, er nach Karl-Marx-Stadt. Das wird sowieso nichts, dachte ich, aber es hat doch viereinhalb Jahre gehalten. Jedes Wochenende sind wir nach Hause gefahren und haben uns getroffen. Das Studium fand ich nicht so toll. Wieder nur Frauen. Im Lehrlingswohnheim damals nur Frauen, dann in dem Labor im Chemiebetrieb und jetzt wieder. Und es gab immer Intrigen. Im Studentenwohnheim waren wir zu acht in einem Zimmer, später hatten wir 20-Mann-Wohnungen, ich meine, da geht man sich auch einfach auf den Senkel. Ich hab praktisch nur für die Wochenenden gelebt. Montags war ich immer so fertig, daß ich nachmittags um vier ins Bett gegangen bin und durchgeschlafen hab. Ich hab nur versucht, die Wochentage rumzukriegen, eigentlich schrecklich, es war ja auch Lebenszeit.

Nach dem Studium mußte ich drei Jahre in dem Betrieb arbeiten, der mich zum Studium delegiert hatte. Ich kam also zurück als Technologe und sollte mit 21 Jahren Chef sein von Chemiefacharbeitern. Zum Teil von den Eltern meiner Freunde. Die haben mich natürlich nicht ernst genommen, ich meine, ich hatte ja keine Ahnung von der Praxis, man konnte mich ja auch nicht ernst nehmen. Ich mußte dann wochenweise durch alle Abteilungen, und da haben sie mich manchmal wirklich Spießruten laufen lassen.

Ich hab dann relativ schnell eine eigene Wohnung gekriegt, weil nämlich meine Mutter zufällig mit der Frau vom Wohnungsamt zusammen auf Kur war. Dann mußte von der Wohnungskommission des Betriebes auch noch die Notwendigkeit festgestellt werden. In dieser Kommission war wiederum eine Arbeitskollegin von meinem Vater, die hat dann den Schein ausgestellt. Ich war zwar froh über die Wohnung, aber die Arbeit als Technologin war furchtbar. Mein Chef hatte gar kein Chemiestudium, sondern drei Parteischulen. Und ich stand zwischen den Arbeitern und diesem Chef. Ich wurde getreten und sollte selbst nach unten treten, und das konnt ich überhaupt nicht, ich war da völlig fehl am Platz. Da hab ich auch viel geweint. Ich hatte nichts Sinnvolles zu tun und mußte den ganzen Tag so tun, als ob ich was tu. Nach einem dreiviertel Jahr hab ich's echt nicht mehr ausgehalten und fragte bei der Volkssolidarität an, ob die nicht jemanden gebrauchen können.

Am nächsten Tag mußte ich zum Kaderleiter in unserem Betrieb. Die Volkssolidarität hatte angerufen und er hat sich aufgeregt: Wie kommen Sie dazu, Sie sind hier drei Jahre verpflichtet. Da hab ich ihm gesagt, daß ich es nicht mehr aushalte und daß ich nicht mehr zur Arbeit komme.

Naja, der war wieder mit meinem Vater in der Feuerwehr und dann wurde überlegt, was sich machen läßt, und dann haben sie das so hingetrickst, daß ich bei meinem Vater in der Abteilung als Arbeiter gehen konnte. Ich hatte vorher als Chef 580 Mark rausgekriegt und als Arbeiter dann über 1000. Und hatte ein feines Leben. Zwölf Stunden arbeiten, 24 Stunden frei, das viermal und dann drei Tage frei. Das war echt klasse. Wir mußten Filter wechseln, Schieber auf- und zudrehen, mal bissel abdichten, aber es war ganz einfach und die meiste Zeit saß ich in der Meßwarte. In der Nachtschicht konnte ich schlafen, in der Tagschicht konnte ich machen, was ich wollte. In den zwölf Stunden hab ich reell vielleicht anderthalb bis zwei Stunden gearbeitet. Ich las damals ganz viel. Feuchtwanger, Thomas Mann, Sartre, viel Weltliteratur. Auch alles mögliche über den Zweiten Weltkrieg und die Juden, dieses Thema hat mich immer besonders interessiert.

Durch meinen Freund war ich in einer Clique, in der alle einen Ausreiseantrag laufen hatten. Ich wollte eigentlich schon in den Westen, seit ich achtzehn war. Was hatte ich in der DDR vor mir? Ich konnte in der Wohnung wohnen, jeden Tag auf Arbeit gehen, möglichst heiraten, Trabi bestellen, zwei Kinder kriegen, die ich dann in die Krippe bringen muß. Ich hab echt so Horrorvorstellungen gehabt. Dabei wollte ich die Welt sehen. Reisen war für mich immer ganz wichtig. Ich war als Kind schon oft mit meinen Eltern mit dem Trabi in Ungarn und Bulgarien gewesen. Das erste Mal allein im Urlaub war ich mit 16. In Bulgarien. Da bin ich vergewaltigt worden. Ich hab das aber niemandem erzählt, ich hab mich schuldig gefühlt, daß ich mich da reingeritten hab. Ich war damals mit einer Freundin über das Jugendreisebüro gefahren. Wir hatten ein paar Bulgaren kennengelernt und sind dann auch mit in deren Wohnung, weil wir auf jemand gewartet hatten. Meine Freundin und ich hatten uns aber vorher ausgemacht, daß wir uns nie allein lassen. Sie war am Tag vorher vergewaltigt worden. Aber wir sind dann trotzdem wieder losgegangen, ich kann das heut auch nicht mehr verstehen. Man war damals so. Ich wollte also in der Wohnung was trinken und bin in die Küche und meine Freundin kam mit. Plötzlich dreht sie sich um und sagt: Ich geh jetzt wieder. Sie geht raus, der Typ knallt die Tür zu, dreht den Schlüssel rum und wirft sich auf mich. Ich hab versucht, mich zu wehren, aber ich hatte auch Angst, daß er mich erwürgt, wenn ich mich zu doll wehre. Das war so ein richtig großer Kerl. Der hat mir den Schlüpfer runtergerissen und in dem Moment, als er praktisch seinen Schwanz reingesteckt hatte, da war er so bißchen weggetreten, in dem Moment konnt ich ihn runterschubsen, zur Tür rennen, Schlüssel rumdrehen und rausrennen. Dann bin ich gleich mit meiner Freundin raus und wieder in unsere Herberge. Irgendwie hab ich mich immer schuldig gefühlt, daß ich mich in diese Situation gebracht hab. Man geht ja auch nicht einfach so in fremde Wohnungen mit. Trotzdem gibt das aber keinem Mann das Recht, Frauen zu vergewaltigen, so seh ich das heute. Aber so grundsätzlich hat's mich eigentlich nicht erschüttert, muß ich sagen. Ich glaub, ich hab es gleich verdrängt. Was mich fast noch mehr getroffen hatte, war, daß meine Freundin mich in der Küche alleine gelassen hatte. Ich hab aber mit ihr nie drüber gesprochen, wir waren einfach noch so jung. Ein Jahr später hatte ich dann in Ungarn freiwillig mit einem Mann geschlafen. Das hat mir auch Spaß gemacht, also ich hatte durch diese Vergewaltigung keine grundlegende Abneigung gegen Männer.

Wie kamen wir überhaupt auf das Thema? Ach ja, Reisen. Ich bin also immer viel gereist. Einmal bin ich sogar ganz alleine los, als eine Freundin zwei Tage vorher abgesagt hatte. Ich hab mich in den Zug gesetzt und bin losgefahren, ich hatte nicht mal ein Zelt mit. Ganz schön naiv und unbedarft, würde ich heute sagen. Meine Eltern waren zu der Zeit nicht da, sonst hätten die mich natürlich nicht fahren lassen. Insgesamt war ich achtmal in Rumänien, aber ich wollte auch mal was anderes sehen. Ich wäre gern durch die Welt getrampt. Die Alpen sehen, die Anden, Afrika.

Einen Ausreiseantrag mochte ich aber irgendwie nicht stellen, ich hatte Angst, daß man ewig warten muß und dann irgendwelchen Repressalien ausgesetzt ist. Oder du wartest für nichts und wieder nichts. Und als einzige Tochter konnte ich nicht einfach so von meinen Eltern weg. Es war ja damals dann auch klar, daß es kein Zurück mehr gibt. Aber trotzdem hab ich über Jahre mit diesem Gedanken gespielt. Und von meinen Freunden hat nacheinander jeder seinen Ausreiseantrag genehmigt gekriegt. Der letzte ist dann im Herbst 88 weg. Mit meinem Freund war inzwischen schon Schluß. Ich hatte noch lange versucht, was zu retten, aber das war auch so einer, der von sich aus nie zu mir kam. Es war irgendwie keine Basis da. Ich hab mich wahrscheinlich ungeliebt gefühlt. Immer war ich es bis jetzt, die auf die Männer wartete und auf sie zuging. Ich hatte dann einen anderen auf Arbeit kennengelernt, Marc, wir haben uns ganz gut verstanden. In den war ich nie so verliebt wie in den ersten Freund, aber es war so in Ordnung, und er ist dann zu mir gezogen. Mit Marc hab ich mich vielleicht von allen Männern in meinem Leben am besten verstanden. Vielleicht, weil wir uns nicht so geliebt haben, es war dann irgendwann wie eine WG, völlig unerotisch, aber schon mit dem Anspruch einer Beziehung. Aber es war immer nett und es gab fast immer so ein wortloses Verstehen. Manchmal findet man ja solche Menschen, es hätte auch eine Frau sein können.

Marc wollte auch in den Westen, aber er wollte keinen Ausreiseantrag stellen, sondern abhauen. Mir war das zu gefährlich. Bei einer Reise durch Rumänien hatten wir die Idee, mit dem Zug an die jugoslawische Grenze zu fahren, dann die Notbremse zu ziehen und durch die Donau zu schwimmen. Danach bin ich ein Jahr lang in die Schwimmhalle gegangen und hatte schwimmen geübt auf Zeit. Wir waren dann aber vor dem Sommer noch mal in Ungarn, und dort haben wir im Frühjahr 89 ganz spontan beschlossen, abzuhauen. Ein Freund hatte uns schon informiert, wie die Grenze aufgebaut ist. Den ersten Zaun haben wir durchgeschnitten, den Elektrozaun isoliert, dann kam der Sandstreifen. Ganz dicht neben uns waren Posten, die haben wir sogar gehört. Schrecklich, ich hätt mich am liebsten freiwillig ergeben. Mein Freund rannte als erster, plötzlich ging eine Leuchtrakete hoch, er war über diesen blöden Draht gestolpert. Die Posten waren gleich bei uns und haben uns nach Györ ins Gefängnis gebracht. Wir hatten vorher eingeplant, daß wir eventuell in den Knast gehen und dann abgeschoben werden. Aber so schlimm hatte ich mir das Eingesperrtsein dann doch nicht vorgestellt. Es kam kein richtiges Licht in die Zelle, nur eine Glühbirne hing in einem Lichtschacht. Es war ein leerer Raum mit drei Holzpritschen ohne Matratzen, da lagen wir drei Frauen drauf mit alten grauen Decken. An der Tür war eine Klappe, durch die wurden mit der Hand Speckgrieben gegeben und ein Stück trocknes Brot. Und eine Plastikschüssel mit zuckersüßem Tee gab es. Mittags dann noch eine wässrige Suppe. Fünfmal am Tag durften wir geschlossen aufs Klo gehen, dort konnte man aus einem Plastekrug abgestandenes Wasser trinken. Morgens ging die Tür auf, dann kam so ein Wischeimer reingeschossen mit braunschwarzer Brühe, und wir mußten auf Knien den ganzen Raum ausfeudeln. Der Mann, der uns verhörte, war recht nett. Er fragte uns, ob wir was haben, was die Stasi nicht kriegen sollte, und da hab ich vorsichtshalber mein Adressbuch vernichten lassen.

Dann kamen wir zurück in die DDR und waren bei der Stasi in U-Haft, und das war alles viel ordentlicher als in Ungarn. Die Zimmer haben mich total an mein Lehrlingswohnheim erinnert. Nur, daß das Klo in der Ecke war mit einem Spiegel, daß der Wärter jederzeit gucken kann. Immer freitags durften wir duschen, dann gab's auch ein neues Kleiderpaket. Die Leute dort waren freundlich, das kann ich nicht anders sagen. Wir waren zwar eingesperrt, natürlich hatten wir nichts zu sagen, aber wir wurden ordentlich behandelt. Es war ja schon Ende Mai, und ich denke, die Stasi ahnte schon, daß es nicht mehr lange so weitergeht, und einige werden schon versucht haben, lieb Kind zu machen.

Insgesamt war ich mehr als drei Monate in der U-Haft. Wir hatten sogar eine Bibliothek, und da durfte man sich jede Woche Bücher ausleihen. Aber ich konnte überhaupt nicht lesen. Ich war so aufgeregt, daß ich jede Seite dreimal lesen mußte und immer noch nicht wußte, was da stand. Wir waren vier Frauen in der Zelle und es war eigentlich ganz nett. Wir haben uns einen festen Tagesablauf ausgedacht. Da wurde viel Sport gemacht, also Gymnastik in der Zelle und Halma gespielt. Wir hatten Halmaspielzeiten festgelegt, damit wir nicht den ganzen Tag spielen. Abends haben wir uns gegenseitig massiert und uns mit den Männern über Klopfzeichen unterhalten. Von den älteren kriegst du mit, wie das funktioniert. Man mußte jeden Buchstaben einzeln klopfen, und der eine hat immer so viele Rechtschreibfehler reingeklopft. Also, das war schon irgendwie auch lustig. Meine Mutter durfte mich einmal im Monat besuchen. Meine Eltern wußten, daß ich abhauen wollte und standen voll hinter mir. Das war natürlich auch ganz wichtig.

Obwohl ich keine Repressalien auszustehen hatte, hat mich diese Zeit total fertig gemacht. Dieses Eingesperrtsein konnte ich nicht ertragen. Ich bin total dünn geworden, obwohl ich alle Mahlzeiten gegessen hab. Bei der Gerichtsverhandlung wurde ich zu einem Jahr und fünf Monaten verurteilt. Okay, das war also die Höchstgrenze, dachte ich, meistens ist man ja vorher schon abgeschoben worden. Ich kam in einen großen Frauen- und Jugendknast, und das war dann wirklich schrecklich. 16 Frauen auf einem Zimmer. Wenn eine ihre Kleidung nicht ordentlich zusammengelegt hatte, dann wurden für alle die Vergünstigungen gestrichen. Wir sind früh um vier aufgestanden. Dann mußten wir mit einem feuchten Waschlappen die Liegefalten aus dem Laken rausbügeln. Ich dachte erst, das ist ein Witz. Aber die schon länger auf dem Zimmer waren, haben echt geguckt, daß du das auch machst. Da durfte wirklich keine Falte im Laken und in der Bettdecke sein. Und die Knopfleisten von den Uniformblusen mußten beim Zusammenlegen genau in der Mitte sein und im Schrank mußten auch alle so aufeinander liegen, daß die Knopfleisten genau in einer Reihe sind. Und wenn irgendwas nicht stimmte, dann gab's eben keine Extraration Zigaretten oder andere Vergünstigungen. Ich hab mich damit getröstet, daß es den Männern bei der Armee ähnlich geht. Auf

Arbeit mußte ich Messingringe in Lampenfassungen drehen, das war pillepalle.

In diesem Knast war ich aber nur ein paar Wochen, und ganz plötzlich wurde ich entlassen. Das war Ende September. Ich wollte doch in den Westen abgeschoben werden, und nun stand ich immer noch in der DDR. Der Staatsanwalt hatte mich rausgeholt und meinte: Ich dachte mir, Sie lassen sich gut wieder eingliedern. Sie haben so eine schöne Biografie. Also war alles umsonst gewesen.

Meinen Freund hatten sie sogar ohne Verhandlung aus der U-Haft entlassen. Inzwischen war ja schon Umbruchzeit. Die Grenze in Ungarn war auf, die Botschaften besetzt. Aber ich hab damals nicht dran geglaubt, daß die Grenze generell aufgemacht wird. Weil wir immer noch raus wollten, sollten wir einen Ausreiseantrag stellen, dafür mußten wir aber verheiratet sein. Also haben wir noch schnell geheiratet Ende Oktober. Marc, den ich eigentlich nie als Mann haben wollte. Wir haben einen Ausreiseantrag gestellt und sind dann aber doch über die tschechische Grenze abgehauen in den Westen. Es klappte gut, in Schweinfurt sind wir im Übergangslager angekommen, und als wir in der Schlange standen, hieß es: Die Grenze ist auf.

Wir sind weiter nach Nürnberg und haben Wohnung und Arbeit gekriegt. Ich durfte bei Schöller als Lebensmittellaborantin arbeiten und mußte Tiefkühlprodukte testen. Ich aus dem Osten und dann die ganzen leckeren Sachen vor mir! Beim exotischen Obstsalat kannte ich ja nicht mal alle Früchte. Ich mußte die Gerichte zum Teil zubereiten, wiegen und messen. Marc kriegte gleich bei Opel eine Stelle als Kfz-Mechaniker. Er hatte schon immer viel an Motorrädern gebastelt und kannte sich da aus, hatte aber keine Ausbildung. Er hat einfach gesagt, daß ihm seine Papiere bei der Übersiedlung abhanden gekommen sind, und da wurden ihm sogar fünf Gesellenjahre anerkannt.

Wir hatten nun eine Wohnung und Jobs, aber das war ja nicht das Leben, das ich mir vorgestellt hatte im Westen. Ich wollte reisen, hatte auch die Idee, nach Afrika zu gehen als Entwicklungshelfer. Wir haben uns dafür beworben, wobei ich der treibende Teil war. Marc wollte am liebsten so weiterleben. Wir waren ja verheiratet, aber im Bett hat sich nichts mehr abgespielt. Wir haben wohl einmal im Jahr zusammen geschlafen. Er meinte, bei ihm ist das so, er kann nicht. Ich wollte aber nicht mit 25 Jahren mein Liebesleben begraben. Zu DDR-Zeiten hatte ich immer noch jemanden nebenher, aber in Nürnberg waren wir nur noch zu zweit. Ich hab ihn schon mal ansatzweise drauf angesprochen, aber er hat dann gleich abgeblockt. Ich hatte dann einmal vor seinen Augen auf einer Reise eine Affäre mit einem anderen und natürlich auch ein schlechtes Gewissen. Hinterher hab ich ihm eine Rose geschenkt und mich entschuldigt, aber er hat das gar nicht verstanden und gesagt, wieso, das war doch in Ordnung.

Jedenfalls wollte ich ins Ausland und einen richtigen Mann. Da kam mir Klaus gerade recht. Ich hatte ihn mal bei einer Haushaltsauflösung kennengelernt, später kam er uns besuchen, da hat's gefunkt. Das war so ein richtiger Sonnyboy. Er kam gerade aus Portugal, hatte ein Wohnmobil und lebte in den Tag hinein. So ein westdeutscher Dauerarbeitsloser, der auch gar nicht arbeiten wollte. Er wollte die Welt sehen, und das war genau das, was ich gesucht hatte. Ich hab nur zu Marc gesagt, es ist Schluß, ich verlaß dich, bin zu Klaus ins Wohnmobil gestiegen, und das war's.

In Klaus war ich so verliebt wie noch nie im Leben. Am Anfang sind wir manchmal öfter in der Nacht aufgewacht und haben uns aneinander festgeklammert, weil wir dachten, das kann nur ein Traum sein. Und das ging uns beiden so. Aber gestritten haben wir uns trotzdem von Anfang an. Klaus wohnte bei seiner Mutter und hatte sich ein Bauernhaus im Osten gekauft. Aber ich war doch nun gerade im Westen, was sollte ich im Osten? Außerdem hatte ich ja immer noch meinen Traum von der Weltreise, und da hatten wir die Idee, mit dem Fahrrad nach Indien zu fahren. Ich hab mich voll drauf eingelassen, habe alles hier aufgelöst und alle Zelte abgebrochen. Ich wollte auch nie mehr zurückkommen. So 10 000 Mark hatte ich auf dem Konto, weil ich immer ziemlich sparsam gelebt hatte, das würde ja eine Weile reichen.

Mein Freund hatte etwa auch so viel, außerdem wollten wir unterwegs jobben. Und so sind wir losgefahren im Sommer 91. Jeder fünf Kilo Gepäck, ein Zelt, einen kleinen Kocher. Wie lange wir fahren, war uns egal. Aber wir haben uns immerzu gestritten, das hat sich auch nie geändert, solange wir zusammen waren.

Wir sind dann letztendlich bis nach Griechenland gekommen, dort wollten wir unser Winterquartier aufschlagen. Wir kannten einen Deutschen, der dort ein Haus hatte. Der war den Winter über in Deutschland, wir hätten dort wohnen können und sollten ihm eine Holzdecke einziehen. Kurz vor Weihnachten sagte mein Freund dann, er fliegt nach Deutschland zurück. Er wollte Weihnachten mit seiner Mama verbringen, und ich sollte nicht mitkommen. Es sei Schluß und ich sollte hierbleiben. Ich hab ihn gerade noch zum Flughafen gebracht, er ist abgeflogen und dann hab ich nur geheult. Mir war total der Boden unter den Füßen weggezogen. Ich kannte keinen, ich konnte auch nicht zurück. Wohin auch. Ich bin zurück zum Haus, der Besitzer war über Weihnachten da und hat mich echt gepflegt. Ich war richtig krank. Der war dann auch ganz lieb, hat mich getröstet und mir erstmal eine Standpauke gehalten. So, hat er gesagt, nun reicht's mal, nun fährst du nach Deutschland zurück und studierst was Vernünftiges, wozu du Lust hast. Er war schon Mitte 50, von ihm hab ich das auch angenommen.

Ich bin zurückgeflogen, und Klaus hat mich vom Flughafen abgeholt. Ich war immer noch total verliebt in ihn und wir sind wieder zu seiner Mutter. Er hatte sich inzwischen einen LKW gekauft, den wir ausbauen wollten, um damit dann umherzureisen. Aber auch beim Ausbau haben wir uns nur gefetzt. Und als der LKW fertig war, waren wir so zerstritten, daß wir uns gefragt haben: Was wollen wir eigentlich hier zusammen auf den acht Quadratmetern? Ich hatte mich schon in Berlin für ein Studium als Bibliothekarin beworben, bin im Sommer nach Berlin und wollte dort studieren. Wir haben den LKW verkauft und uns getrennt. Ich fing an zu studieren, aber mir war immer so schlecht. Klaus kam mich noch oft besuchen, obwohl ja Schluß war, und er war ganz nett. Jedenfalls stellte sich heraus, daß ich schwanger war. Klaus war total glücklich. Oh schön, wir kriegen ein Kind, hat er sich gefreut, ohne zu wissen, was auf ihn zukommt. Ich hatte etwas mehr Bedenken. Aber ich war 29 und hatte das Gefühl, daß ich eine grundsätzliche Entscheidung treffen muß. Ich hatte mir mit 21 schon mal ein Kind wegmachen lassen, nun stand die Frage: Entweder jetzt oder vielleicht nie. Was spricht dagegen? Ich hab mich bewußt für das Kind entschieden, auch mit dem Wissen, daß es ohne Vater aufwachsen wird und ich allein die Verantwortung habe. Klaus ist einfach nicht verläßlich, das war mir damals schon klar. In Berlin neben dem Studium wollte ich das Kind aber nicht kriegen, also zog ich zu Klaus in das alte, verfallene Bauernhaus. Vorher hatte ich mich noch von Marc scheiden lassen.

Es wurde inzwischen Winter und wir haben uns einen Raum in diesem total baufälligen Haus notdürftig hergerichtet. Die Wände einfach nur mit Brettern vernagelt. Und es war so ein harter Winter. Manchmal sind wir bei zwölf Grad minus aufgewacht. Unter der Bettdecke ging es noch, aber oben drauf war alles gefroren. Dann haben wir Feuer gemacht und uns vor den Ofen gesetzt. Und wir waren viel auf Besuch, bloß ins Warme. Klo und Waschgelegenheit gab's bei uns ja auch nicht. Klaus war oft so phlegmatisch und hatte depressive Phasen, manchmal ist er einfach nicht aufgestanden.

Irgendwie rückte dann der Geburtstermin näher. Ich kriegte Panik und bestellte mir ein kleines Holzhaus. Geld hatte ich ja noch. Drei Wochen vor dem Entbindungstermin kam alles an, in Paketen verpackt, und das haben wir dann mit Hilfe von Freunden auf dem Grundstück aufgebaut, Dielen reingezogen, Dach gedeckt. Klaus hat auch mitgeholfen, dafür durfte er dann auch mit drin wohnen. Zum offiziellen Entbindungstermin bin ich eingezogen, das Baby kam eine Woche später.

Ich wollte immer, daß andere Leute mit auf dem Grundstück wohnen. Ich hatte schon richtig unter Vereinsamung gelitten und wollte nicht allein mit meinem Freund und dem Baby auf diesem riesigen Grundstück leben. Bevor dann die ersten

Mitbewohnerinnen kamen, haben wir ein Jahr lang zu dritt dort gelebt. Richtig abgeschieden von der Außenwelt in unserem kleinen Mikrokosmos. Ich hab den Garten angelegt, alles urbar gemacht, ich hab geheizt, mich um das Baby gekümmert, gewaschen, gekocht. Ich war für alles verantwortlich. Klaus ging dann mal tageweise arbeiten, dann blieb ich ganz allein mit dem Kind. Am Anfang war er toll als Vater. Ich war unsicher im Umgang mit dem Baby, er ging völlig unbekümmert an alles ran. Aber später wurde er dann schon merkwürdig. Wenn ich das Baby stillte, kam er an: Ich will die andere Brust. Er war wie ein kleines Kind, hat das Baby weggeschubst, weil er mich haben wollte. Er war eifersüchtig, das hat meine Liebe dann nach und nach ersterben lassen. Und alles, was nach Arbeit aussah, das blieb an mir hängen. Zur Krönung hat er sich noch beschwert, daß ich so wenig Zeit für ihn hätte. Und alles spielte sich immer in einem einzigen Raum ab. Ich wurde immer wütender, konnte mich selbst nicht mehr ertragen. Irgendwie hab ich mich gefragt, was ich eigentlich noch mit ihm will. Er war wie ein zweites Kind, aber ein garstiges. Warum mußte ich mich von ihm demütigen lassen? Alles, was ich gemacht habe, war seiner Meinung nach falsch. Klar, ich konnte keinen Schrank bauen, aber ich hab's versucht, denn er hat ja nichts gemacht. Aber hinterher hat er alles kritisiert und gemeint, das sieht ja Scheiße aus. Er hat dann auch auf mich eingehauen, wenn ich aufstehen und mich um das Kind und den Haushalt kümmern wollte. Aber ich hatte einfach keine Lust mehr auf diesen alten Sack, der sich nur hängen läßt. Das ging dann auch bis zur Vergewaltigung in der Ehe, obwohl wir ja nicht verheiratet waren. Ist doch klar, daß ich bei diesen dauernden Streitereien und Demütigungen keine Lust auf Sex hatte, aber ich hatte eben stillzuhalten. Es reichte nicht, daß ich mehrmals sagte, laß mich in Ruhe, er machte es trotzdem. Vielleicht hatte ich auch Angst vor seiner Stärke und habe nicht genügend widersprochen, sondern gedacht, dann drehst dich lieber weg und läßt es über dich ergehen. Schrecklich. Er hatte auch Sachen umgeschmissen und eine Tür eingetreten und unser Sohn stand dann schreiend im Zimmer. Mein Sohn hat mir dann schließlich die Kraft gegeben, mich endgültig von Klaus zu trennen, denn ich dachte, das kann ich meinem Kind nicht antun.

Es dauerte zwar noch eine Weile, bis Klaus endgültig auszog, aber inzwischen waren ja schon zwei Pärchen und drei Frauen mit auf dem Grundstück, und die standen zu mir. Ich hatte Ablenkung, andere Leute um mich herum. Es gab schon länger die Idee, im Bauernhaus eine Lohnmosterei aufzubauen, und im letzten Jahr hab ich es eben gemacht. Die erste Saison lief super, in diesem Sommer hab ich dann angefangen, im Bauernhaus eine Wohnung für mich und meinen Sohn auszubauen. Die Frage ist nur, ob vielleicht auch mal ein Mann bei mir einzieht. Harald, der letzte Freund, war auch wieder so einer, der keine Verantwortung übernehmen wollte. Die ersten sieben Monate waren toll, aber plötzlich hat er aus dem Nichts heraus Schluß gemacht. Das war nach zwei Monaten schon mal so gewesen, aber da rief er abends wieder an, und ich dachte: Okay, er hatte irgendwie Angst gekriegt, und es war wieder gut. Aber dieses Spiel wiederholte sich dann öfter. Er ist der erste, von dem ich sage, mit dem würd ich gern mein Leben verbringen. Ich stand jetzt zwei Jahre mit offenen Armen da. Vielleicht hab ich wirklich immer von der Hoffnung gelebt, daß er zu mir ziehen würde? Auf einen Traumprinz warte ich sowieso nicht mehr. Im Prinzip will ich 'nen Mann, der mit mir zusammenlebt, mit dem ich mein Leben und den Alltag teile.

Er muß mich ja nicht versorgen, mit der Mosterei kann ich ganz gut leben. Natürlich hatte ich mir nicht unbedingt solche schwere Arbeit vorgestellt. Aber ist doch ideal, drei Monate mosten und dann ist es ruhiger. Zum Verkauf muß man natürlich auch vor Ort sein, aber es ist nicht so stressig. Ich bin ja eher so ein Typ, der keine Minute stillsitzen kann. Ich muß drauf achten, daß das Leben auch aus was anderem als Arbeit besteht. Ich komme beispielsweise gar nicht mehr zum Lesen. Manchmal schufte ich von früh bis abends und denke immer noch, daß ich nichts geschafft habe. Reich werden kann man mit dieser Mosterei natürlich nicht. Wenn ich mal 1500 Mark im Monat hätte, dann wär ich glücklich, das reicht mir zum Leben. Zu

Essen haben wir viel aus dem Garten, Klamotten interessieren mich nicht, Kino sollte aber schon drin sein. Und reisen, ein paarmal war ich inzwischen schon in Afrika.

Ich denke, das Landleben entspricht mir, ich fühle mich wohl auf dem Hof, der wird mein Lebensmittelpunkt sein, solange mein Sohn bei mir ist. Dann würde ich aber vielleicht doch noch meinen Wunsch verwirklichen und in einer sozialen Einrichtung in Afrika arbeiten und einfach Menschen helfen. Mit einem Haus und eigenen Betrieb steigert man sich schnell rein in die materielle Welt. Dann muß ich mich immer wieder dran erinnern, daß es noch was anderes gibt im Leben. Hier auf dem Hof ist meine Freundin an einem Hirntumor gestorben, wir haben sie bis zum Schluß betreut und hatten dafür rund um die Uhr Dienste eingeteilt. Da erlebt man hautnah, wie schnell alles zu Ende gehen kann. Man muß sich immer wieder auf das Wesentliche konzentrieren, anderen Menschen zur Seite stehen. Ich meine, das kann man eigentlich auch hier machen, dazu muß man nicht unbedingt nach Afrika gehen. Einfach aus der eigenen Kraft heraus etwas Mut verströmen.

■

NACHWORT

Vierzehn Frauen haben sich im vergangenen Jahr darauf eingelassen, ihr Leben vor mir auszubreiten. Zum Teil in umwerfender Offenheit, frei von der Leber weg. Diesen Frauen gilt mein großer Dank, ohne sie wäre das Buch undenkbar – und auch die Idee wäre gar nicht geboren. Ich habe die meisten dieser Frauen bei meiner Arbeit kennengelernt. Als Lokalredakteurin geht's ja immer mitten rein ins Leben. Ich befrage die unterschiedlichsten Leute zu ganz verschiedenen Themen. Und da hatte ich in manchen Interviews die Ahnung, daß die befragten Frauen noch so viel mehr zu erzählen hätten. Komisch, bei Männern hatte ich dieses Gefühl nie. Was die Frauen allerdings berichten würden, wäre dann sicherlich nichts für die Veröffentlichung in einer Tageszeitung. Viel zu lang, viel zu intim, viel zu wenig anonym. Aber meine Neugier war geweckt, und irgendwann dachte ich: Mach's doch einfach. Schreib ihre Geschichten auf.

Daß fast alle Frauen, die ich ansprach, spontan Ja zu einem solchen Gespräch sagten, hat mich dann doch überrascht – und ermutigt. Ja, manche schienen fast auf eine solche Gelegenheit gewartet zu haben. Und so kam es, daß ich an Wochenenden und freien Tagen mit einem Tonbandgerät zu den Frauen fuhr und mir ihre Geschichten anhörte. Was mal draus werden würde, war völlig unklar, aber zunächst hatten die Frauen ein Interesse daran, sich vieles von der Seele zu reden und ich, zuzuhören, nachzufragen, aufzuschreiben. Der Weg war das Ziel.

Natürlich hatte sich da schon im Hinterkopf der Wunsch eingenistet, diese Protokolle gedruckt zu sehen. Wie sehr solche Lebensberichte verschlungen werden, zeigte vor gut 20 Jahren der DDR-Bestseller „Guten Morgen, du Schöne" von Maxi Wander. Die Frauenprotokolle prägten eine ganze Leserinnengeneration. Auch mich. Ich war 17, als ich sie zum ersten Mal las, und dachte nur, da kann ja was auf dich zukommen in der Liebe, in der Ehe. In einem behüteten Elternhaus aufgewachsen, hatte ich damals wenig Vorstellungen von Lebenskonzepten, Träumen und Wünschen außerhalb eines geordneten Familienlebens. Maxi Wanders Buch war eine Offenbarung für viele und überhaupt das erste DDR-Buch, in dem authentische Frauenberichte zu lesen waren. Vor allem kamen hier auch Frauen zu Wort, die nicht unbedingt in das sozialistische Leitbild von der aktiven, emanzipierten Frau im Berufsleben und dazu quietschglücklichen Ehefrau und Mutter paßten. Auch Unzufriedenheit mit den gesellschaftlichen Zwängen, mit fehlender Offenheit, verlogener Propaganda, Duckmäusertum klangen da an. Zugegeben, zaghaft, aber man schrieb das Jahr 1976. Da waren die Aussagen im Wander-Buch ja schon fast revolutionär. Und sogar heute scheinen sie noch von Interesse zu sein. Gerade sah ich in einer Buchhandlung eine Nachauflage von diesen DDR-Frauenprotokollen. Fast ein sentimentales Relikt aus der „guten alten Zeit", als das Lesen noch geholfen hat.

Auch im vorliegenden Buch kommen Frauen zu Wort, die den wichtigsten Teil ihres Lebens im Osten Deutschlands verbrachten. Warum zehn Jahre nach der Wende immer noch dieser spezielle Ost-Blick? Ich bin ein Kind der DDR, lebe und arbeite nach wie vor im östlichen Teil Deutschlands. So war es für mich sehr viel praktischer und auch logisch, Frauen mit diesem ganz speziellen Lebenshintergrund zu befragen. Natürlich sind viele Kindheitserfahrungen, Träume, Sehnsüchte, Selbstzweifel sowie Erfahrungen mit vorhandenen oder nicht (mehr) existenten Männern nicht typisch östlich und könnten genauso von Frauen aus den alten Bundesländern geäußert werden. Es geht hier auch keineswegs um eine Abrechnung mit dem Osten, als vielmehr um das Lebensgefühl von Frauen. Dennoch prägten die Verhältnisse in der DDR ganz entscheidend den Lebensweg der Befragten, der unter umgekehrtem Vorzeichen sicherlich etwas anders verlaufen wäre. Wie haben Frauen die angebliche Gleichberechtigung in der DDR empfunden? Was hat die Wende für sie privat und beruflich gebracht, wie sind sie mit den gravierenden Umwälzungen fertig geworden? Wie ist ihr Lebensgefühl jetzt? Auch werfen die Geschichten Schlaglichter auf den DDR-Alltag, den viele so gar nicht kennen oder schon wieder vergessen haben. Wieviel haben Frauen damals verdient? Wie konnte man sich ein Eigenheim leisten? Alltag im Krankenhaus, spektakuläre Flucht in den Westen, Stasi-Erpressung beim Auslandsstudium, auch solche Dinge klingen hier an und sind höchst spannend. Oft vermischen sich auch Ost- und Westerfahrungen, gerade bei den jüngeren Frauen.

Bei allen objektiven Auswahlkriterien für die interviewten Frauen – es sollte ein großes Spektrum in Bezug auf Alter, Beruf, Bildung abgedeckt werden – war das A und O, daß die Frauen erzählten wollten. Sie wußten sehr wohl, worauf sie sich einließen, hatten sich innerlich auf das Gespräch vorbereitet und ahnten sicherlich nicht, daß auch ich mit Herzklopfen zu jedem Interview fuhr. Denn was mich erwarten würde, war mir – auch bei guten Bekannten – vorher nie ganz klar. Ich ließ die Frauen erzählen, meist mit ihrer Kindheit beginnend, fragte zwischendurch nach, gab auch Themen vor, und meist kristallisierte sich in jedem Gespräch ein Schwerpunkt heraus. Die Interviews dauerten mehrere Stunden, mußten teilweise an anderen Tagen fortgesetzt werden. Selbst Frauen, die ich über Jahre gut zu kennen glaubte, offenbarten Erlebnisse und Gefühle, von denen ich im Traum nichts geahnt hätte. Und so wurde jedes Gespräch für mich wie ein Blick in ein fremdes Zimmer, das eigentlich verschlossen ist, dessen Tür für einen Moment jedoch einen Spalt breit geöffnet wurde. Diesen Blick wirft man nicht ohne innere Erregung und Anspannung, denn man weiß, daß sich diese Tür nicht beliebig oft öffnen läßt. Und man versucht, so viel wie möglich zu erhaschen, doch bleiben immer einige Ecken im Dunkeln. Und so ist alles, was die Frauen an traumatischen Erinnerungen, Ängsten, seelischen wie körperlichen Verletzungen offenbaren, schließlich nur das Sagbare. Im Dunklen bleibt das Unaussprechliche, das man einem anderen Menschen und oft sich selbst nie eingestehen würde. Das mag der Leser zu den Protokollen dazuschlagen und erhält dann eine Ahnung von der Wahrheit.

Überrascht war ich, wie viele Frauen über Gewalt und sexuelle Belästigungen sprachen. Ich selbst machte nie derartige Erfahrungen und weder in meinem persönlichen Umfeld noch in den Medien waren Gewalt oder Mißbrauch ein Thema. Hatten wir nicht geglaubt, daß wenigstens in dieser Hinsicht in der DDR weniger passierte? Irrtum. Die Zahlen des sexuellen Mißbrauchs von Kindern und Frauen glichen denen in den alten Bundesländern, wie sich nach der Wende herausstellte. Es gab keine harten Drogen, aber es wurde gesoffen – und dann nicht selten geprügelt. Es wurde weniger in den Medien über Gewalt berichtet, dennoch war jede fünfte bis siebente Frau von Gewalt betroffen. Ähnlich viele wie im Westen. Daß diese Probleme in Maxi Wanders Buch kaum eine Rolle spielten, wundert mich erst aus heutiger Sicht. Möglicherweise hatten jene Frauen, die sie befragte, in der Tat keine Berührung mit diesen Themen, vielleicht wurden diese Punkte auch bewußt oder unbewußt ausgeblendet. Die Schere war im Kopf, ganz klar, auch bei uns Journalisten damals. Gewalt, Mißbrauch, Tod, Selbstmord, Trauer - das waren Themen, die in den Medien absolutes Tabu waren. Erst Ende der achtziger Jahre, so meine Erfahrung als damalige Redakteurin im Frauen-Ressort der Tageszeitung „Der Morgen", gab es hier eine gewisse Lockerung.

Die Tonband-Protokolle der Frauen habe ich im wesentlichen unverändert übernommen, habe das Erzählte teilweise neu strukturiert. Kürzungen waren notwendig, um Wesentliches stärker hervorzuheben. Daß mir dabei ausgerechnet mein Mann half, hat mich erstaunt und erfreut. Gehört er doch auch in die Kategorie Männer, die nicht gern über Gefühle reden und „Frauenbücher" eher mit spitzen Fingern anfassen. Als er die Texte dann las, war sein spontaner Kommentar: Ich schreib ein Vorwort. Ich rate den Männern, dieses Buch nicht zu lesen, denn sie kommen dabei verdammt schlecht weg. Aber ein Vorwort, in dem vom Lesen abgeraten wird, ist wohl nicht gerade sehr clever.

Weil Frauen erzählen, geht es um Männer. Deren Namen wurden im Buch verändert, mehr aber auch nicht. Es liegt in der Natur der Sache, daß die Frauen *ihre* Sicht auf die Partnerschaft darstellen. Würde man die Männer zu den gleichen Situationen befragen, kämen garantiert ganz andere Antworten. Wo liegt die Wahrheit? Uninteressant, denn für mich war wichtig, wie Frauen sich selbst, ihre Rolle in der Partnerschaft, ihr Leben empfinden. Ich kann durchaus nachvollziehen, daß in einer Rückschau auf das bisherige Leben eher Fragen aufgeworfen als Antworten gegeben werden. Daß man – daß frau – vieles in Frage stellt und Selbstzweifel offen ausspricht, ist nun auch hinlänglich bekannt. Das wird vor allem bei jüngeren Frauen ganz deutlich, die es gewohnt sind, über sich selbst nachzudenken. Die sehr viel vom Leben erwarten und nicht unbedingt bereit sind, Kompromisse einzugehen. Das ist deutlich anders bei den älteren Frauen, deren Leben immer durch Arbeit geprägt war. Diese tatkräftige Kriegsgeneration, die gar keine Zeit hatte, nachzufragen, mit ihrem Schicksal zu hadern. Bei ihnen ging es um die Existenz, und sie haben funktioniert. Haben Krieg, Flucht, Aufbau mitgemacht, haben Kinder großgezogen, waren für die Männer da und haben sich dennoch nicht die Butter vom Brot nehmen lassen. Jedenfalls nicht die von mir Befragten. Diese Frauen reden nicht gern über Gefühle, für sie zählen Tatsachen.

Sicher war diese Selbstdarstellung für manche Frau eine Art Abrechnung, auch eine Art Therapie. Und für die 50jährige Krebspatientin eine Lebensbilanz, denn so großartig sie auch gegen die Krankheit ankämpfte, schien sie doch zu ahnen, daß es zu Ende gehen würde. Drei Monate nach dem Gespräch starb sie. Ganz ruhig, sie war in den letzten Tagen nur noch selten bei vollem Bewußtsein. Und auf ihrer Beerdigung wurden Gospels gespielt und eine große Traube mit Luftballons stieg in einen strahlend blauen Frühlingshimmel.

Andere Lebens-Geschichten fanden bislang einen erfreulicheren Fortgang. Die Jazzpianistin brachte ihr Kind zuhause gesund zur Welt, sie hatte kurz nach der Entbindung ihre ersten gut besuchten Konzerte mit eigenen Songs und produzierte eine CD. Die Waldorfschülerin, die davon träumt, Schauspielerin zu werden, dreht gerade ihren ersten Kinofilm.

Was auch immer die Interviews für die vierzehn Frauen bedeuten mögen – für mich selbst waren sie ein großes Geschenk. Bei aller Neugier auf andere Lebensläufe, Haltungen, Erwartungen steht ja immer die Frage im Hinterkopf: Und ich? Mit Blick auf andere Lebensansichten und Ansprüche lassen sich eigene Maßstäbe immer wieder neu definieren. Da holt einen manche Erzählung ganz schön auf den Teppich zurück, will man gerade nach den Sternen greifen. Andere machen Mut, mutiger zu werden, den Alltagstrott wieder mal in Frage zu stellen. Wie gelingt es anderen, die Balance zu halten zwischen eigenen Ansprüchen und Zugeständnissen an den Partner, die Familie? Welchen Preis hat das Glück? Dabei wird in den Protokollen deutlich, daß Frauen, die in ihrer langjährigen Ehe nicht unglücklich zu sein scheinen, anstelle von Liebe und Leidenschaft eher Worte wie Toleranz, Partnerschaft, Kameradschaft gebrauchen. Ist das ein Geheimnis einer langjährigen Partnerschaft? Vielleicht ist es wichtig, frühzeitig Grenzen zu setzen, innerhalb derer für jeden Partner genügend Spielraum bleibt? Die Antwort muß jeder für sich finden. Wichtig erscheint mir nur – und die Gespräche mit den Frauen bestätigen das – miteinander zu reden.

Da es oft Überwindung kostet, seine Gefühle und Wünsche auszusprechen, weil man sich ihrer schämt auch in dieser Zeit, da in den Medien marktschreierisch jeder nur denkbare Abgrund der menschlichen Seele in die Öffentlichkeit gezerrt und vermarktet wird, helfen manchmal Dritte, so ein Gespräch in Gang zu setzen. Diese Bekenntnisse der Frauen sind in unserem Freundes- und Bekanntenkreis inzwischen schon fast zu einem solchen Katalysator für Gespräche geworden. Die Frauen aus dem Buch haben sich verselbständigt, ihre Ansichten und Erfahrungen werden lebhaft diskutiert. Ist das nicht fabelhaft? Ich wünschte, daß diese Protokolle auch andere zum Nachdenken, Nachfragen und Reden anregen.

■

Cronskamp, im Herbst 1999